最初からそう教えて
くれればいいのに！

司法書士・行政書士
大越 一毅 著

会社法の
ツボとコツが
ゼッタイにわかる本

［第2版］

秀和システム

はじめに

- 会社法の勉強を始めたものの、専門用語が多すぎて挫折しそう
- 条文や専門解説書を見ても、会社を経営したことが無いし、イメージが湧かず、理解できない
- 会社を経営しているので、会社法が大事だと思い、専門解説書を見たが、自社に該当する話なのかどうか、さっぱりわからない

　会社法を身に付けよう・勉強しようと試みたものの、挫折したり、どこから手をつけていいかよくわからないといった経験はありませんか。

　本書をご覧いただいている方は、司法書士試験などの試験科目に会社法がある方・これから会社法を学ぼうとする学生・社会人・経営者の方が多いのではと思います。
　会社法は約1000条の条文があり、会社法に付随して、会社法施行規則・会社計算規則などの法令も併せて目を通さなければ、完璧に学んだとは言えません。

　しかし、筆者のような法律を扱うことを仕事にする専門家であればともかく、いや我々専門家であっても、膨大な会社法・会社法に付随する法令を全て理解して覚えることは不可能に近いと考えており、日々の業務において専門解説書の力を借りることは必須です。

　ですが、いざ会社法を勉強しようとしても、自身が抱えている疑問点を解決するためには会社法のどこを見れば解決するのだろう？　専門解説書を読んでみても、ニュースでみる会社のトラブルとどう結びつき、会社法が大事なのか？　ということが、ピンと来ないという感想を持つ方が少なく無いと思います。

　本書は、会社経営をしたい・している上で起こり得る悩みと会社法・専門解説書

との橋渡しする役割を担えればとの想いで執筆をしました。

　本書を通して、会社法の全体のイメージをつかんでいただき、会社法をより深く学ぶ意欲につながっていただければ幸いです。

　そのため、条文集や専門解説書とは異なり、いくつか条文の引用はしているものの、極力様々なケース事例に触れられるよう、ツボとコツの記載に絞り、条文自体の記載や条文・判例の解釈などの記載は控えております。より詳しく会社法を知りたいという方は、本書の事例をベースに専門解説書で実際に調べてみることをお勧めします。

　本書がその意欲のきっかけになれば幸いです。

【第2版刊行にあたって】

　本書を刊行してから5年が経ちました。

　その間、平成27年に1度、そして今回の令和3年に1度と、2回の本格的な会社法の見直しが実施されました。

　そこで、今回、本書の内容を改めて見直し、上場会社における社外取締役の義務付け・株式交付制度の新設等、令和3年3月施行の会社法改正を中心に加筆修正をし、さらには、印鑑届出の任意化・議事録の電子化・バーチャル株主総会等、現行の会社法・商業登記実務に合わせた内容に改訂をしました。

　第1版同様、本書を通して、会社法のイメージをつかんでいただき、より深く会社法を学ぶきっかけになっていただければ幸いです。

司法書士　大越　一毅

最初からそう教えてくれればいいのに！

会社法のツボとコツが ゼッタイにわかる本

［第2版］

Contents

第2章　中小企業の場合　〜アーリーステージ〜

第3章　ベンチャーキャピタル等から出資を受ける企業の場合
～ミドルステージ～

第4章　上場企業の場合

第5章　グループ会社の場合・M＆Aをする会社の場合

第7章　その他コレもおさえておこう

第1章 会社を設立する場合

1 個人事業主と会社との違いって？

起業しようと思っている。でも、会社にするってなんだか面倒じゃない？

最初は、個人事業主で始めてもいいんじゃないかな

起業ブーム時代の会社設立という選択

近年、起業ブームという言葉があるように、起業をする人が増えているという印象です。

筆者の学生時代である20年前は、大学の同級生で起業するという話はほとんど聞きませんでしたが、今は学生の内から起業する方も少なくありません。

また、サラリーマンを辞めて起業する方・サラリーマンをしながら副業としてまず起業する方・主婦だが起業をする方など、その起業方法も様々です。

このように起業し易くなった背景・要因は様々なものがあると考えますが、筆者が司法書士として15年以上、起業する方や会社の法的支援をした中で感じたものとしては、以下の2つがあります。

①平成18年5月1日施行の会社法（以下「会社法」といいます）によって、**株式会社**が設立し易くなり、かつ**合同会社**という制度ができたこと。

②**ベンチャーキャピタル**（以下「VC」といいます）が、日本でも活発化し、かつ創業当初・事業計画を基に利益が出る前から将来性を重視して投資をするVCも増えたこと。

他方で実際に起業する場合、まずは個人事業主で始める方、最初から会社を設立する方とその形態も様々です。その違いをふまえた、自分にあった形態を選択すべ

きと考えます。

● 1. 個人事業主ではなく、会社形態を選択する理由

個人事業の場合ですと、仮に業績が悪く、借入金を金融機関等に対して約定どおりの返済ができなかった場合には、個人事業主の個人資産も含めて支払いの責任を負うことになります。これを**無限責任**といいます。

一方で、株式会社の場合には、オーナーである株主は、出資金の返還は受けられないものの、株式会社の債務につき、株主の個人資産については原則として追及を受けません。これを**有限責任**(会社法104条)といいます。

これが、個人事業主と株式会社の法的な大きな違いですが、それ以外にも実質的な違いとして以下の点が挙げられます。

①株式会社の場合には、組織としての意思決定の方法が会社法で規定されているが、個人事業主の場合には、事業主の単独での意思で何でも決定が可能であること。

②個人事業主の場合には、資金調達手段は、金融機関等からの借入又は公的機関からの助成金の取得しかないが、株式会社であれば、第三者への募集株式発行・新株予約権・社債など、様々な資金調達手段があること。

③大企業によっては、会社形態にしていないと取引をしてくれない場合もあること。

④会社形態にすることによって、税務上メリットを受けられる場合があること。

● 2. 無限責任と有限責任の違い

個人事業主の場合、無限責任であるため、仮に事業がうまくいかず、金融機関等からの借入金が返済できない場合、事業とは関係ない資産、たとえば個人事業主の自宅なども強制執行による差押の対象となります。つまり、事業と個人の資産の区別がないので、返済のためには個人資産の全てについて責任を負うことになります。事業について無限責任を負うことが、個人事業主の大きな特徴です。

なお、無限責任を負うのは、個人事業主だけではなく、会社形態であっても合名会社や合資会社の無限責任社員は、無限責任を負うのでご注意ください(会社法580条)。

一方で、株式会社の株主や持分会社の有限責任社員は、有限責任であるため、出資金の返還は受けられないものの、会社の業績が悪くなり、会社が倒産することになっ

たとしても、原則として株主の個人資産に対しては責任追及を受けません。これは株主が代表取締役・代表社員であっても同じであり、会社形態の大きなメリットです。

但し、実際には代表取締役個人が株式会社の債務について、保証をしている場合も多く、その場合には保証人としての責任追及を受けることになるので注意しましょう。

なお、この点については、日本商工会議所と一般社団法人全国銀行協会を事務局とする「経営保証に関するガイドライン研究会」から公表された、「経営者保証に関するガイドライン」（以下「保証ガイドライン」といいます）が平成26年2月1日から適用開始をしています。

保証ガイドラインにおいては、金融機関からの融資の際に、法人と個人が明確に分離されている場合には、経営者の個人保証を求めないようにするなどの指針が出されています。

しかし、法律ではなく、金融機関の裁量部分が多いため、現時点では実効性がどれくらいあるのか未知数ですが、保証に関する民法改正などの影響が今後あれば、経営者である代表取締役個人が保証をしなければならないケースが減ってくるかもしれません。

● 3. 資金調達手段の違い

個人事業主の場合には、資金調達手段は限られます。

一つは、金融機関等からの借入です。但し、これも会社の場合に比べ、審査のハードルは高いと言われています。

もう一つは、各公的機関からの助成金です。但し、これも会社の場合に比べ、取得できる助成金の種類や規模が限られており、選択肢は多くはありません。ちなみに、実際に助成金を取得するのであれば、社会保険労務士等の専門家に相談することをお勧めします。

株式会社の場合には、上記以外に、会社法で様々な資金調達手段を用意しています。募集株式の発行・新株予約権・社債など様々です。

これらは、引き受け手が多様になることもそうですが、実際にどういう内容の株式等を発行するのかなどの設計や発行手続が複雑になることが多いです。実際に当該方法により資金調達を検討する場合には、司法書士に相談することをお勧めします。

4. 法人じゃないと取引しないとは？

これは、よく相談を受けるケースの1つです。これを理由に株式会社・合同会社を設立する個人事業主の方も多いです。

個人事業主であっても、自分の名前で仕事をしている方や自己資金のみで事業がうまくいっている場合には、無理に会社化する必要がないケースも多いです。

しかし、取引先である相手企業によっては、信用力の面や社内稟議の問題から、法人でないと取引をしないというケースも少なくありません。大企業であればその傾向は顕著な印象です。

また、従業員を雇用しようと考えた場合も、採用される側からすると、個人事業主であるよりも、会社形態である方が、福利厚生の面などからも安心するという声をよく聞きます。

5. 税務上のメリット

会社を設立することのメリットでよく言われることは、税務上のメリットがあることです。

個人事業主として所得税を支払うよりも、会社を設立して法人税を支払うほうが、一定以上の利益のある会社であれば、メリットが大きいようです。

但し、その場合には、税理士に事前に相談することをお勧めします。

問題解決のコツ

窓口となってくれる専門家を見つけよう

助成金や税金の問題など、司法書士の専門外の話も多く出てくるのが設立の相談です。筆者に相談に来られる方の中には、そもそも何をどの専門家に相談していいか判断がついていないケースも少なくありません。

筆者の場合も、相談者の方からの希望に応じて、筆者が窓口となり、相談者の方の悩みを解決するために適切な専門家を紹介しています。

起業にあたっては、そのような自分の会社用の専門家チームを作り、うまく活用することも大事なことだと考えます。

株式会社：日本における会社形態の一つです。株式という細分化された権利を有する株主から委任を受けた取締役という業務執行者が事業運営を行い、利益を株主に配当する法人格を有する事業形態のことです。

合同会社：日本における会社形態の一つです。アメリカのLLCをモデルに会社法の施行によって導入されました。原則として、出資をする社員が、業務執行権も有しているという点が、株式会社と異なります。

ベンチャーキャピタル：出資をした会社が株式上場などの成果を得ることによって、リターンを得ることを目的とし、積極的な投資を行う投資会社のことです。まだ事業の実績が少ない・無いものの、高い成長率が見込める未上場企業に対して投資を行います。単なる出資だけを行うところもあれば、出資先へのコンサルティングもしたりするなど、ベンチャーキャピタルごとにカラーは様々です。

助成金：融資と異なり、一定の受給要件を満たした場合に、国等の公的機関から返済不要で貰えるお金のことです。

社会保険労務士：社会保険労務士法に基づく国家資格を有し、労働関連法令や社会保障に基づく書類等の作成代行等を行う専門家のことです。単なる書類作成のみに留まらず、企業に対して人事コンサルや労務コンサルなどを行うことを専門としている社会保険労務士も増えています。助成金取得のアドバイスもその一環です。

司法書士：司法書士法に基づく国家資格を有し、不動産や会社の登記の代理などを行う専門家のことです。会社法の分野においては、会社が行う設立や増資などの際に、会社法上求められる必要な手続のアドバイス・書類作成・法務局への登記手続を行います。筆者は司法書士であり、企業に対する会社法分野のアドバイスを専門・得意分野にしています。司法書士へ依頼できる仕事内容の詳細は、拙著「司法書士の「お仕事」と「正体」がよ～くわかる本」（秀和システム）を参照ください。

税理士：税理士法に基づく国家資格を有し、会社の税務申告等の業務を行う専門家のことです。

条文

会社法104条　（株主の責任）
　　株主の責任は、その有する株式の引受価額を限度とする。

会社を設立するなら、やっぱり株式会社？

会社を作ろうと思うんだけど、株式会社がいいのかな？

会社って株式会社だけじゃないらしいよ

会社は4種類あるけど、実質的には2択！

会社法で認められている会社形態には、**株式会社・合同会社・合資会社・合名会社**の4つがあります（会社法2条1号）。

この中で、一般的に会社設立を希望する人の選択肢となるのは、株式会社と合同会社の2つです。

どちらが良いか？　というのはケースバイケースですが、筆者のところにも、「どちらの会社で設立した方がいいですか？」といった相談は多くあります。

会社法で認められている4種類の会社の特徴は、それぞれ表のとおりです。

会社法のツボ

● 1. 株式会社と合同会社はどっちがいい？

資本金が1円でも設立できるようになったため、急速に株式会社の需要は伸びています（1-3節参照）。

原則として、会社を法人化するならば、知名度の観点から、株式会社の方がメリットがある場合が多いでしょう。

しかし、合同会社にもメリットがあります。それは設立費用が半額以上安いことです。

実費である登録免許税は、株式会社が最低額15万円なのに対し、合同会社は6万円です（2-6節末コラム参照）。さらには、合同会社は公証役場での定款認証も不要なので、公証人への定款認証代5万円も不要となります。

▼会社の種類について

	合名会社	合資会社	合同会社	株式会社
会社類型	持分会社	持分会社	持分会社	株式会社
出資者	1人以上でOK	2人以上	1人以上でOK	1人以上でOK
出資者責任	直接無限責任	直接無限責任 直接有限責任	間接有限責任	間接有限責任
信用出資・ 労務出資	あり	無限責任社員の みあり	なし	なし
出資の払戻し	できる	できる	できる 但し、制約あり	できない
内部自治 (強制規定、利益・ 権限の配分等につ いて)	定款自治 ⇒社内規定で自 由に決められる 利益・権限の 配分は自由	定款自治 ⇒社内規定で自 由に決められる 利益・権限の 配分は自由	定款自治 ⇒社内規定で自 由に決められる 利益・権限の 配分は自由	法規規制 ⇒法律上の決ま りが多い 利益・権限の 配分は出資額に 比例
内部自治 (機関設計)	制約なし (機関設計の規 定なし。意思決 定は業務執行 社員の過半数で 決める)	制約なし (機関設計の規 定なし。意思決 定は業務執行 社員の過半数で 決める)	制約なし (機関設計の規 定なし。意思決 定は業務執行 社員の過半数で 決める)	株主総会と取締 役1名が必要 (会社の規模に応 じた機関の制約 は次ページの表 参照)
業務執行権及び 代表権	原則としてすべ ての社員が業務 執行。定款に定 めれば、限定で きる。	原則としてすべ ての社員が業務 執行。定款に定 めれば、限定で きる。	原則としてすべ ての社員が業務 執行。定款に定 めれば、限定で きる。	原則として、取締 役各自が業務執 行権と会社の代 表権がある。定款、 株主総会、取締 役会の決議により 特定の取締役を 代表取締役に設 定できる。
定款の作成・変更、 株式譲渡・増資(社 員持分譲渡・加入)	原則として全社 員の同意 但し、定款自治	原則として全社 員の同意 但し、定款自治	原則として全社 員の同意 但し、業務執行 社員の同意でい いものもあり、 定款自治	原則として株主総 会の決議。但し、 取締役会の決議 でいいものもある
公証役場での 定款認証	なし	なし	なし	あり
決算公告の義務	なし	なし	なし	あり
役員の任期	なし	なし	なし	最長10年(役員 改選の義務あり)
社会的認知度 (対外的イメージ)	社会的認知度 低い	社会的認知度 低い	社会的認知度 やや低い	社会的認知度 高い

▼株式会社の機関設計の許容一覧表

	非公開会社 & 非大会社	公開会社 & 非大会社	非公開会社 & 大会社	公開会社 & 大会社
取締役	○	×	×	×
取締役+監査役	○	×	×	×
取締役+監査役 +会計監査人	○	×	○	×
取締役会+ 会計参与	○	×	×	×
取締役会+ 監査役	○	○	×	×
取締役会+監査役 +監査役会	○	○	×	×
取締役会+監査役 +会計監査人	○	○	○	×
取締役会+監査役 +監査役会+会計 監査人	○	○	○	○
取締役会+監査等 委員会+会計監査 人	○	○	○	○
取締役会+指名委 員会等+執行役+ 会計監査人	○	○	○	○

＊上記表の左側は、会社法上認められている機関設計のパターン（株主総会はどのパターンの会社にも存在する）
　上記表の上段は、会社の区分の態様
＊○＝許容される　×＝許容されない
＊非公開会社＝株式譲渡制限規定が全ての株式に設定されている会社
　公開会社＝株式譲渡制限規定が全部又は一部の株式に設定されていない会社。上場会社とは異なるので注意
＊大会社＝最終事業年度に係る貸借対照表に資本金として計上した額が５億円以上又は負債として計上した額が２００億円以上の会社
＊取締役＝会社の業務執行にたずさわる者。取締役のうち、会社を代表する機関を代表取締役という
　取締役会＝３人以上の取締役から構成される株式会社の業務執行に関する意思決定をする会議体
　監査役＝取締役の職務執行を監査する機関
　監査役会＝３人以上（うち半数以上は社外監査役であることを要する）の監査役によって構成される監査機関の会議体
　会計参与＝取締役と共同して計算書類などを作成する職務を担う者。公認会計士、監査法人又は税理士、税理士法人のみが就任可能
　会計監査人＝主に大会社の計算書類等を監査する機関。公認会計士又は監査法人のみが就任可能
＊会計参与は、上記表の設置が強制されるパターン以外でも定款に定めれば任意に設置可能
＊上記表の一番下のパターンは、いわゆる指名委員会等設置会社。執行役と執行役員は別物なので注意

1

これが、合同会社の最大のメリットといえるでしょう。自己資金で事業をしたり、自分一人だけの会社であれば、合同会社で問題ないケースも少なくありません。

● 2. 合名会社・合資会社はなぜ少ない？

　筆者の依頼者の中でも、合資会社・合名会社というのは、ほぼ皆無に近い状態です。

　合資会社の依頼者は、地方の酒造に限られますし、合名会社にいたっては、ゼロ社です。

　実際、平成26年に法務局で設立登記された件数も、株式会社が8万6639件に対し、合名会社・合資会社は合計しても197件と、400分の1以下です（法務省の登記統計より）。

　これは、無限責任の社員がいるため、実質的には個人事業主と変わりなく、古くからある会社であればともかく、新規に設立するにはメリットが低いからでしょう。

問題解決のコツ

● 海外取引が多いなら合同会社の選択肢も？

　合同会社は、日本の場合は海外と異なり**パススルー課税**の選択肢がないので、税務上のメリットがないといわれています。

　筆者の経験したケースでは、海外の場合はLLCが主流な国も多くあり、あえて日本版LLCといわれる合同会社で設立したほうが海外取引をする会社の場合には都合がいいケースも少なくありません。

　新規に設立する会社の事業内容が、当初から海外事業を想定している場合には、合同会社を積極的な選択肢に加えてもいいでしょう。

用語の解説

合資会社：日本における会社形態の一つです。有限責任と無限責任の社員が混在するのが大きな特徴です。
合名会社：日本における会社形態の一つです。無限責任の社員のみしかいないのが大きな特徴です。
登録免許税：登録免許税法に基づき、登記等について課せられる国税のことです。登記申請をする都度、登録免許税法で定められた所定額を支払う必要があります。
公証役場：株式会社の定款認証、公正証書の作成等を行う官公庁のことです。

定款認証：公証役場の公証人が、発起人が作成した定款が正当であると確認する行為のことです。

パススルー課税：法人等の利益に対して課税せず、その構成員の所得に対して課税する課税制度のことです。構成員課税とも呼ばれます。通常、法人の所得を個人である株主に分配する場合、法人税を支払った上で、配当にも課税されますが、パススルー課税が利用できる場合、個人の所得税の支払のみで足りることになり、メリットがあります。

LLC：アメリカ合衆国の州法に基づいて設立される企業体のことです。リミティッド・ライアビリティ・カンパニーの略称のことです。英米法の概念で法人であるコーポレーションと契約による共同事業体のパートナーシップの中間的な性質を持っている点が特徴です。

条文

会社法2条1号　（定義）

　この法律において、次の各号に掲げる用語の意義は、当該各号に定めるところによる。

　1　会社　株式会社、合名会社、合資会社又は合同会社をいう。

　（省略）

3 株式会社設立手続って自分一人でもできるの？

株式会社の設立手続って難しそうじゃない？

以前よりはシンプルになったらしいよ！

株式会社の設立は、シンプルに！

　会社法施行後は、株主1名・取締役1名でも株式会社の設立が可能になりました。

　そして、類似商号制度の廃止・払込金保管証明が原則不要になったので、従来よりも株式会社の設立手続が容易になった部分が多いため、司法書士に依頼せず、設立者自身で手続をやろうとする方が多くなっています。

　株式会社は、本店所在地を管轄する法務局又は地方法務局若しくはこれらの支局・出張所（以下「登記所」といいます）で、会社の情報（会社の商号、役員の構成、資本金の額等）を登記することによって成立します（会社法49条）。

　なお、株式会社設立までの一般的流れは右のチャートのとおりです。

　会社法施行によって、施行前に比べ株式会社設立が容易になった主な要因として、会社法のツボに記載の3つがあると考えます。

会社法のツボ

● 1. 資本金は1円でも株式会社の設立が可能に

　第一点は、資本金が1円でも設立が可能になったことです。

　会社法施行前は、原則として、金銭等1000万円分の財産を設立時に用意しなければ、株式会社（以下本書で単に「会社」としたときは株式会社を指します）を設立することができませんでした。

　この規制が廃止されたことにより、いい事業プランを思いついたので、すぐにでも会社を設立したいという人のニーズに答えられるようになりました。

▼株式会社設立までの一般的流れ

①発起人による設立事項の決定

⬇

②定款の作成

⬇

③公証役場での定款認証

⬇

④株式の引き受け、出資金の払込

⬇

⑤設立時役員の選任

⬇

⑥設立時役員による財産の調査

⬇

⑦管轄登記所に株式会社設立登記申請

1

　但し、創業時には、事務所費用・登記費用などのコストがかかるので、安易に資本金1円で設立することは極力避けるべきです。余程の事情が無い限り、少なくとも100万～300万程度の資本金を用意することがベターであると考えます。組織としての信用力を高めるために株式会社の設立を選択するのであれば、資本金額の高さは、会社の信用度を上げる要素の一つとなり得るからです。

2. 類似商号の登記規制廃止

　第二点は、類似商号登記規制がなくなったことが挙げられます。

　会社法施行前は、同一市区町村内で、似たような商号、かつ目的が一部でも同じ会社を設立することはできませんでした。この調査が難解で、設立手続を複雑にしていたと考えます。

　類似商号登記規制が廃止されたことにより、同一商号及び同一本店の場合を除き、既存の会社を類似の商号であっても設立登記をすることが可能になりました。

　但し、当該規制が廃止されたとはいえ、第三者の会社と誤認混同されるような商号を利用しその会社に損害を与えた場合には、損害賠償請求等を受けるおそれがあるので、ご注意ください（会社法7条・8条）。

● 3. 払込金保管証明制度の利用不要

第三点は、出資者全員が株主となる発起設立であれば、銀行の払込金保管証明書を添付書類として提出することが不要になったことです。

会社法施行前は、これがネックとなり、株式会社の設立に時間を要するケースがありました。銀行に資本金に応じた手数料も支払う必要があり、コストもかかっていました。

現在は、発起人の普通預金口座に出資金を振込するだけで払込手続が完了するため、非常に簡便です。

但し、設立登記をする際に法務局に添付する書類には、若干の注意が必要です（本節末コラム参照）。

問題解決のコツ

● 安易に思いついた商号をそのまま使用しない

類似商号制度が廃止されたとはいえ、安易に思いついた商号をそのまま使用できると思うのは止めましょう。

不正競争防止法の観点や商標登録の可能性なども考慮しつつ、登記は可能であっても、同業他社でブランド力の強い企業と似た商号を利用していないかなど、設立前に調査する必要があります。

● 設立手続以外にも税務や労務、助成金・事業計画を意識する

株式会社を設立する場合、単に設立手続を行うだけでなく、その後の税務や労務、助成金・事業計画などを意識する必要があります。これは、筆者のような司法書士だけで解決できる問題ではありませんが、悩みを聞いてくれ、適切な専門家を紹介してくれるような司法書士に相談するといいでしょう。設立に限りませんが、司法書士が窓口となり、様々な問題を解決することが可能であるため、気軽に相談することをお勧めします。

● 募集設立を使うケースは非常に少ない

株式会社の設立方法には、発起設立と募集設立の2つの方法があります。しかし、上記3. 記載の理由から、発起設立で行う場合がほとんどです。

募集設立の場合には、従来どおり、払込金保管証明書が必要となるため、現在では、募集設立が利用されるケースは少ないです。設立時に複数出資者がいる場合であっ

ても、発起設立で行うか、印鑑証明書の取得や関係当事者の捺印の困難さによって
は、設立直後に募集株式発行を行う（但し、当該会社の銀行口座開設後でないと現金
出資の場合は実施できません）などの手法で対応することもあります。

用語の解説

資本金：発起人等会社への出資者が出資した金銭等の財産を基礎として設定される一定の額のことです。

発起人：会社の設立をするために定款の作成などを行う者のことです。会社設立時の株主にもなります。

設立事項：会社の商号や本店所在地、事業目的など、定款に記載すべき会社の基本事項のことです。

定款：会社の根本規則です。

定款認証：公証役場の公証人が、発起人が作成した定款が正当であると確認する行為のことです。

設立時役員：会社設立時に就任する取締役等の役員のことです。定款等で選任されます。

管轄登記所：会社の本店所在地を管轄する法務局のことです。

払込金保管証明書：金融機関が、資本金に相当する出資金の払込が現実になされていることを証明するものです。

発起設立：会社設立時に株主となる出資者全員が、発起人となる設立方法です。

募集設立：会社設立時に株主となる出資者の内、一部が発起人となる設立方法です。

印鑑証明書：個人であれば市区町村で印鑑登録をした証明書・法人であれば管轄登記所で印鑑登録をした証明書のことです。

条文

会社法7条 （会社と誤認させる名称等の使用の禁止）
　　会社でない者は、その名称又は商号中に、会社であると誤認されるおそれのある文字を用いてはならない。

会社法8条
　1　何人も、不正の目的をもって、他の会社であると誤認されるおそれのある名称又は商号を使用してはならない。
　2　前項の規定に違反する名称又は商号の使用によって営業上の利益を侵害され、又は侵害されるおそれがある会社は、その営業上の利益を侵害する者又は侵害するおそれがある者に対し、その侵害の停止又は予防を請求することができる。

会社法49条 （株式会社の成立）
　　株式会社は、その本店の所在地において設立の登記をすることによって成立する。

払込証明書の中身

　会社設立や募集株式発行の登記申請をする際、出資金の払込を証する書面（以下「払込証明書」といいます）を添付する必要があります。

　会社法施行前は、銀行が発行した払込金保管証明書を添付する必要がありましたが、会社法施行後は不要になりました。

　そして、代わりに必要となったのが、払込証明書です。

　払込証明書は、会社の代表者が作成して会社代表印を捺印した払込金額を証する書面（具体的には、出資金の払込があった旨・募集株式数・払込金額の総額を記載します）に出資金の払込を受けた当該会社の預金通帳のコピーを提出します。

　そのため、従来よりは手続が簡便にはなりましたが、その分、実際にはどのような書面を提出すれば？　こういうケースの場合はどうすれば？　などの質問や手続的なミスが多くなっている印象です。

　以下、筆者が相談者の方から良く受ける質問等をまとめてみましたので、参考にしてみてください。

Q　出資金入金後、登記前に引き出して使用して構わないのだろうか？
A　構いません。

Q　振込をしなければいけないのか？
A　複数名から出資を受ける場合には、振込名義人がわかる振込の方が好ましいですが、入金でも構いません。残高があるだけでは不可です。

Q　2回に分けて入金して構わないだろうか？
A　構いません。

Q　振込手数料は差し引いても構わないのだろうか？
A　不可です。

Q 払込期日前入金は可能か？

A 募集事項決定の株主総会（又は取締役会）後であれば可能と考えます。他方
で、払込期日までに着金までしている必要があります。払込期日までに送金
をしていたとしても、会社の口座に着金していなければ、有効な払込とはな
りません。

海外の会社から出資を受ける場合などに起こりがちなミスなので、注意しま
しょう。

Q 出資金払込以外の箇所の通帳は見せたくないのだけど、良い方法はあるか？

A 提出する通帳のコピーは表紙・支店名の記載のある1頁目・出資金の入金
がある該当頁のみ提出すれば足ります。

また、該当頁に関しても、出資金の入金記録以外の箇所は、黒塗りしていた
だいても構いません。

Q 出資金の払込を受ける金融機関は、ゆうちょ銀行・信用金庫・ネット銀行で
も構わないのか？

A ゆうちょ銀行になる前は、不可でしたが、ゆうちょ銀行になった現在では、
ゆうちょ銀行でも構いません。

信用金庫も問題ありません。

ネット銀行も可能ですが、預金通帳が無いため、代わりに金融機関名や口座
名義人の記載のある取引明細書を添付することになります。

インターネット上で表示される取引明細書が要件を満たしていれば問題無
いのですが、満たしていない場合には、金融機関からの取り寄せが必要とな
ります。

そのため、可能な限りネット銀行は避けた方が無難と考えます。

筆者の場合は、クライアントに対して通帳のある口座を使用するよう勧めて
います。

1

4 定款で商号や目的って どうやって決めるの？

～総則編～

商号や目的ってどうやって決めるの？

好きな名前でいいんじゃないかな

目的はやりたいこと全部書いておけばいいってもんでもないみたいだよ

定款を作ろう！　まずは「総則」

　定款の「総則」部分は絶対的記載事項が多いため、定めることが決まっており、通常は、どの会社でも内容に大差がありません。

　したがって、企業理念のような一味違ったものを定めておくと、見栄えがすると考えます。定款は、株主が多くなるほど容易に変更できなくなるので、定款にも企業理念を記載しておけば、会社運営することの責任の重さをより自覚できるのではないでしょうか。

　本節から1-7節で、株式会社を設立する際に検討が必要となる定款のツボとコツを解説していきます。

　なお、筆者が、一般的に株主1名・取締役1名の株式会社で作成している定款は、次の「定款例」のとおりです。

▼定款例

●●株式会社定款

平成２８年　　月　　日作　　成
平成２８年　　月　　日公証人認証
平成２８年　　月　　日会社設立

1

定　　　　　款

第1章　総　　則

（商　号）
第1条　当会社は、●●株式会社と称し、英文では●● Co., Ltd. と表示する。

（目　的）
第2条　当会社は、次の事業を営むことを目的とする。
    1．●●仲介業務
    2．●●販売業務
    3．インターネットを利用した各種情報提供サービス
    4．著作権・商標権・特許権・意匠権・実用新案権等の無体財産権の取得、
      譲渡、使用許諾、販売代理、仲介及び管理業務
    5．前各号に附帯する一切の業務

（本店の所在地）
第3条　当会社は、本店を東京都●●区に置く。

（公告の方法）
第4条　当会社の公告方法は、官報に掲載する方法とする。

第2章　株　　式

（発行可能株式総数）
第5条　当会社の発行可能株式総数は、1,000株とする。

（株式の譲渡制限）
第6条　当会社の株式を譲渡により取得するには、株主総会の承認を受けなければ
    ならない。

（株券の不発行）
第7条　当会社の株式については、株券を発行しないものとする。

（相続人等に対する売渡しの請求）
第8条　当会社は、相続その他の一般承継により当会社の株式を取得した者に対し、当該株式を当会社に売り渡すことを請求することができる。

（売主追加請求の排除）
第9条　当会社は、自己の株式取得について会社法第160条第1項の規定による決定をするときは、同条第2項及び第3項の規定を適用しない。

（株式等の割当てを受ける権利を株主に与える場合）
第10条　当会社は、当会社の株式（自己株式の処分による株式を含む。）及び新株予約権を引き受ける者の募集において、当該株主に株式又は新株予約権の割当てを受ける権利を与える場合には、その募集事項、株主に当該株式又は新株予約権の割当てを受ける権利を与える旨及び申込期日は取締役の過半数の決定によって定める。

（株主名簿記載事項の記載又は記録の請求）
第11条　当会社の株式取得者が株主名簿記載事項を株主名簿に記載又は記録することを請求するには、株式取得者とその取得した株式の株主として株主名簿に記載され、又は記録された者若しくはその相続人その他一般承継人が当会社所定の書式による請求書に署名又は記名押印し、共同して請求しなければならない。
　　　2　前項の規定にかかわらず、利害関係人の利益を害するおそれがないものとして法務省令に定める場合には、株式取得者が単独で株主名簿記載事項を株主名簿に記載又は記録することを請求することができる。

（質権の登録及び信託財産の表示）
第12条　当会社の株式につき質権の登録又は信託財産の表示を請求するには、当会社所定の書式による請求書に当事者が署名又は記名押印し、提出しなければならない。その登録又は表示の抹消についても同様とする。

（手数料）
第13条　前二条に定める請求をする場合には、当会社所定の手数料を支払わなければならない。

（株主の住所等の届出）
第14条　当会社の株主及び登録株式質権者又はその法定代理人若しくは代表者は、当会社所定の書式により、その氏名又は名称、住所及び印鑑を当会社に届け

出なければならない。届出事項に変更を生じたときも同様とする。

2 　第11条及び第12条に定める請求をする者が、前項に定める届出印を押印できないときは、実印を押印し、印鑑証明書（作成後3ヶ月以内のもの）を提出しなければならない。

（基準日）
第15条　当会社は、毎事業年度末日の最終の株主名簿に記載又は記録された議決権を行使することができる株主をもって、その事業年度に関する定時株主総会において権利を行使することができる株主とする。

2 　前項にかかわらず、必要がある場合は、取締役の過半数の決定によってあらかじめ公告して臨時に基準日を定めることができる。

第3章　株　主　総　会

（招　集）
第16条　当会社の定時株主総会は、毎事業年度終了後3ヶ月以内に招集し、臨時株主総会は、必要ある場合に招集する。

2 　株主総会を招集するには、会日より1週間前までに、議決権を行使することができる株主に対して招集通知を発するものとする。

（招集権者及び議長）
第17条　株主総会は、法令に別段の定めがある場合を除き、取締役の過半数によって決定し、代表取締役社長が招集する。但し、代表取締役社長に事故があるときは、あらかじめ取締役の過半数の決定によって定めた順序により、他の取締役がこれを招集する。

2 　株主総会においては、代表取締役社長が議長となる。但し、代表取締役社長に事故があるときは、あらかじめ取締役の過半数の決定によって定めた順序により、他の取締役が議長となる。

（決議の方法）
第18条　株主総会の決議は、法令又は定款に別段の定めがある場合を除き、出席した議決権を行使することができる株主の議決権の過半数をもって行う。

2 　会社法第309条第2項の定めによる決議は、定款に別段の定めがある場合を除き、議決権を行使することができる株主の議決権の3分の1以上を有する株主が出席し、その議決権の3分の2以上に当たる多数をもって行う。

（議決権の代理行使）

第19条　株主が代理人をもって議決権を行使しようとするときは、その代理人は1名とし、当会社の議決権を有する株主であることを要する。

　　　2　前項の場合には、株主又は代理人は、株主総会毎に代理権を証明する書面を当会社に提出しなければならない。

（株主総会議事録）

第20条　株主総会の議事については、法務省令の定めるところにより、その経過の要領及び結果等を記載した議事録を作成し、議長たる取締役がこれに記名押印又は電子署名する。

第4章　取締役及び代表取締役

（取締役の員数）

第21条　当会社の取締役は、3名以内とする。

（取締役の選任及び解任）

第22条　当会社の取締役は、株主総会の決議によって選任及び解任する。

　　　2　前項の選任決議は、議決権を行使することができる株主の議決権の3分の1以上を有する株主が出席し、その議決権の過半数をもって行う。

　　　3　第1項の解任決議は、議決権を行使することができる株主の議決権の過半数を有する株主が出席し、その議決権の3分の2以上に当たる多数をもって行う。

　　　4　取締役の選任決議は、累積投票によらないものとする。

（取締役の任期）

第23条　取締役の任期は、選任後10年以内に終了する事業年度のうち最終のものに関する定時株主総会の終結の時までとする。

　　　2　補欠により選任した取締役の任期は、退任した取締役の任期の終了する時まで、増員により選任した取締役の任期は、その選任時に在任する取締役の任期の満了する時までとする。

（代表取締役及び社長）

第24条　当会社の取締役が2名以上の場合には、そのうち1名以上を代表取締役とし、取締役の互選によって定める。

2　当会社の取締役が1名の場合には、その取締役を代表取締役とする。

　　3　当会社の代表取締役が1名の場合には、その代表取締役を社長とする。

　　4　当会社の代表取締役が2名以上の場合には、そのうち1名を社長とし、
　　　取締役の互選によって定める。

（取締役の報酬等）

第25条　取締役の報酬、賞与その他の職務執行の対価として当会社から受ける財産
　　　上の利益については、株主総会の決議によって定める。

第5章　計　　算

（事業年度）

第26条　当会社の事業年度は、毎年4月1日から翌年3月31日までの年1期とす
　　　る。

（剰余金の配当等）

第27条　当会社は、株主総会の決議によって、毎年3月31日の最終の株主名簿に
　　　記載又は記録された株主又は登録株式質権者（以下「株主等」という。）に
　　　対して剰余金の配当を行う。

　　2　前項に定める場合のほか、当会社は、基準日を定め、その最終の株主名
　　　簿に記載又は記録された株主等に対して、剰余金の配当を行うことができる。

（剰余金の配当の除斥期間）

第28条　剰余金の配当がその支払開始の日から満3年を経過してもなお受領され
　　　ないときは、当会社はその支払義務を免れる。

第6章　附　　則

（設立に際して出資される財産の最低額）

第29条　当会社の設立に際して出資される財産の最低額は金100万円とする。

（設立時役員）

第30条　当会社の設立時役員は、次のとおりとする。
　　　　　　設立時取締役　●●
　　　　　　東京都●●区●●

　　　　　　設立時代表取締役　●●

（最初の事業年度）
第31条　当会社の最初の事業年度は、当会社成立の日から平成２９年３月３１日
　　　　までとする。

（発起人の氏名及び住所）
第32条　当会社の発起人の氏名及び住所は次のとおりとする。
　　　　東京都●●区●●
　　　　●●

（法令の適用）
第33条　この定款に規定のない事項は、全て会社法その他の法令の定めるところに
　　　　よる。

　　以上、●●株式会社設立のため、発起人の定款作成代理人である司法書士大越一
毅は、電磁的記録である本定款を作成し、これに電子署名する。

平成２８年●月●日

発起人　●●

上記代理人司法書士　大　越　一　毅

1

会社法のツボ

1. 総則とは？

定款の「総則」には、会社の商号や目的等、絶対的記載事項の多くを記載します。

絶対的記載事項とは、記載しないと、その部分だけでなく、定款全体が無効になる事項です（会社法27条）。

総則は、定款の最初の章に記載するので、まさに会社の「顔」です。人と一緒で、会社も中身が重要とは思いますが、ある程度見だしなみがしっかりしてないと、いくら中身が良くても、そもそも見てもらえないということもあります。

したがって、形式を整えるということは、重要だと考えます。次項以降で、各規定のポイントを解説します。

2. 商号

商号とは、会社の名称です。原則として、株式会社の場合には、「株式会社」と商号中に記載すれば、それ以外は自由に定めることができます。

ローマ字や「&」「・」等の一定の記号も使用することが可能です。

但し、最近では誰もが知っている「@」や「/」は、まだ認められていません。

3. 目的

目的とは、会社の事業内容をあらわすものです（以下「事業目的」といいます）。

会社法施行前は、類似商号規制のため、事業目的の記載方法に厳格な要件がありました。

しかし、現在では緩和され、包括的な内容の事業目的が認められますし、自社のサービス名・商品名を記載することも原則として許されると考えます。

上場企業でも、「適法な一切の事業」という包括的な記載をした事業目的を定めている会社もあります。

4. 本店所在地

本店とは、会社の本社です。定款には、「東京都中央区」のように、最小行政区画まで定めれば構いません。

会社の規模が大きくなれば、今の事業所は手狭になり、本社を移転することも多々あると思われます。

そのような前向きな理由であれば構いませんが、何の理由もなく、本社を何度も

移転するのは、会社の信用度からいってマイナスになりこそすれ、プラスにはならないと考えるので、注意する必要があります。

● 5. 公告する方法

公告とは、決算書類の開示等、会社法上の情報公開義務が会社にある場合に、それを公示するときの媒体です。

定款には、その公告方法を定め、公告には(1) **官報** (2)日本経済新聞等の日刊新聞紙 (3)自社HP等の電子公告の3種類があります。

官報が料金的にも安く、一般的なので、余程の事情が無い限り、最初は官報でいいと考えます。

● 6. 機関

株主総会の開催方法や、役員の員数・任期等会社機関の詳細については、定款中の別の章に定めるべきですが、会社がどんな機関を置いているかということは、基本事項ですので、「総則」に置くべきと考えます。具体例としては次のとおりです。

▼定款例

> 第●条　当会社は、株主総会及び取締役のほか、次の機関を置く。
> 1. 取締役会
> 2. 監査役

● 7. 企業理念

会社法上で要求される定款記載事項ではありませんが、会社の「企業理念」を定款に記載するのもメリットがあると考えます。

会社法では、定款自治が広範囲で認められるようになり、外部にも影響ある定款記載事項であっても、登記事項ではないものが増えました。

したがって、取引や融資の際に、**登記事項証明書**・印鑑証明書以外に、定款の提出・閲覧を求められる機会が多くなっていると考えます。

その際に、企業理念が定款にあると、コンプライアンスを意識している会社と判断される一要素となるでしょうから、会社の信用度ではプラス材料になると思います。

小難しいことを長々と定める必要はなく、自社HPの「社長のあいさつ」等によく記載されている、会社の創業理念やビジョンなどを応用して定款に定めればいいと

考えます。

問題解決のコツ

●商号はブランドイメージ

商号は、自社のブランドにもなりえるので、安易に決定するのはよくないと考えます。

また、1-3節に記載のとおり、類似商号規制が商業登記上は廃止されたとはいえ、他社と類似の商号を無断で使用することは、後の紛争を招くおそれがあるので、避けるべきと考えます。

●海外取引のある会社では、商号の英文表記も入れよう

IT系など、海外取引を行うことが多い会社（今後行う予定の会社）は、登記事項証明書に記載する商号とは別に、定款で商号の英文表記（英字商号）を併せて記載することが多いと考えますし、お勧めします。

海外の取引先との契約書では、英文表記でサインをする必要があり、定款に英文表記を求められることもあるからです。

●許認可が必要な業種は注意

事業目的に「適法な一切の事業」が認められるようになったとはいえ、上場企業のように広く認知されている会社ならともかく、中小企業では、少なくとも自社のメイン事業くらいは、詳細に定めるべきと考えます（前述の上場企業でも、上記目的とは別に、メインとなる事業目的は別途定めています）。

また、派遣業や建設業など、官公庁の許認可が必要な業種では、特定の業種に関する事業目的が明記されていないと、許認可が取得できないので、注意が必要です。

●親会社の事業目的と同一性があるか

既に設立している株式会社が発起人となり、子会社を設立する場合、原則として親会社の事業目的に、子会社の事業目的が一部でも記載されている必要があります。

公証役場で定款認証をする際、発起人である親会社の登記事項証明書を提出しますので、子会社の定款記載の事業目的と比較し、全く同一性が無いと公証人が判断する場合には、公証人から修正等の指導が入る可能性がありますので、ご注意ください。

●公告方法は費用だけで考えない

　公告方法で、自社HP(電子公告)なら掲載料金かからないのでいいのではと考えている方は少なくありません。

　しかし、自社HPの場合には、決算公告を除き、法務省に登録されている調査機関にチェックしてもらう必要があり、その費用が官報よりも格段に高くなります。

　また、決算公告の場合も貸借対照表の全文を5年間掲載する必要があるというデメリットがありますので、ご注意ください(会社法440条、939条)。

用語の解説

定款：会社の根本規則です。

絶対的記載事項：定款に記載しないと、定款全体が無効になる事項のことです。

官報：国の機関紙です。国としての作用に関わる事柄の広報及び公告をすることを目的としています。

登記事項証明書：登記簿に記載されている事項を証明した書面です(商業登記法10条)。

本書で、「登記事項証明書の記載を変更する」とした場合には、「登記簿の記載を変更する」と同義とします。

条文

会社法27条　(定款の記載又は記録事項)

　株式会社の定款には、次に掲げる事項を記載し、又は記録しなければならない。

1　目的
2　商号
3　本店の所在地
4　設立に際して出資される財産の価額又はその最低額
5　発起人の氏名又は名称及び住所

会社法440条　(計算書類の公告)

1　株式会社は、法務省令で定めるところにより、定時株主総会の終結後遅滞なく、貸借対照表(大会社にあっては、貸借対照表及び損益計算書)を公告しなければならない。

2　前項の規定にかかわらず、その公告方法が第939条第1項第1号又は第2号に掲げる方法である株式会社は、前項に規定する貸借対照表の要旨を公告することで足りる。

3　前項の株式会社は、法務省令で定めるところにより、定時株主総会の終結後遅滞なく、第1項に規定する貸借対照表の内容である情報を、定時株主総会の終結の日後5年を経過する日までの間、継続して電磁的方法により不特定多数の者が提供を受けることができる状態に置く措置をとることができる。この場合においては、前2項の規定は、適用しない。

4　金融商品取引法第24条第1項の規定により有価証券報告書を内閣総理大臣に提出しなければならない株式会社については、前3項の規定は、適用しない。

定款と商業登記

定款は、会社の根本規則として重要な書面ですが、意外と登記で使用する場面は多くありません。

また、管轄登記所では、設立登記時には、公証役場で認証した設立時の定款を添付するため、当該定款を設立登記後5年間は保管していますが、現在の会社の定款(以下「現行定款」といいます)の内容を把握しているわけではありませんし、また保管もしていません。

会社設立後、商号や本店所在地、目的など、定款事項を変更し、その旨の変更登記を申請する機会は多々ありますが、その際も当該定款変更をした株主総会議事録を添付すれば足り、変更後の定款は添付しません。

設立時と異なり、変更後の定款を公証役場で認証する必要もないため、公証役場でも保管していません。

そのため、会社によっては、現行定款の内容が良くわからないという会社も少なく無いという印象です。

筆者が変更登記の依頼を受けた場合には、登記手続に不要であっても定款を変更後の内容にアップデートし、それをワードデータ等で保管しておくことを勧めますが、そのような対応をしていないケースもあるでしょう。

とはいえ、定款は会社にとって重要なものであるというのは、本書のいたる箇所で述べたとおりですので、設立時だけでなく、その後もきちんとした対応が必要です。

また、会社法施行後、定款を添付する必要があるのに忘れがちとなるのが、書面決議で行った議事録を添付するケースです。

株主総会の場合は、書面決議をするのに定款の定めは不要ですが、取締役会の場合、定款の定めが必要となるため、登記申請時には定款を添付する必要がありますので、ご注意ください(会社法319条、370条)。

5 定款で株式の内容って何を決めるの？
～株式編～

株式ってそもそも何？　株券ってもらえるの？

株式はオーナーの証だけど、株券ってあんまり見たことないね

定款を作ろう！　会社の所有者の証「株式」

　定款の「株式」部分には、会社が発行可能な株式の数や種類、株券発行の有無など、文字通り、会社で発行する株式に関する事項を記載します。

　会社法の施行により、新しく認められた「相続・合併により取得した者に対する売渡請求」規定や「自己株式取得の際の売主追加請求の排除」規定のような、会社の規模によっては、非常に有益かつ必要な規定も「株式」の部分に規定します。

　さらには、**拒否権付株式**や**取得条項付株式**など、様々なタイプの株式を発行することが可能であり、その内容も「株式」の部分に規定します。

　とはいえ、何でも置けばいいということではなく、会社のスタイルに合わせたものをチョイスすることが重要です。

会社法のツボ

● 1.「株式」とは

　「株式」とは、会社が発行可能な株式の数や種類、株券発行の有無など、文字どおり、会社で発行する株式に関する事項です。

　会社は、出資の対価として、出資者に株式を交付するのが一般的です（社債や新株予約権という方法もありますが、それについては2-10節、3-10節参照）。

　株式の交付を受けた出資者は、当該会社の株主となり、経営者の1人となります。

　株主は、原則として株主総会で所有する株式数に応じた議決権を有し、会社にとって重要な事項の決定を行います。

1

また、役員の選解任権（株主総会決議事項）もあるので、会社の利益にならない行動をする役員を解任することも可能です。

出資金によって、会社の資金は潤沢になり、事業活動を円滑に行うことができるので、その対価である株式は、会社にとって「血」とも言えるでしょう。

したがって、潤沢かつ良質な血液を注入してもらうために、出資の判断材料の1つである定款の整備をきちんとしておくべきです。

次項以降で、主な各規定を見ていきます。

● 2. 発行可能株式総数、種類及び内容

発行可能株式総数とは、読んで字のごとく、会社が発行できる株式数の限度枠です。

実際に発行している株式の数とは異なります。

会社は、この枠内で、増資等により株式の数を増やすことができます。

発行する株式の全てが、**譲渡制限付株式の会社**（以下「**非公開会社**」といいます）では、この枠数に制限はありません（会社法37条3項）。

とはいえ、この枠は事後的に株主総会決議により変更できるので、実際に発行している株式数に比例して何十倍・何百倍も限度枠があるのは、バランスが悪いので避けたほうがいいでしょう。

また、優先配当権や一定事項のみ議決権を有する株式等、会社法107条及び108条に規定する内容の株式を発行することができ、その内容を定款に定める必要があります（各株式の内容の詳細な説明は、3-8節参照）。

さらに、数種類の内容の異なる株式を発行する場合には、各種類の株式の限度枠を定款に定める必要があります。

● 3. 株式の譲渡制限

譲渡制限規定とは、会社役員やオーナーにとって好ましくない人に勝手に自社株式を譲渡されるのを防ぐために、株式の譲渡をするには、取締役会等一定の機関の承認を必要とすることです（会社法107条1項1号）。

上場企業以外の会社の多くが、全ての株式に当該規定を設けており、また設けるべきです。

なお、会社法では、譲渡制限規定も、優先配当等と同様、株式の内容の1種類ですが、登記事項証明書でも別枠で登記されていることを鑑みると、定款の記載上も株

式の内容とは別に定めたほうが好ましいと考えますし、一般的です。

● 4. 株券不発行・株券発行

会社法では、定款に株券発行の有無を何も記載しない場合は、**株券を発行しない会社**（以下「**株券不発行会社**」といいます）になります。

反対に、**株券を発行する会社**（以下「**株券発行会社**」といいます）は、株券を発行する旨を定款で定める必要があります（会社法214条）。

会社法施行後に設立した会社の場合は、株券不発行会社の方が多いかと考えます。

しかし、会社法施行前から存在し、かつ施行前に株券不発行会社でない会社の定款には、株券を発行する旨の定款の定めがあるものとみなされます（会社法の施行に伴う関係法律の整備等に関する法律（以下「整備法」といいます）76条4項）。

つまり、会社法施行後に何もしていない会社の多くが株券発行会社のままです。

譲渡制限規定の無い非公開会社（以下「非公開会社」といいます）の場合には、株主からの請求がない場合には、株券を積極的に発行する必要はありませんが、株式譲渡をする場合には、株券の交付が効力要件です（会社法128条2項、215条4項）。

株券不発行会社であれば、株式譲渡に株券交付の必要がないので、無駄なコストがかかりません。

通常、中小企業や創業間もない会社であれば、現実には株券を発行していない会社が多いでしょうから、定款変更をして、株券不発行会社となることをお勧めします。

また、VCなど外部から出資を受ける際には、株券不発行会社となることを要求されることもあるため、今のうちに定款変更しておくと、いざというときにあわてて手続する必要がなくなるので好ましいと考えます。

● 5. 株主名簿に関する事項・株主名簿管理人・株式取扱規程

会社設立当初は、株主名簿の取扱いや株式質入に関する事項は定款に記載してある会社が多いと考えます。

しかし、このような事務的な規定を定款に置いておくと、いざ変更するときにその都度、株主総会決議が必要になるため、VC等外部株主が多くなってきた会社では定款に規定するのは避けるべきと考えます。

定款に「株式の取扱いに関する事項は、取締役会で定める株式取扱規程による」としておけば、それらの事項は全て株式取扱規程で定めることが可能であり、当該取

扱規程は、株主総会の決議なしに、取締役会で適宜変更が可能になります。

　また、上場前等、株主が多数になり、会社で管理が不可能になった場合には、その事務を信託銀行等に**株主名簿管理人**として委託することができます。

　その場合には、株主名簿管理人を置く旨を定款に定める必要があり、株主名簿管理人の詳細な事務規定は、株式取扱規程に定めれば足ります (3-16節参照)。

問題解決のコツ

●株式部分は機関と同じくらい企業イメージが出しやすい

　株式部分は、会社にとって、機関と同じくらい色の出やすい箇所の1つです。

　特に種類株式を発行する場合には、抜本的な定款変更が必要になることが多いので、VCからの要請などで種類株式の発行が必要となった場合であっても、なぜ、そのような種類株式を発行するのか？　という点を理解してから発行すべきです。良くわからない提案をVCからされた場合には、司法書士等の専門家に投資契約締結前に相談することをお勧めします。

●相続や一般継承による株式の取得について

　会社設立直後で必要になる規定ではありませんが、株主の相続又は合併による株式の散逸を防ぐために、株式譲渡制限規定と同様に、株式上場をする場合を除き、少数株主に相続が発生した場合に、相続人から少数株主が保有していた株式を買い取れる旨の規定 (以下「相続による売渡請求」といいます) を入れたほうが宜しいかと考えます (会社法174条)。

　具体的な定款内容の例は以下のとおりです。

　但し、相続による売渡請求は、オーナー株主にも相続があった場合にも適用があるため、オーナー株主が引退・事業承継を考える際には、改定又は削除などの対応を検討する必要がありますので、ご注意ください。

▼定款例

> 第●条　当会社は、相続その他の一般承継により当会社の株式を取得した者に対し、当該株式を当会社に売り渡すことを請求することができる。

●自己株式取得に関する対策

　会社設立直後で必要になる規定ではありませんが、会社が、特定の株主から自己株式の取得をする際に、それに便乗した他の株主が、自己の所有株式を会社に買わせようとすることを排除する規定（以下「**売主追加請求の排除**」といいます）も定めておくことをお勧めします（会社法160条、164条）。

　事後的に売主追加請求の排除規定を置く場合には、株主全員の同意が必要であるため、設立初期に定めておいた方が好ましいと考えます。

　具体的な定款内容の例は以下のとおりです。

▼定款例

> 第●条　当会社は、自己の株式取得について会社法第160条第1項の規定による決定をするときは、同条第2項及び第3項の規定を適用しない。

用語の解説

拒否権付株式：株主総会において決議すべき事項のうち、当該決議のほか、拒否権付株式を有する株主の種類株主総会の決議を必要とする内容の株式のことです。

取得条項付株式：予め定めた一定の事由が発生することを条件に、会社が株主から強制的に当該株式を取得することを可能とする内容の株式です。

発行可能株式総数：会社が発行できる株式数の限度枠のことです。

譲渡制限付株式：株主が株式を譲渡するためには、取締役会等会社が定めた一定の機関の承認を必要とする内容の株式です。

非公開会社：株式譲渡制限規定が全ての株式に設定されている会社のことです。

株券不発行会社：株券を発行する旨の定款の定めがない会社のことです。

株券発行会社：株券を発行する旨の定款の定めがある会社のことです。

株主名簿管理人：会社から委託を受けて会社の株主の名義書換等の管理を行う者のことです。通常は会社と委託契約を締結した信託銀行が就くことが多いです。

種類株式：会社が権利の内容が異なる2種類以上の株式を発行した場合における当該各株式のことです。

自己株式：会社が有する自己の株式のことです。

条文

会社法 107 条　（株式の内容についての特別の定め）

1　株式会社は、その発行する全部の株式の内容として次に掲げる事項を定めることができる。
　1　譲渡による当該株式の取得について当該株式会社の承認を要すること。
　2　当該株式について、株主が当該株式会社に対してその取得を請求することができること。
　3　当該株式について、当該株式会社が一定の事由が生じたことを条件としてこれを取得することができること。
2　株式会社は、全部の株式の内容として次の各号に掲げる事項を定めるときは、当該各号に定める事項を定款で定めなければならない。
　1　譲渡による当該株式の取得について当該株式会社の承認を要すること　次に掲げる事項
　　イ　当該株式を譲渡により取得することについて当該株式会社の承認を要する旨
　　ロ　一定の場合においては株式会社が第 136 条又は第 137 条第 1 項の承認をしたものとみなすときは、その旨及び当該一定の場合
　2　当該株式について、株主が当該株式会社に対してその取得を請求することができること　次に掲げる事項
　　イ　株主が当該株式会社に対して当該株主の有する株式を取得することを請求することができる旨
　　ロ　イの株式 1 株を取得するのと引換えに当該株主に対して当該株式会社の社債（新株予約権付社債についてのものを除く。）を交付するときは、当該社債の種類（第 681 条第 1 号に規定する種類をいう。以下この編において同じ。）及び種類ごとの各社債の金額の合計額又はその算定方法
　　ハ　イの株式 1 株を取得するのと引換えに当該株主に対して当該株式会社の新株予約権（新株予約権付社債に付されたものを除く。）を交付するときは、当該新株予約権の内容及び数又はその算定方法
　　ニ　イの株式 1 株を取得するのと引換えに当該株主に対して当該株式会社の新株予約権付社債を交付するときは、当該新株予約権付社債についてのロに規定する事項及び当該新株予約権付社債に付された新株予約権についてのハに規定する事項
　　ホ　イの株式 1 株を取得するのと引換えに当該株主に対して当該株式会社の株式等（株式、社債及び新株予約権をいう。以下同じ。）以外の財産を交付するときは、当該財産の内容及び数若しくは額又はこれらの算定方法
　　ヘ　株主が当該株式会社に対して当該株式を取得することを請求することができる期間
　3　当該株式について、当該株式会社が一定の事由が生じたことを条件としてこれを取得することができること　次に掲げる事項
　　イ　一定の事由が生じた日に当該株式会社がその株式を取得する旨及びその事由
　　ロ　当該株式会社が別に定める日が到来することをもってイの事由とするときは、その旨
　　ハ　イの事由が生じた日にイの株式の一部を取得することとするときは、その旨及び取得する株式の一部の決定の方法
　　ニ　イの株式 1 株を取得するのと引換えに当該株主に対して当該株式会社の社債（新株予約権付社債についてのものを除く。）を交付するときは、当該社債の種類及び種類ごとの各社債の金額の合計額又はその算定方法
　　ホ　イの株式 1 株を取得するのと引換えに当該株主に対して当該株式会社の新株予約権（新株予約権付社債に付されたものを除く。）を交付するときは、当該新株予約権の内容及び数又はその算定方法
　　ヘ　イの株式 1 株を取得するのと引換えに当該株主に対して当該株式会社の新株予約権付社債を交付するときは、当該新株予約権付社債についてのニに規定する事項及び当該新株予約権付社債に付された新株予約権についてのホに規定する事項
　　ト　イの株式 1 株を取得するのと引換えに当該株主に対して当該株式会社の株式等以外の財産を交付するときは、当該財産の内容及び数若しくは額又はこれらの算定方法

6 定款で取締役や株主総会って 何を決めればいいの？
〜機関編〜

会社の中では社長が一番偉いの？

そうとも限らないみたいだよ!!

定款を作ろう！　会社を動かす！「役員」

　会社法では、定款に定めることにより、会社ごとに自由に機関設計ができるようになりました。したがって、会社の規模に合わせた機関設計を自社で判断することが重要になります。

　置いてあるだけで全く機能しない監査役であれば、置く必要はありません。

　取締役会についても必須機関ではないため、わざわざ親族等に取締役になってもらう必要もなくなりました。

　選択する機関設計によって、各事項の決定機関が変わるため、機関設計の際には、名目上の役員を置くのではなく、各役員の働きを確認し、会社の実情に合わせた機関設計にすべきと考えます。

会社法のツボ
● 1.「機関」とは

　定款の「**機関**」の章には、株主総会や役員に関する事項など、会社運営や意思決定の方法に関する事項を記載します。

　通常、機関で規定する事項は非常に多いので、株主総会や各役員で独立の章とすることが一般的です。

　会社は株主総会や取締役会などで重要な事項を決定することになるので、「機関」の定款規定は、会社にとって「脳や神経」とも言えるでしょう。

　したがって、この部分はあらかじめ定款の整備をしておくことは勿論のこと、会社

の規模等に応じて、定期的に見直すことが重要です。

　会社の規模等に応じて、以下の「機関設計の許容一覧表」のように設置できない機関や必須な機関もあります。

　まるでパズルのように変化していくので、これを正確に理解することは大変です。

　自社のステージに応じて適切なアドバイスをしてくれる司法書士等の専門家を予め見つけておきましょう。

　次項以降で、主な各規定を見ていきます。

▼株式会社の機関設計の許容一覧表（再掲）

	非公開会社 & 非大会社	公開会社 & 非大会社	非公開会社 & 大会社	公開会社 & 大会社
取締役	○	×	×	×
取締役＋監査役	○	×	×	×
取締役＋監査役 ＋会計監査人	○	×	○	×
取締役会＋ 会計参与	○	×	×	×
取締役会＋ 監査役	○	○	×	×
取締役会＋監査役 ＋監査役会	○	○	×	×
取締役会＋監査役 ＋会計監査人	○	○	○	×
取締役会＋監査役 ＋監査役会＋会計 監査人	○	○	○	○
取締役会＋監査等 委員会＋会計監査 人	○	○	○	○
取締役会＋指名委 員会等＋執行役＋ 会計監査人	○	○	○	○

＊上記表の左側は、会社法上認められている機関設計のパターン（株主総会はどのパターンの会社にも存在する）

　上記表の上段は、会社の区分の態様

＊○＝許容される　×＝許容されない

＊非公開会社＝株式譲渡制限規定が全ての株式に設定されている会社

　公開会社＝株式譲渡制限規定が全部又は一部の株式に設定されていない会社。上場会社とは異なるので注意

＊大会社＝最終事業年度に係る貸借対照表に資本金として計上した額が5億円以上又は負債として計

上した額が２００億円以上の会社
＊取締役＝会社の業務執行にたずさわる者。取締役のうち、会社を代表する機関を代表取締役という
　取締役会＝３人以上の取締役から構成される株式会社の業務執行に関する意思決定をする会議体
　監査役＝取締役の職務執行を監査する機関
　監査役会＝３人以上（うち半数以上は社外監査役であることを要する）の監査役によって構成される
　　　　　　監査機関の会議体
　会計参与＝取締役と共同して計算書類などを作成する職務を担う者。公認会計士、監査法人又は税
　　　　　　理士、税理士法人のみが就任可能
　会計監査人＝主に大会社の計算書類等を監査する機関。公認会計士又は監査法人のみが就任可能
＊会計参与は、上記表の設置が強制されるパターン以外でも定款に定めれば任意に設置可能
＊上記表の一番下のパターンは、いわゆる指名委員会等設置会社。執行役と執行役員は別物なので注意

● 2. 株主総会

　株主総会については、通常、**株主総会の議長・決議方法・招集方法・議決権の代理行使方法・株主総会議事録**などの事項を記載します（会社法299条、309条等）。

　株主総会で1つの独立の章とすることが一般的であり、各事項で条文を分けたほうがわかりやすいのでお勧めします。

　なお、記載内容については、会社法施行前とさほど変わりがありません。

　但し、株主総会議事録については、定款で出席役員の記名押印（又は署名）義務を課さない限り、会社法上は、記名押印義務がなくなりました（会社法318条）。

　したがって、出席取締役の氏名等所定事項（会社法施行規則72条）を記載したA4用紙1枚（誰の押印もない）でも、有効な株主総会議事録となります。

　これは、役員数の多い会社などでは、株主総会後、役員全員が議事録に記名押印する必要がなくなるため、手間がかからず便利です。

　とは言っても、株主総会議事録は、株主や会社債権者の閲覧対象であり、登記手続の添付書類となることが多いため、定款で、役員の記名押印義務を課すことが好ましいケースもあります。

　定款に、記名押印義務を課さなかったとしても、反対株主の多かった決議事項を記載した株主総会議事録では、議事録の真正担保のために積極的に出席役員が記名押印すべきと考えます。

　少なくとも、議事録作成を担当した役員だけでも、常に議事録に記名押印することをお勧めします。

　一般的には、代表取締役が議事録を作成し、会社代表印（2-1節末コラム参照）で記名捺印をするケースが多いと考えます。

3. 取締役、取締役会

取締役は、株主総会において選任され、株式会社の業務執行を行います（会社法348条）。

会社運営の細部の事項まで、いちいち株主総会で決議していては、スピーディーな対応ができず、ビジネスチャンスを逃す場合もあります。

したがって、株主総会で選任した信頼できる人を取締役とし、会社の運営をある程度任せることができます。

取締役は、どんな規模の会社でも必ず1人は置く必要があり、定款で選任できる取締役数の上限・下限を定めるのが一般的です。

その他にも、任期や選解任方法などを定めます。

また、取締役が複数いる場合に、その意思決定機関として取締役会を置く会社では、取締役会に関する事項（招集や決議方法等）も定める必要があります。

会社法施行前の株式会社では、取締役会の設置は必須でしたが、株主＝社長のような、所有と経営の分離のないオーナー会社では、業務執行決定をわざわざ合議にする必要性は薄いので、取締役会を置かないという選択もできるようになりました。

4. その他役員に関する規定

監査役や会社法で新たにできた役員である**会計参与**などを置く場合には、それらの役員に関する事項も定款に定める必要があります。

問題解決のコツ

機関設計の選択肢

設立当初であれば、機関設計の選択肢は多くないかもしれません。

多くのケースでは、オーナーである株主のみが取締役となるか、税務対策として親族を何名か取締役とすれば足りるでしょう。

ある程度設立時から規模のある株式会社の場合であっても、従来の基本型である取締役会設置会社（取締役3名）＋監査役といったところに落ち着きます。

そうなると、定款の内容は、ある程度定型なもので足りると考えます。

しかし、前述のとおり、役員の力関係によっては、株主総会議事録の署名捺印義務をどのようにするか？　など、定型文言とおりでは必ずしも会社の実情にそぐわない箇所もあるので、ご注意ください。

●記名捺印者を複数にすべきケース

　株主総会議事録の記名押印義務がなくなったものの、代表取締役の単独による偽造を防止するため、他の取締役の記名押印義務を課すことが好ましいケースもあります。

　例えば、パートナーとして複数の株主がいる場合で、お互いの力関係がフラットに近いが、対外的な問題としてどちらか一方を代表取締役とする場合です。

　そのようなときに、もう一方の取締役にも株主総会議事録の記名押印義務を課しておけば、株主総会議事録の真正担保や代表取締役が暴走することの抑止力となるでしょう。

●社長は会社法上の役員ではない

　ニュースなどで良く見る会社経営のトップといえば、社長又は会長というイメージが強いのではないでしょうか。

　また、最近では、CEOやCFOなどの役職も見るようになりました。

　しかし、これらの役職は、いずれも会社法上は明文の規定がありません。

　会社法上、取締役の立場の差というのは、取締役と代表権のある代表取締役のみです。

　とはいえ、多くの会社では、社長や会長、専務、常務といった取締役の立場・権限の違いを設けています。

　また、そのような役職を設ける場合には、定款にその旨定める必要があるとの考え方が一般的です。

　他方で、あくまでこれらの立場・権限の違いは会社内部の内規に過ぎないので、内規の定めによっては、社長や会長がトップとも限りません。

　例えば、「取締役社長」とし、代表取締役が別にいる会社も少なからずあります。

　したがって、そのような会社と取引をする場合には、誰が代表権をもって契約締結権限があるのか、注意をする必要があるでしょう。

●株主総会等の招集権者や議長は誰にすべきか

　前述のとおり会社によっては、会長・社長などの役付取締役を置く場合があります。

　多くは、代表取締役である社長が、株主総会等の招集権者や議長となるケースがほとんどであり、定款にもそのように規定する場合が多いです。

しかし、ケースによっては、代替わりの途中である場合には、先代の会長が、まだ未熟な社長のお目付け役として、株主総会等の議長権限を引き続き有していたほうが好ましいケースもあります。雛形にしたがって、安易に社長とするのが好ましくないケースもあるため、ご注意ください。

用語の解説

非公開会社：株式譲渡制限規定が全ての株式に設定されている会社のことです。
公開会社：株式譲渡制限規定が全部又は一部の株式に設定されていない会社のことです。
大会社：最終事業年度に係る貸借対照表に資本金として計上した額が5億円以上又は負債として計上した額が200億円以上の会社のことです。
取締役：会社の業務執行に携わる者のことです。
取締役会：3人以上の取締役から構成される株式会社の業務執行に関する意思決定をする会議体のことです。
監査役：取締役の職務執行を監査する者のことです。
監査役会：3人以上の監査役（うち半数以上は社外監査役であることを要します）によって構成される監査機関の会議体のことです。
会計参与：取締役と共同して計算書類などを作成する職務を担う者のことです。公認会計士、監査法人又は税理士、税理士法人のみが就任可能です。
会計監査人：主に大会社の計算書類等を監査する機関のことです。公認会計士又は監査法人のみが就任可能です。
株主総会：議決権を行使することができる株主によって構成される合議制の機関であり、会社における最高の意思決定機関です。
株主総会議事録：株主総会で決定・報告した事項やその議事の経過をまとめた書面のことです。
取締役会設置会社：取締役会を設置している会社のことです。
代表取締役：取締役のうち、会社を代表する者のことです。

条文

会社法299条 （株主総会の招集の通知）
1 株主総会を招集するには、取締役は、株主総会の日の2週間（前条第1項第3号又は第4号に掲げる事項を定めたときを除き、公開会社でない株式会社にあっては、1週間（当該株式会社が取締役会設置会社以外の株式会社である場合において、これを下回る期間を定款で定めた場合にあっては、その期間））前までに、株主に対してその通知を発しなければならない。
2 次に掲げる場合には、前項の通知は、書面でしなければならない。
  1 前条第1項第3号又は第4号に掲げる事項を定めた場合
  2 株式会社が取締役会設置会社である場合
3 取締役は、前項の書面による通知の発出に代えて、政令で定めるところにより、株主の承諾を得

て、電磁的方法により通知を発することができる。この場合において、当該取締役は、同項の書面による通知を発したものとみなす。

4　前2項の通知には、前条第1項各号に掲げる事項を記載し、又は記録しなければならない。

会社法318条　（議事録）

1　株主総会の議事については、法務省令で定めるところにより、議事録を作成しなければならない。

2　株式会社は、株主総会の日から10年間、前項の議事録をその本店に備え置かなければならない。

3　株式会社は、株主総会の日から5年間、第1項の議事録の写しをその支店に備え置かなければならない。ただし、当該議事録が電磁的記録をもって作成されている場合であって、支店における次項第2号に掲げる請求に応じることを可能とするための措置として法務省令で定めるものをとっているときは、この限りでない。

4　株主及び債権者は、株式会社の営業時間内は、いつでも、次に掲げる請求をすることができる。

 1　第1項の議事録が書面をもって作成されているときは、当該書面又は当該書面の写しの閲覧又は謄写の請求

 2　第1項の議事録が電磁的記録をもって作成されているときは、当該電磁的記録に記録された事項を法務省令で定める方法により表示したものの閲覧又は謄写の請求

5　株式会社の親会社社員は、その権利を行使するため必要があるときは、裁判所の許可を得て、第1項の議事録について前項各号に掲げる請求をすることができる。

会社法348条　（業務の執行）

1　取締役は、定款に別段の定めがある場合を除き、株式会社（取締役会設置会社を除く。以下この条において同じ。）の業務を執行する。

2　取締役が2人以上ある場合には、株式会社の業務は、定款に別段の定めがある場合を除き、取締役の過半数をもって決定する。

3　前項の場合には、取締役は、次に掲げる事項についての決定を各取締役に委任することができない。

 1　支配人の選任及び解任

 2　支店の設置、移転及び廃止

 3　第298条第1項各号（第325条において準用する場合を含む。）に掲げる事項

 4　取締役の職務の執行が法令及び定款に適合することを確保するための体制その他株式会社の業務並びに当該株式会社及びその子会社から成る企業集団の業務の適正を確保するために必要なものとして法務省令で定める体制の整備

 5　第426条第1項の規定による定款の定めに基づく第423条第1項の責任の免除

4　大会社においては、取締役は、前項第4号に掲げる事項を決定しなければならない。

コラム

会社法と商業登記

会社法と商業登記は会社にとって切っても切れない関係にあります。

例えば、会社の設立であれば、設立登記をしなければ会社設立の効力が生じませんし、他の増資や目的変更などについても、登記事項証明書の記載事項を変更した場合には、必ず最後の手続として登記をする必要があります（会社法49条、579条、911条〜936条）。

そのため、経営者によっては、登記さえできればいいと勘違いをして、会社法

の手続を遵守することを軽視している方もいます。

　既に過去行った事柄に関し、登記事項証明書の記載内容を変更したいから、それに合わせて適当に書類を作っておいてよというような相談も少なくありません。

　しかし、商業登記の申請は、会社法等実体法で定める手続が適正に実行され、登記すべき事項が適切に効力を発生しているからこそ、為し得るもの、いわゆる締めの手続です。

　したがって、会社法の手続を踏んでないのに、あたかも行ったかのように書類だけ整えるというのは、あってはならないことです。

　登記事項証明書の記載内容を変更する場合には、原則として会社法の手続が何かしら必要であるということをまず覚えておき、株主総会など所定の手続を適正に行う準備をすることが最初に必要となる作業です。

　つまり、会社法の手続さえ、きちんと押さえておけば、商業登記に必要な作業は概ね終了したともいえます。会社法の手続の方が、商業登記よりもウェイトが大きいのです。

　他方で、同様のことは、商業登記の際に添付する必要書面にも言えます。

　商業登記においては、会社法の手続が適正に行われたことを証するために、商業登記法で要求されている書面を添付する必要があります。

　例えば、募集株式を発行した場合には、原則として株主総会議事録・株式引受契約書・出資金払込証明書・資本金額計上証明書が必要となります。

　つまり、募集株式発行の効力発生までに、株主総会をした・株式を引き受けた・出資金を払込した・出資金を資本金に計上したという一連の作業を証明する書面を添付する必要があるということです。

　いずれも会社法で必要な手続を書面化しただけですので、会社法を理解している方は概ね必要な書面の内容が想像つくのではないかと思います。

　このように、会社法と商業登記は密接にリンクしているのです。

定款で事業年度や配当って何を決めればいいの？

～計算・附則編～

計算って何を決めればいいのか良くわからないのだけど？

事業年度が一番大事らしいよ

定款を作ろう！ 最後の〆「計算」・「附則」

　計算・附則は、それほど複雑なところではありません。定型な記載も多いと思われます。

　最も注意すべき点は、事業年度をどうするかという点です。

　これは決まりがあるわけではありませんが、決算申告の時期に影響するので、税理士とも相談の上、決定することをお勧めします。

会社法のツボ

● 1.「計算」とは

　定款の「**計算**」の章には、会社の事業年度や剰余金の配当に関する事項などを記載します。

　この章は、事業年度をいつにするかということ以外、定型のものが多く、実際に配当を行わない中小企業では、定期的に見直しをする必要性は低いでしょう。

　上場等により企業規模が大きくなると、株主に対し剰余金の配当を行うことになるので、その際に配当の決定機関等を検討すれば問題ないと考えます。

　会社法施行後、一度も定款変更をしていない会社であれば、「営業年度」→「事業年度」など、会社法の施行によって、形式的に文言が変更された部分のみ、変更すれば足ります。

　事業年度の始期と終期は、1年内であれば会社で自由に定めて構いません。

　通常、3月、6月、9月、12月のいずれかを決算期（事業年度の末日）としている会

社が多いですが、4月や8月を決算期とすることも可能です。

● 2.「附則」とは

定款の「**附則**」の章には、一時的な規定や、他の章の変更により影響が出た事項についての経過措置的な規定を定めます。

したがって、既存の株式会社は、現行定款に定める必要がある事項は特にありません。事業年度の変更により、変更後、最初の事業年度が1年未満であるときは、それを「附則」で明示する程度です。

他方で、会社設立時に作成する**原始定款**には、以下の事項を少なくとも「附則」に記載する必要があります(会社法27条4号・5号)。

①設立に際して出資する財産の価額又は最低額
②発起人の氏名又は名称及び住所

その他にも、最初の事業年度や発起人の引受株式数などを記載するのが一般的です。

問題解決のコツ

● 事業年度は事業内容・繁忙期で決める

事業年度の定めについては、税務申告の時期に影響しますので、会社の事業内容・繁忙期に応じて決定することをお勧めします。

決算期から2ヶ月以内(**申告期限延長の特例申請**をしても3ヶ月以内)に定時株主総会をし、かつ税務申告をしなくてはなりません。

したがって、通常業務の繁忙期に、総会時期や税務申告時期が来るように設定すると、日常業務に支障が出るので、決算期は、そこから逆算して設定することをお勧めします。

また、事業年度も事後的に変更は可能ですが、変更をすると役員の任期や税務申告に影響が出るので、頻繁に変更することは避けるべきです。

必要であれば、設立を依頼する司法書士に税理士の紹介をお願いするものいいでしょう。

筆者もそのような相談を受けることが少なくなく、相談者の方の事業内容・活動地域・規模に応じてお勧めの税理士を紹介することがあります。

条文

会社法27条 （定款の記載又は記録事項）

株式会社の定款には、次に掲げる事項を記載し、又は記録しなければならない。

1 目的
2 商号
3 本店の所在地
4 設立に際して出資される財産の価額又はその最低額
5 発起人の氏名又は名称及び住所

1

8 合同会社の定款は株式会社とは異なるの？

 合同会社の場合、株式会社と何が違うの？

 合同会社の方が柔軟にできるみたいだよ

合同会社の定款を作ろう！

1-2節で解説したとおり、株式会社に比べ設立費用の安い合同会社を選択するというケースは少なくありません。

その証拠に、会社法施行直後である平成18年の合同会社の設立登記件数は3392件ですが、平成26年では、1万9808件と6倍近く増加しています（法務省の登記統計より）。

合同会社のメリットとしては、設立費用の安さが着目されていますが、それ以外にも合同会社だから許される定款の柔軟性というのがあります。

その大きな要因として、資本に拘束されず、議決権・配当の分配方法等を定款に委ねることができることです。

なお、筆者が、一般的に社員1名の合同会社で作成している定款は、次の「定款例（合同会社）」のとおりです。

合同会社●●定款

平成２８年　　月　　日作　　成
平成２８年　　月　　日会社設立

1

定　　　款

第1章　総　則

（商　号）
第1条　当会社は、合同会社●●と称し、英文では、●●, L.L.C.と表示する。

（目　的）
第2条　当会社は、次の事業を営むことを目的とする。
1. ●●のコンサルティング業務
2. 前号に附帯する一切の事業

（本店の所在地）
第3条　当会社は、本店を東京都●●区に置く。

（公告の方法）
第4条　当会社の公告方法は、官報に掲載する方法とする。

第2章　社員及び出資

（社員の責任）
第5条　当会社の社員は、全て有限責任社員とする。

（社員及出資）
第6条　当会社の社員の氏名及び住所並びに出資の目的及びその価額は、次のとおりとする。
（1）金銭　金●●円
東京都●●区●●
●●

（持分の譲渡）
第7条　当会社の社員は、他の社員の全員の承諾がなければ、その持分の全部又は
　　　　一部を他人に譲渡することができない。
　　2　会社法第585条第2項及び第3項は適用しない。

第3章　業務執行権及び代表権

（業務執行）
第8条　当会社の業務は、各社員が執行する。
　　2　業務執行は、社員の過半数をもって決定する。
　　3　前項の規定に関わらず、常務は、各社員が単独で決定し、行うことができ
　　　　る。但し、その完了前に他の社員が異議を述べた場合は、この限りでない。
　　4　法人が業務を執行する社員である場合には、当該法人は、当該業務を執行
　　　　する社員の職務を行うべき者を選任し、その者の氏名及び住所を他の社員に
　　　　通知しなければならない。

（代表社員）
第9条　当会社の代表社員は、●●とする。

（報　酬）
第10条　当会社の業務執行社員の報酬は、社員の過半数の決議をもって定める。

第4章　社員の加入及び退社

（社員の加入）
第11条　新たに社員を加入させる場合は、総社員の同意によって定款を変更しなけ
　　　　ればならない。

（任意退社）
第12条　各社員は、事業年度の終了の時において退社をすることができる。この場
　　　　合においては、各社員は、2ヶ月前までに会社に退社の予告をしなければな

らない。

  2　前項の規定にかかわらず、各社員は、やむを得ない事由があるときは、いつでも退社することができる。

（法定退社）

第13条　各社員は、会社法第607条第1項に定める事由により退社する。

（社員の相続及び合併）

第14条　当会社の社員が死亡し又は合併により消滅した場合には、前条の規定に関わらず、その相続人その他の一般承継人は、持分を承継して社員となることができる。

第5章　計　　算

（事業年度）

第15条　当会社の事業年度は、毎年4月1日から翌年3月31日までの年1期とする。

（計算書類の承認）

第16条　当会社の業務執行社員は、各事業年度終了日から3ヶ月以内に計算書類を作成し、総社員の承認を求めなければならない。

（利益の配当）

第17条　当会社が利益の配当をしようとするときは、毎事業年度末日現在の社員に配当するものとし、業務執行社員は、次の事項について決定しなければならない。

  1．配当財産の種類及び帳簿価額の総額

  2．社員に対する配当財産の割当てに関する事項

  3．利益配当が効力を生じる日

  2　社員は、前項の決定後でなければ当会社に対して利益配当の請求をすることができない。

第6章 附 則

（最初の事業年度）
第18条　当会社の最初の事業年度は、当会社成立の日から平成２９年３月３１日
　　　　までとする。

（法令の適用）
第19条　この定款に規定のない事項は、全て会社法その他の法令の定めるところに
　　　　よる。

1

　　以上、合同会社●●設立のため、社員●●の定款作成代理人である司法書士大越
一毅は、電磁的記録である本定款を作成し、これに電子署名する。

平成２８年●月●日

有限責任社員　　●●

上記社員代理人司法書士　　大　越　一　毅

会社法のツボ

1. 持分譲渡について

　株式会社の株式に相当するものが、合同会社の持分です。

　この持分を他人に譲渡し、社員の地位を譲渡することが可能です（会社法585条）。

　原則として、持分を譲渡するためには、他の社員全員の承諾が必要ですが（会社法585条1項）、定款で別途の定めをすることにより、承諾を不要にし、持分の譲渡を自由にすることも可能です。

　株式会社の場合も譲渡制限規定を廃止することによって、株式の譲渡を自由にすることが可能ですが、公開会社となり、機関設計がかなり規制されるため、使いづらい面があります。

　この点、合同会社の場合には、そのような制約が無いため、より柔軟な対応が可能になります。

2. 議決権について

　総社員の同意や業務執行社員の過半数の同意といったように、合同会社の場合にも、株式会社と同様に、何かを行う際には、社員の同意が必要となるケースがあります。

　株式会社の株式は、出資比率に応じて平等ですので、原則として多く出資をした人が多数の株式を保有しているため、その分、株主総会での議決権も多く持ちます。

　一方で、合同会社の場合には、人単位なので、出資額に応じた議決権ではなく、一人1票が原則です。

　但し、これも定款で自由に設計が可能であるため、株式会社のように種類株式など細かい設計をしなくとも、定款に定めるだけで、柔軟な対応が可能になります。

3. 配当について

　株式会社の場合、議決権同様、株式数に応じた額の配当なので、原則として出資額が多い株主ほど、配当を受ける権利が多いです。

　一方で、合同会社の場合は、定款で自由に定めることが可能であるため、出資額は多くないものの、業務執行等で非常に貢献している社員の配当額を多くするといった柔軟な対応が可能になります。

問題解決のコツ

● 合同会社を選択する費用面以外の理由

一人会社の場合に費用面から合同会社を選択することが一番多い理由ではあると思いますが、それに限られません。

上場企業が他の上場企業や外資系の会社と合弁で設立した合同会社など、有名企業・大企業が絡む規模の大きな合同会社も多数存在します。

これは単純にお金の額だけでパワーバランスが決まりやすい株式会社よりも、一定の目的のためだけに会社を設立する場合、合同会社の方が当事者にとって活用しやすいというケースも少なく無いからです。

また、1-2節で述べたとおり、海外取引が多く見込まれるため、むしろ合同会社の方がメリットが大きいというケースもあります。

年々設立件数が増加傾向にある合同会社ですが、今後も新たな活用法が見つかるかもしれませんし、筆者としても注視・検討していきたいと考えます。

用語の解説

合同会社：日本における会社形態の一つです。アメリカのLLCをモデルに会社法の施行によって導入されました。原則として出資をする社員が、業務執行権も有しているという点が、株式会社と異なります。

条文

会社法585条　（持分の譲渡）
1　社員は、他の社員の全員の承諾がなければ、その持分の全部又は一部を他人に譲渡することができない。
2　前項の規定にかかわらず、業務を執行しない有限責任社員は、業務を執行する社員の全員の承諾があるときは、その持分の全部又は一部を他人に譲渡することができる。
3　第637条の規定にかかわらず、業務を執行しない有限責任社員の持分の譲渡に伴い定款の変更を生ずるときは、その持分の譲渡による定款の変更は、業務を執行する社員の全員の同意によってすることができる。
4　前3項の規定は、定款で別段の定めをすることを妨げない。

9 自分の車やパソコンを 出資財産にできる？

僕が10年も乗っている車でもいいのかな？
僕が作ったホームページなら300万の価値ある？

出資をすることはできるけど、後々問題になることもあるみたいだよ

現物出資をうまく活用しよう

　会社への出資というと、現金のイメージが強いですが、現金以外の財産を出資することも認められています。

　財産の種類には原則として制限がなく、自分が今まで使っていた車やパソコン、業界の専門書、ホームページなども認められています。

　但し、現金と違って金銭的評価が難しく、500万円を超える現金以外の財産を出資財産とする場合には、原則として検査役の調査が必要となるので、余程の事情が無い限り、好ましくありません。

　資本金は1円からでも会社設立自体は可能なので、無理して現金以外の財産を出資しなくとも設立はできますが、あまり見栄えがよくないので、筆者もこのような対応を相談されることが少なくありません。

会社法のツボ

●金銭以外の財産は出資可能？

　会社法上、出資する財産の内容に規制はありません。現金はもちろん、不動産・車等の動産・他社の株式や売掛金等の債権、自作のホームページなど、原則として財産的価値のあるものであれば何でも認められています（以下、金銭以外の財産を出資することを「**現物出資**」といいます）。

　但し、現金以外の財産の場合には、500万円を超えるものに関しては原則として検査役の調査が必要となるのでお勧めしません（会社法33条）。

検査役の調査は、裁判所に検査役の選任申し立てが必要となり、数ヶ月以上の時間とコストもかかるので、スケジュールがタイトなことが多い設立手続においてはあまり現実的ではありません。

　しかし、500万円を超える資産を有しているケースは稀で、個人事業主が法人成りをしたい場合に、どうせならということで、個人事業主時代に利用していた車や仕事道具、ホームページなどを出資財産とするケースが多いです。

　中古品などはその価値を算定することが困難ですが、自身だけの会社であれば、価値を自己評価したとしても問題となるケースはそう多くないので、100万〜200万程度の間で評価し、出資財産とすることになるでしょう。

問題解決のコツ

●現物出資を慎重にすべきケース

　複数の発起人がいる場合には、現物出資は慎重にすることをお勧めします。

　上場会社の株式や不動産など、公正な価格が出やすいものはいいですが、中古品など財産的価値の判断が出にくいものを出資財産とする場合は特にです。

　財産相当額の議決権や配当を受ける権利が当該出資者に与えられるので、現金で出資した発起人との不公平感が出るからです。

●名義変更も必要に！

　不動産や自動車など、登記・登録をしている財産に関しては、設立後に名義変更手続が必要となるので注意しましょう。

●上場を目指す会社の対応

　上場を目指す場合には、現物出資の価額の相当性が問題になるので、設立時から現物出資は可能な限り避けるべきです。

　もし、どうしても現物出資をすることが必要な場合には、**公認会計士**などに価額の根拠となる鑑定書等を作成してもらいましょう。

●現物出資をする財産価額が500万円を超えるなら合同会社という選択肢も

　合同会社の場合、現物出資をする財産価額が500万円を超えていても、検査役の調査は不要です。

　したがって、設立直後から多額の財産を現物出資することを検討している場合に

は、合同会社で設立することも検討材料の一つになると考えます。

用語の解説

現物出資：不動産や債権等、金銭以外の財産を出資することです。

検査役：株式会社の設立手続・現物出資の調査など、株式会社の業務や財産状況の調査などを職務とする裁判所が選任する臨時的な監査機関のことです。

公認会計士：公認会計士法に基づく国家資格を有し、監査及び会計の専門家のことです。独立した立場において、財務書類その他の財務に関する情報の信頼性を確保することにより、会社等の公正な事業活動、投資者及び債権者の保護等を図り、経済の健全な発展に寄与することを使命としています。

第2章
中小企業の場合
～アーリーステージ～

株主全員を代表取締役にしたい！そんなことが可能なの？

僕も代表！　あなたも代表ってありかな？

あまりオススメしないね

代表取締役が複数いることの弊害

株式会社の**取締役**は、原則として全員が**代表権**を有しています。

そのため、**株式会社設立**（以下「**設立**」といいます）時の株主であるパートナー全員を取締役にすることは可能であり、全員に代表権を持たせることも可能です。

その場合には、各自が**代表取締役**として、契約を締結することが可能であり、会社代表印もそれぞれ届出することが可能です。

しかし、「船頭多くして船山に登る」という諺があるように、いくら株主間の関係がフラットとはいえ、全員を代表取締役にすることを筆者はお勧めしません。

各々の役割分担を明確にし、役員の構成や役職を決めていく必要があると考えます。

会社法のツボ

● 1. 代表取締役が複数名いる場合の弊害

取締役は、原則として各自代表権を有しているので（会社法349条）、取締役間で特段の序列を定めない限り、全員が代表取締役となり、登記手続上も全員を代表取締役として登記することになります。

もちろん、会社法上や登記手続上は何らの問題はなく、株主全員を代表取締役とすることは可能です。

しかし、代表取締役は、いわゆる会社の「顔」であり、特に**中小企業**や**ベンチャー企業**であれば、企業の広告塔として、対外的に自社をアピールしたり、情報発信していく者でしょう。

この「顔」が複数名いると、取引先としては、誰を相手に取引していいか迷うことにもなりかねず、マイナスに働くことはあっても、決してプラスにはならないと考えます。

また、内部的にも先の諺があるように、序列に差のない代表取締役が複数名いた場合には、最終決裁権者があいまいになっている可能性も多く、代表取締役同士の意見が食い違った場合に、他の役員・従業員もどちらの意見に従うべきか判断がつかなくなるのではないでしょうか。

設立当初は従業員を採用しないことも多いので、内部的な問題にはならないことが多いかもしれませんが、当該会社を将来的に株式上場も視野に入れて大きくしたいと考えるのであれば、いずれ問題やトラブルとなりかねないため、そうであれば設立時からしっかりとケアしておくべきと考えます。

● 2. 会社の印鑑は複数持つことが可能？

代表取締役は、設立登記と同時に、**会社の印鑑**を**法務局**に届出することが可能です (本節末コラム参照)。

これが**会社の実印** (以下「**会社代表印**」といいます) となり、**印鑑証明書**が発行されます。

代表取締役が複数名いる場合には、それぞれが会社代表印を届出することが可能です。

但し、同じ印鑑を届出することはできず、代表取締役毎に印鑑を作成することが必要です。

印鑑を複数作成するとなると、それだけコストもかかりますし、管理も大変です。

仮に代表取締役が複数名いた場合であっても、後述するように役付・役職で差を設け、社長のみが印鑑届出をするなどの対応をお勧めします。登記手続上は、複数名の代表取締役がいる場合であっても、原則として、誰か一人が印鑑届出をすれば足りるからです。

● 3. 代表取締役は住所が登記される

代表取締役は、個人の住所が登記されます。登記事項証明書は誰でも取得できるため、代表取締役は自宅住所が公開されている状態になります。

個人情報保護の重要性が高くなっている昨今から鑑みると、この点に難色を示す経営者の方は少なくありません。

会社法改正の議論がなされるたびに、代表取締役の住所を登記することの是非も

議論されることが多いですが、現時点では抜本的な改正はなされておらず、代表取締役の個人住所は、登記が必要なままなので、代表取締役に就任する際には、ご注意ください。

その理由としては、以下の2点が考えられます。

①登記懈怠等の過料決定の通知先として代表取締役の個人住所が必要なため
②会社債権者等が代表取締役個人住所に訴状等を送付する必要がある際に活用するため

問題解決のコツ

●誰を代表取締役にすべきか

代表取締役は会社の「顔」ですから、筆者個人の見解としては、創業時株主となるパートナーが複数名いるのであれば、取引先へ営業開拓をしていく方を代表取締役にするのがいいのではと考えます。

●内部的な序列をつける方法

どうしても複数名の代表取締役を置きたい場合には、「会長」・「社長」・「常務」・「専務」等の役付を設け、内部的な序列をつけることをお勧めします。

但し、これらの役付は、登記事項証明書では記載されないので、対外的な措置としては、必ずしも万全ではないことに注意しましょう。

●別会社で提携や委託という選択肢もあるのでは?

どうしても上記のような差を設けたくないのであれば、そもそも一緒に会社を作らず、別々の会社を2社作り、お互いの会社で提携契約や業務委託契約を結ぶなどの対応をすることも考えられます。

用語の解説

取締役：会社の業務執行に携わる者のことです。
代表権：契約の締結等、会社を代表する権利のことです。
代表取締役：取締役のうち、会社を代表する者のことです。
中小企業：経営規模が大きくない企業のことです。中小企業基本法では製造業の場合、資本金の額が3億円以下の会社並びに従業員の数が300人以下の会社と定義しています。
ベンチャー企業：新技術や新しいサービスを基軸として、事業を推進していく企業のことです。新事業・新サービスが広く一般に受け入れられた場合は、業界の先駆けとして、短期間で急速な成長をすることがあり、それを目指す企業のことです。

条文

会社法349条 （株式会社の代表）
1　取締役は、株式会社を代表する。ただし、他に代表取締役その他株式会社を代表する者を定めた場合は、この限りでない。
2　前項本文の取締役が2人以上ある場合には、取締役は、各自、株式会社を代表する。
3　株式会社（取締役会設置会社を除く。）は、定款、定款の定めに基づく取締役の互選又は株主総会の決議によって、取締役の中から代表取締役を定めることができる。
4　代表取締役は、株式会社の業務に関する一切の裁判上又は裁判外の行為をする権限を有する。
5　前項の権限に加えた制限は、善意の第三者に対抗することができない。

会社の印鑑届出が必須ではなくなった

会社の代表者（株式会社の場合は代表取締役、合同会社の場合は代表社員。以下同じです）は、従前、登記申請をする際に、管轄登記所に届出をした代表印（以下「会社代表印」といいます）を登記申請書（司法書士に依頼する場合は司法書士への委任状）に捺印する必要がありました。

そして、会社代表印については、あらかじめ管轄登記所に届出しておく必要がありました（以下「印鑑届出」といいます。旧商業登記法20条）。

しかし、令和3年2月15日施行の商業登記規則等改正により、旧商業登記法20条が削除され、印鑑届出が必須ではなくなりました（以下「印鑑届出の任意化」といいます）。

印鑑届出の任意化により、会社の代表者は、自己の都合等に合わせて、以下のいずれかを選択できるようになりました。

＜印鑑届出の選択肢＞
①従来通り、印鑑届出をする方法
②商業登記電子証明書を取得する方法
③代表者個人の公的個人認証サービスによる電子証明書を使用する方法

①は、従前と同じ方法なので、予め印鑑届出をしている会社代表印を登記申請書に捺印して登記申請します。

なお、印鑑届出における注意点も従前と同様です。

例えば、代表者が複数いる場合は、誰か一人が印鑑届出をすれば足り、全員分の印鑑届出は不要です。もし、複数名が印鑑届出をする場合には、印鑑の印影を別々にする必要があります。

②は、印鑑届出をする代わりに、管轄登記所で、あらかじめ商業登記電子証明書の取得をし、登記申請の際に商業登記電子証明書を添付する方法です。

商業登記電子証明書は、電子データなので、登記申請の手法も書面申請（紙で印刷した登記申請書を法務局に提出する方法。以下同じです）は不可で、オンライン申請（法務省のオンライン申請システム上で作成した登記申請データを送信する方法。以下同じです）による場合に限られます。

③は、①・②を一切せず、代表者個人のマイナンバーカードを活用した公的個人認証サービスによる電子証明書を使用する方法です。③も電子証明書なので、②同様、書面申請は不可で、オンライン申請による場合に限られます。

　上記の通り、印鑑届出の任意化によって、②又は③の方法を選択すれば、紙を使用せずに登記申請することが可能となりました。

　3-2節「5. 議事録の電子化と登記申請の利用方法」でも解説するとおり、議事録等の添付書面も電子化がし易くなりましたので、印鑑の重要性が下がっている印象です。

　筆者は、今回の商業登記規則の改正が検討されている段階では、日本はハンコ社会なので、②や③の方法を採用する会社は少ないだろうと考えていました。

　実際現在でも、①の方法を選択する会社が大多数であろうと思います。

　しかし、2021年現在、新型コロナウイルスの影響により、企業のテレワーク化が加速することによって、ハンコの不便さというのは、我々司法書士でも実感しているところです。

　したがって、今後より各種文書の電子化やテレワーク化が進むことによって、①の方法を採る会社が少数派となる未来も近づいてきているのではと考えます。

② パートナー全員に株式を持たせたいのだけど？

メンバー全員に株式を持たせた場合、リスクあるかな！？

株主数は少ない方が、リスクが少ないよ！！

安易に株式を発行するとリスク管理が大変に

設立時にパートナー全員を発起人とし、株式を持たせることは、大きく分けて、手続上のリスクと実体法上のリスクがあると考えます。

単独で会社を作る場合はともかく、複数名が会社に関わるときは、ある程度発起人数・株主数が増えていくこともやむを得ないことではあります。

しかし、安易に持株比率を50％ずつにするなどは避けるべきと考えます。仮に意見が食い違ってしまった場合に、株主総会で何も決められなくなるからです。

会社法のツボ

● 1. 設立時に発起人が複数名となることの設立手続上のリスク

会社法上、設立時の株主となる発起人は何人までという制限はありません。もちろん1名でも可能ですし、100名・1億名いても設立は可能です。

1-3節で解説したとおり、現在の会社設立方法は、設立時の出資者が全員発起人となる**発起設立**で行う場合がほとんどです。

そのため、定款の内容を決定するためには、発起人全員の同意が必要であり、発起人の数が多ければ、意思疎通が困難になります。

それだけでなく、公証役場で定款認証をする際、司法書士が手続の依頼を受ける場合には、定款認証をすることについての委任状に、発起人全員が実印で捺印をし、印鑑証明書を添付する必要があります。

そのため、仮に発起人がそれぞれ遠方に在住している（海外在住も含め）場合には、

当該遠方在住者の捺印取得のためのスケジュールを確保する必要があります。

設立は、**登記が効力要件**であるため（会社法49条）、初めに設立登記申請日を決めてから、他のスケジュールを逆算して決定するケースが一般的です。そのため、設立登記申請日までに間が無い場合には、捺印スケジュールの確保が困難となることもありますので、ご注意ください。

● 2. 設立時に発起人が複数名となることの設立後のリスク

発起人は、設立後は当該株式会社の株主となり、種類株式を発行している場合を除き、各株主は**出資比率に応じた議決権**を有することになります。

設立後に役員を変更したり、商号などの定款記載事項の変更、増資をする場合など、様々なケースで**株主総会の決議**が必要となり、その際には議決権の問題が発生します。

多くの場合、設立直後は、パートナーである各株主が同じ方向を向いており、仲も良いので、意見の食い違いが出ることはほとんどありません。そのため、仮にパートナー全員が株主であっても、問題となるケースは少ないでしょう。

しかし、会社が順調に成長してくればくるほど、会社の経営にも慣れ、各株主にお互い自分なりの考えというのが強く出てくるケースが多いという印象です。

そうなると、意見の食い違いが出てくるケースも増えてきます。

それが仮に上記株主総会決議事項に関するものであり、片方の反対意見があると、所定の議決権数を満たさないとなれば、決議をすることができなくなります。

一番要件の軽い**普通決議**であっても**過半数の同意**が必要なので、発起人2名で50％ずつ出資をして設立をした場合には、常に双方の同意が必要となるため、結構なリスクとなると考えます。

また、意見の食い違いが出てくると、株式を買い取った上で、パートナーを解消したいというケースもあるでしょう。

但し、その場合にも原則として取得価格などにおいて相手方の合意が必要となったり、仮に強制取得をする場合であってもスクイーズアウトの手続が必要（3-14節・3-15節参照）となるなど、コストと時間がかなりかかります。順調な会社であればあるほど、設立時よりも株価が大幅に上がっているので、よりコストがかかることになってしまいます。

2

問題解決のコツ

●その株主に議決権は本当に必要か？

発起人が複数名の会社の場合、なぜそうするのか？　と趣旨、理由、必要性をきちんと考えるべきです。

その趣旨等に応じて、議決権を調整するなどの検討が必要です。

例えば、経営に興味がないパートナーがいるのであれば、議決権のない種類株式を持ってもらったり、融資という形で参画してもらうことも考えらます。

●発起人が多数いて捺印が困難なケース

発起人が多数おり、発起人全員からの実印による必要書類への捺印が設立スケジュールに間に合わないのであれば、さしあたって、誰か代表して会社を設立し、設立直後に株式譲渡や増資を活用するなどの手法も考えられます。

●複数の発起人がいる場合のオススメの手法

多くの書籍のひな形では、発起人が複数名の場合は、一枚の委任状や発起人の同意書に発起人全員が記名捺印をしていますが、全員が遠方だと一堂に会して捺印をしてもらったり、持ち回りで記名捺印することも困難でしょう。

その場合には、委任状や発起人の同意書を発起人毎に作成することも実務上認められているため（但し、先例で認められているわけではないので、公証役場・管轄登記所によっては難色を示す可能性もあるため、事前に公証役場・管轄登記所に相談をし、了承を得ておくことをお勧めします）、適宜活用するといいでしょう。

用語の解説

発起人：会社の設立をするために定款の作成などを行う者のことです。会社設立時の株主にもなります。
発起設立：会社設立時に株主となる出資者全員が発起人となる設立方法です。
公証役場：株式会社の定款認証、公正証書の作成等を行う官公庁のことです。
定款認証：公証役場の公証人が、発起人が作成した定款が正当であると確認する行為のことです。
種類株式：株式会社が、剰余金の配当など権利の異なる２種類以上の株式を発行している場合、その各部式のことです。
普通決議：株式会社において、株主総会が意思決定を行う決議要件の１つのことです。会社法では、その要件の違いによって、普通決議・特別決議・特殊決議の３種類があります（会社法３０９条）。

条文

会社法309条 （株主総会の決議）

1　株主総会の決議は、定款に別段の定めがある場合を除き、議決権を行使することができる株主の議決権の過半数を有する株主が出席し、出席した当該株主の議決権の過半数をもって行う。

2　前項の規定にかかわらず、次に掲げる株主総会の決議は、当該株主総会において議決権を行使することができる株主の議決権の過半数（3分の1以上の割合を定款で定めた場合にあっては、その割合以上）を有する株主が出席し、出席した当該株主の議決権の3分の2（これを上回る割合を定款で定めた場合にあっては、その割合）以上に当たる多数をもって行わなければならない。この場合においては、当該決議の要件に加えて、一定の数以上の株主の賛成を要する旨その他の要件を定款で定めることを妨げない。

   1　第140条第2項及び第5項の株主総会
   2　第156条第1項の株主総会（第160条第1項の特定の株主を定める場合に限る。）
   3　第171条第1項及び第175条第1項の株主総会
   4　第180条第2項の株主総会
   5　第199条第2項、第200条第1項、第202条第3項第4号、第204条第2項及び第205条第2項の株主総会
   6　第238条第2項、第239条第1項、第241条第3項第4号、第243条第2項及び第244条第3項の株主総会
   7　第339条第1項の株主総会（第342条第3項から第5項までの規定により選任された取締役（監査等委員である取締役を除く。）を解任する場合又は監査等委員である取締役若しくは監査役を解任する場合に限る。）
   8　第425条第1項の株主総会
   9　第447条第1項の株主総会（次のいずれにも該当する場合を除く。）
      イ　定時株主総会において第447条第1項各号に掲げる事項を定めること。
      ロ　第447条第1項第1号の額がイの定時株主総会の日（第439条前段に規定する場合にあっては、第436条第3項の承認があった日）における欠損の額として法務省令で定める方法により算定される額を超えないこと。
   10　第454条第4項の株主総会（配当財産が金銭以外の財産であり、かつ、株主に対して同項第1号に規定する金銭分配請求権を与えないこととする場合に限る。）
   11　第6章から第8章までの規定により株主総会の決議を要する場合における当該株主総会
   12　第5編の規定により株主総会の決議を要する場合における当該株主総会

3　前2項の規定にかかわらず、次に掲げる株主総会（種類株式発行会社の株主総会を除く。）の決議は、当該株主総会において議決権を行使することができる株主の半数以上（これを上回る割合を定款で定めた場合にあっては、その割合以上）であって、当該株主の議決権の3分の2（これを上回る割合を定款で定めた場合にあっては、その割合）以上に当たる多数をもって行わなければならない。

   1　その発行する全部の株式の内容として譲渡による当該株式の取得について当該株式会社の承認を要する旨の定款の定めを設ける定款の変更を行う株主総会
   2　第783条第1項の株主総会（合併により消滅する株式会社又は株式交換をする株式会社が公開会社であり、かつ、当該株式会社の株主に対して交付する金銭等の全部又は一部が譲渡制限株式等（同条第3項に規定する譲渡制限株式等をいう。次号において同じ。）である場合における当該株主総会に限る。）
   3　第804条第1項の株主総会（合併又は株式移転をする株式会社が公開会社であり、かつ、当該株式会社の株主に対して交付する金銭等の全部又は一部が譲渡制限株式等である場合における当該株主総会に限る。）

4　前3項の規定にかかわらず、第109条第2項の規定による定款の定めについての定款の変更（当該定款の定めを廃止するものを除く。）を行う株主総会の決議は、総株主の半数以上（これを上回る割合を定款で定めた場合にあっては、その割合以上）であって、総株主の議決権の4分の3（これを上回る割合を定款で定めた場合にあっては、その割合）以上に当たる多数をもって行わなければならない。

5　取締役会設置会社においては、株主総会は、第298条第1項第2号に掲げる事項以外の事項については、決議をすることができない。ただし、第316条第1項若しくは第2項に規定する者の選任又は第398条第2項の会計監査人の出席を求めることについては、この限りでない。

2

3 取締役って何人 いてもいいの？

僕も取締役になりたいなぁ…

それなら、株主の OK もらわないとね！！

取締役がたくさんいても意味がない

会社法上は**取締役**が 1 名以上いれば足り、何人いても構いません。

取締役会設置会社の場合には、最低 **3 名**以上の取締役が必要ですが、会社法上は上限員数の定めがありません。

したがって、定款で上限員数を定めない場合には、100 名でも 200 名でも取締役を置くことは可能です。

但し、余りにも取締役の員数が多いと意思決定が困難を極めるので、可能な限り避けるべきです。

また、取締役が偶数の場合には、取締役会の決議において可否同数となってしまう可能性があるので、これも可能な限り避けるべきです。

会社法のツボ

1. 取締役の員数制限

取締役会非設置会社の場合には、取締役の員数は 1 名で足ります（会社法 326 条 1 項）。

他方で、**取締役会設置会社**の場合には、3 名以上とする必要があります（会社法 331 条 5 項）。

一方で、上限員数については、会社法上の規制はありません。

定款で上限員数を定めることは可能であり、会社の事業規模に応じて上限員数を設定しておくことは、特定の大株主の恣意的な取締役の増加を防ぐためには、意味

があるので、お勧めします。

　定款で上限員数を定めなかった場合には、100名でも200名でも取締役を置くことが可能です。

　しかし、法律上可能だといっても、実際に100名超もの取締役を置くことは可能な限り避けるべきです。

　取締役会の開催には（2-4節参照）、当該議案について特別利害関係のある取締役を除き、取締役全員の内、過半数以上の出席が必要で、かつ出席取締役の過半数の同意が必要であるため（会社法369条）、毎回100名超の意思決定が必要となれば、迅速な業務執行を行うための多大な障害となります。

　100名は極端だとしても、従来は上場企業であれば20名程度の取締役がいたのは珍しくありませんでした。

　近年では、**執行役員制度**の導入により（4-1節参照）、過剰な取締役数を避け、一部権限を執行役員に移譲し、取締役会での迅速な意思決定を行う企業が増えてきました。

　企業規模が大きくなり、ある程度社内ポストに限界が出てきた場合には、執行役員制度を導入したり、子会社を設立して子会社の取締役に就任させるなど、可能な限り取締役会の意思決定は迅速に行えるよう、適切な対応をすべきです。

　一時期ニュースにもなりましたが、ニートと呼ばれる方が100名以上参画し、全員株主兼取締役となったため、当該会社の登記事項証明書には100名以上が取締役として名を連ねたというような事例もありました。

　しかし、筆者としては、全員を取締役にして、果たして企業として適切な運営が可能であるのか、疑問を禁じ得なかったところです。今でも会社として存続しているようですが、実際にどのように会社運営をしているのか、興味がありますね。

● 2. 取締役の員数が偶数であることのリスク

　取締役の員数は偶数であっても会社法上は問題ありません。

　そのような会社も少なくはないと思います。

　しかし、取締役の一部が急に辞任や死亡して、後任者が決まっていないようなやむを得ない場合を除き、可能な限り取締役が偶数であることは避けるべきと考えます。

　会社の業務執行の決定は、取締役会非設置会社であれば取締役の過半数の同意（会社法348条2項）・取締役会設置会社であれば取締役の過半数が出席し、かつ出席取締役の過半数の同意が必要だからです（会社法369条1項）。

　例えば、取締役が4名の場合に、4名とも出席し、2名が当該議案に賛成、2名が反

対した場合には、可否同数となり決議ができません。

　取締役が奇数であれば、少なくとも賛成にしろ反対にしろ、いずれかの形で決議の決着がつきます。

　したがって、取締役が偶数であることは常にデッドロックのような膠着状態になるリスクがあるので、可能な限り避けるべきと考えます。

● 3. 取締役等の欠格事由の改正

　令和元年12月に改正され令和3年3月1日に施行された会社法の改正（以下「令和3年改正」といいます）によって、取締役・監査役・執行役・清算人（以下「取締役等」といいます）の欠格事由のうち、「**成年被後見人**若しくは**被保佐人**又は外国の法令上にこれらと同様に取り扱われている者」が削除されました（会社法331条1項2号の削除）。

　そして新たに、成年被後見人又は被保佐人が、取締役等に就任する場合の定めが設けられました（会社法331条の2）。

　これによって、成年被後見人又は被保佐人であっても、後見人又は保佐人の同意がある場合には、取締役等に就任することが可能です。

　実際に成年被後見人や被保佐人が取締役等に就任することにどれだけの需要があるかは、現時点では不明瞭ですが、例えば、従前は会社の代表取締役であった者が、高齢等により成年被後見人になり代表取締役は退任せざるを得なくなったものの、同人の名誉職として、取締役の地位だけでも維持してあげたい場合に活用が可能ではと考えます。

問題解決のコツ
● 名目だけの取締役を置くのはやめよう

　会社法施行前、株式会社は取締役会の設置が必須であったため、取締役が最低3名必要でした。

　そのため、中小企業・同族会社では、人数合わせのために、親族・友人を名目上の取締役としている会社は少なくありませんでした。

　会社法施行後は、機関設計が柔軟化されたため、そのような必要性は少なくなりましたので、会社の実態に合わせた役員構成にし、名目上の取締役を登記することは、可能な限り避けるべきと考えます。

　名目上の取締役といっても、役員としての責任に原則として違いはなく、会社が第

三者に損害を与えた際には、責任追及を受けるリスクがあるからです。

　最終的に責任を負わないという判断が裁判で出たとしても、登記事項証明書に取締役として名前が出ている以上、訴訟自体に巻き込まれる可能性は十分にありますので、注意しましょう。

用語の解説

取締役会：3名以上の取締役からなる会議体であり、会社の業務執行の意思決定機関です。

取締役会設置会社・取締役会非設置会社：取締役会を置く会社又は会社法上取締役会を置くことが強制された会社のことを取締役会設置会社といいます。反対に取締役会を置いていない会社を取締役会非設置会社といいます。

特別利害関係のある取締役：当該取締役会議案に関し、特別の利害があるため、議決に加わることができない取締役のことです。取締役会が有効に成立するための最低限度の人数である定足数にもカウントされません。

執行役員制度：経営の意思決定の迅速化等を目的として、会社法上の制度ではないものの、執行役員という役職制度を採用している会社のことです。

成年被後見人・被保佐人：認知症・知的障害・精神障害などによって判断能力が十分ではないと、家族等の申立に基づき家庭裁判所の審判を受けた方のことです。判断能力が全くない場合は成年被後見人、判断能力が著しく不十分な場合は被保佐人となり、そのような方を法律的に支援する制度が成年後見制度です。

2

条文

会社法331条の2
1　成年被後見人が取締役に就任するには、その成年被後見人が、成年被後見人の同意（後見監督人がある場合にあっては、成年被後見人及び後見監督人の同意）を得た上で、成年被後見人に代わって就任の承諾をしなければならない。
2　被保佐人が取締役に就任するには、その保佐人の同意を得なければならない。
3　第1項の規定は、保佐人が民法第876条の4第1項の代理権を付与する旨の審判に基づき被保佐人に代わって就任の承諾をする場合について準用する。この場合において、第1項中「成年被後見人の同意（後見監督人がある場合にあっては、成年被後見人及び後見監督人の同意）」とあるのは、「被保佐人の同意」と読み替えるものとする。
4　成年被後見人又は被保佐人がした取締役の資格に基づく行為は、行為能力の制限によっては取り消すことができない。

4 取締役会って そもそも何やるの？

取締役会って、毎月やる必要ある？

私は海外在住だから、1年に1回位にしてくれると助かるね

取締役会って、本当に必要？

　取締役の本来の役割は、代表取締役等各取締役が、会社にとって不利益な行為を することを防ぐため、チェックをすることです。

　しかし、オーナー株主である代表取締役以外は、名目上の取締役であり、監督機能 を持たないのであれば、取締役会設置会社である意味は薄く、また取締役会設置会 社であることによって、**監査役**の設置が強制されるなどのデメリットもあります。

　会社法施行前から存在している株式会社であれば、取締役会の設置が強制だった ので、会社法施行後も取締役会が設置されています。

　ですが、会社の実態にそぐわないのであれば、取締役会を廃止することを視野に 入れるべきと考えます。

会社法のツボ

● 1. 取締役会とは

　取締役会は、3人以上の全ての取締役で構成される会議体です。

　取締役会は、業務執行の意思決定機関であり、取締役同士の相互牽制により、代表 取締役等各取締役の暴走を排除するための監督機能を持ちます。

　取締役会の権限や開催方法については、3-2節を参照してください。

● 2. 取締役会廃止の選択

　会社法の施行により、非公開会社の場合、会社は原則として取締役会を設置する

必要がなくなりました（会社法327条）。

　取締役会を設置しない会社（以下「**取締役会非設置会社**」といいます）は、株主の変動が少なく、株主間の人的関係が密接であるなど、株主自身による会社経営への継続的かつ積極的関与が期待できる会社が想定されています。

　一方、会社法施行前は、取締役会の設置が強制だったので、会社法施行前から存在する会社の場合、取締役会設置の旨が定款にあるものとみなされ、取締役会設置の登記が法務局の職権で行われています（整備法76条2項、113条2項、136条12項1号）。

　したがって、**取締役会を廃止する**場合には、**株主総会**で取締役会を廃止する旨の定款変更決議を行い、取締役会廃止の登記申請を行う必要があります。

　事業規模が個人事業に等しく、取締役の員数を名目上でも3人揃えるのが難しい会社であれば、取締役会を廃止した方が望ましいでしょう。

● 3. 取締役会廃止のメリット・デメリット

　とはいえ、いくら事業規模の小さい会社であっても、常に取締役会を廃止することが望ましいわけではありません。

　一度廃止しても、再度取締役会を設置することは可能ですが、登録免許税等のコストがかかりますので、廃止する際には慎重に検討する必要があります。

　取締役会を廃止することのメリット・デメリットは次のとおりです。これらをふまえた上で、取締役会の廃止を決定すべきです。

▼メリット

①取締役を社長1人とすることが可能なこと（会社法326条1項）。

　取締役会を設置している場合、取締役が最低3名かつ監査役又は会計参与が最低1名必要です（会社法327条2項、331条5項）。

②定時株主総会の招集通知に計算書類及び事業報告の添付が不要なこと（会社法437条）。

③株主総会の招集通知の期間を1週間未満にすることが可能なこと（会社法299条1項）。

④株主総会の招集通知を書面で送付不要なこと（会社法299条2項）。

▼デメリット

①取締役会設置会社と比べ、実質上も形式上も所有と経営が分離していない（株主＝社長）ため、外部に出資又は融資を引き受けてもらい辛いこと。

②会社法上、取締役会で決議可能であった事項についても、原則として株主総会決議が必要になること。

③1株でも所有している株主は、いつでも株主提案権の行使が可能なこと（会社法303条）。

取締役会設置会社であれば、総株主の議決権の100分の1以上を所有している株主しか行使できません（公開会社の場合は、株主総会の6ヶ月以上前から株式を所有している株主に限ります）。さらに、株主総会の8週間前までに行使する必要があります。

④将来、株式上場を考える場合や企業規模が大きくなった場合には、改めて取締役会を設置する必要があること。

● 4. 株式譲渡制限規定への影響

株式の内容として**譲渡制限規定**を定めている会社の場合、定款に「当会社の株式を譲渡により取得するには、取締役会の承認を要する」と記載し、その旨が登記してあります。

取締役会を廃止すると、株式譲渡制限規定の承認機関の記載が齟齬しますので、株式譲渡制限規定についても併せて変更する必要があります。

● 5. その他変更を検討すべき事項

取締役会を廃止した場合、資本金が5億円以上又は負債が200億円以上の大会社（以下「**大会社**」といいます。会社法2条6号）を除き、**監査役**を設置する必要がありません。

したがって、名目上の監査役であれば、監査役も併せて廃止して問題ないでしょう。

その他、役員の員数や任期、取締役会に関する定款規定を適宜変更・廃止する必要があるのでご注意ください。

問題解決のコツ

●取締役や監査役の後任者がいないケース

　積極的に取締役会を廃止したいというケースでなくとも、実際には、取締役が3名・監査役が1名おり、取締役会を設置しているところ、当該取締役の一部や監査役が辞任等により退任をした場合に、適当な後任者がいないのだが、どうしたらいいか？　との理由で、取締役会を廃止することを検討せざるを得なくなるケースは少なくありません。

　但し、その場合であっても前述のメリット・デメリットをふまえた上で、慎重に判断する必要があると考えます。

●株主が複数いる場合は取締役会の廃止は慎重に

　株主が社長1人の場合、取締役会を廃止しても問題となるケースは少ないと思います。

　しかし、少数であっても株主が複数いる会社では、株主間の人間関係がよほど良好でない限り、取締役会を廃止しない方がいいと考えます。

　株主間に深刻な利害対立が発生すると、社長の業務執行にかえって支障をきたす可能性があるからです。

●取締役会を廃止する場合は定款の大幅な見直しが必要

　取締役会を廃止する場合には、前述のとおり、単に取締役会廃止の旨だけを株主総会で決議すればいいのではなく、実際にはそれに付随して、定款内容を大幅に変更する必要があるため、ある程度スケジュールには余裕をもって準備をすることが重要です。

用語の解説

取締役会：3名以上の取締役からなる会議体であり、会社の業務執行の意思決定機関です。
取締役会設置会社・取締役会非設置会社：取締役会を置く会社又は会社法上取締役会を置くことが強制された会社のことを取締役会設置会社といいます。反対に取締役会を置いていない会社を取締役会非設置会社といいます。
譲渡制限規定：株式の譲渡に関し、取締役会等定款で定めた機関の承認を要する旨の規定です。

> **大会社**：最終事業年度に係る貸借対照表に資本金として計上した額が5億円以上又は負債として計上した額が200億円以上の会社のことです。
>
> **監査役**：取締役の職務執行を監査する者のことです。

条文

会社法299条 （株主総会の招集の通知）

1. 株主総会を招集するには、取締役は、株主総会の日の2週間（前条第1項第3号又は第4号に掲げる事項を定めたときを除き、公開会社でない株式会社にあっては、1週間（当該株式会社が取締役会設置会社以外の株式会社である場合において、これを下回る期間を定款で定めた場合にあっては、その期間））前までに、株主に対してその通知を発しなければならない。
2. 次に掲げる場合には、前項の通知は、書面でしなければならない。
   1. 前条第1項第3号又は第4号に掲げる事項を定めた場合
   2. 株式会社が取締役会設置会社である場合
3. 取締役は、前項の書面による通知の発出に代えて、政令で定めるところにより、株主の承諾を得て、電磁的方法により通知を発することができる。この場合において、当該取締役は、同項の書面による通知を発したものとみなす。
4. 前2項の通知には、前条第1項各号に掲げる事項を記載し、又は記録しなければならない。

会社法326条 （株主総会以外の機関の設置）

1. 株式会社には、1人又は2人以上の取締役を置かなければならない。
2. 株式会社は、定款の定めによって、取締役会、会計参与、監査役、監査役会、会計監査人、監査等委員会又は指名委員会等を置くことができる。

会社法327条 （取締役会等の設置義務等）

1. 次に掲げる株式会社は、取締役会を置かなければならない。
   1. 公開会社
   2. 監査役会設置会社
   3. 監査等委員会設置会社
   4. 指名委員会等設置会社
2. 取締役会設置会社（監査等委員会設置会社及び指名委員会等設置会社を除く。）は、監査役を置かなければならない。ただし、公開会社でない会計参与設置会社については、この限りでない。
3. 会計監査人設置会社（監査等委員会設置会社及び指名委員会等設置会社を除く。）は、監査役を置かなければならない。
4. 監査等委員会設置会社及び指名委員会等設置会社は、監査役を置いてはならない。
5. 監査等委員会設置会社及び指名委員会等設置会社は、会計監査人を置かなければならない。
6. 指名委員会等設置会社は、監査等委員会を置いてはならない。

会社法437条 （計算書類等の株主への提供）

取締役会設置会社においては、取締役は、定時株主総会の招集の通知に際して、法務省令で定めるところにより、株主に対し、前条第3項の承認を受けた計算書類及び事業報告（同条第1項又は第2項の規定の適用がある場合にあっては、監査報告又は会計監査報告を含む。）を提供しなければならない。

5 監査役って必要？

監査役って何する人？　イメージが沸かないなぁ

会社のお金の不正を見抜く人だね

監査役の職務・権限ってなんだろう

監査役の職務・権限は、取締役の職務執行を監査することです（会社法381条）。

監査の対象には、業務監査と会計監査の双方が含まれます。

したがって、会社の金銭・会計の不正面だけでなく、取締役が行う業務の適法性もチェックします。

但し、大会社ではない**非公開会社**の場合、監査役会又は会計監査人を設置した場合を除き、定款で監査役の権限を会計監査に限ることも可能です（会社法389条）。

監査役の業務監査は、原則として、法令・定款違反という業務執行の適法性の監査に限られますが、一定の問題に対しては著しく不当な事項等を指摘することも可能です（会社法384条、会社法施行規則129条1項5号）。

会社法のツボ

● 1. 監査役の監査権限と監査報告書の作成

(1) 監査役の監査権限

監査役は、その職務を適切に遂行するため、取締役・会計参与及び使用人等と意思疎通を図り、適正かつ十分な監査を実施しなければなりません（会社法施行規則105条2項）。

監査役は、取締役会に出席する義務などがあり、状況に応じて自ら会社の業務及び財産の調査をする権限があります。

但し、**会計監査限定の監査役**は、この義務が免除されています。

(2) 監査報告書の作成と監査意見

監査役は、意見を付した監査報告書を作成しなければなりません（会社法381条1項）。

会計監査については、会計監査人を設置していない監査役の場合、会計帳簿の適正などの意見を述べます。

● 2. 監査役設置会社か否か？

会計監査限定の監査役は、会社法上の監査役ではありません（会社法2条9号）。

したがって、取締役会への出席義務などが免除されているなどもそうですが、監査役設置会社を前提とした規定は、原則として当てはまらないので注意が必要です。

典型的な例としては、責任免除規定でしょう（3-5節参照）。

● 3. 具体的な監査の方法

監査業務の程度等については、会社法上の明文規定はありません。

実際の監査方法については、公益社団法人日本監査役協会が策定した監査役監査基準があるので、それに倣うのも一方法でしょう。

ですが、これはベストであり、中小企業においては、実情にそぐわないケースもあります。そもそも監査役の本職としてなるべき者が監査役に就いているのではなく、会社の経理部門出身者で定年間際の者が監査役であるケースも少なくないからです。

自社の実情に合わせた監査基準や手法を定めることが望ましいです。

「問題解決のコツ

● 会計監査限定の旨が登記事項に

監査役の監査権限が登記事項証明書からは判断できないという問題点を解消するため、会社法が平成26年に改正され平成27年5月1日に施行（以下「平成27年改正」といいます）されました。その結果、会計監査限定である旨の定款規定（以下「本定款規定」といいます）が、登記事項（以下「本登記事項」といいます）になりました。

したがって、今後は、本定款規定を置く場合には、監査役の氏名以外に、本定款規定の登記もする必要があります。

これにより、監査役の権限の範囲が、会社の登記事項証明書を見れば明らかとなったため、当該会社が、会社法上の監査役設置会社であるかどうかが、判断しやすくな

りました。本定款規定がある既存の会社についても、本登記事項を登記する必要が
あります。

　しかし、経過措置があり、一定期間、登記することが猶予されています。

　具体的には、平成27年改正後、当該会社の監査役が最初に就任又は退任するまで
の間は、登記をすることを要しない（会社法改正附則22条1項）とされています。

　そのため、既存の会社の場合には、監査役が任期満了する等、次に監査役の変更登
記を申請するときまでは、本登記事項の登記申請が不要です。

　とはいえ、次に監査役の任期が満了するのが何年も先という会社もあり、いざ申
請が必要な段になってからとなりますと、本登記事項を併せて登記するのを失念す
る可能性もあります。

　そこで、取締役の改選期が先に来る場合には、当該改選期に基づく取締役の変更
（再任）登記と併せて、本登記事項の登記もしておくことをお勧めします。

　本登記事項の登録免許税は、役員変更と同じ課税根拠なので、取締役の変更登記
と併せて申請しても、追加の登録免許税が不要だからです。

　なお、既存の会社が本登記事項の登記をする場合の添付書類は、原則として、本定
款規定のある定款を添付すれば足ります。

2

用語の解説

監査役：取締役の職務執行を監査する者のことです。
非公開会社：株式譲渡制限規定が全ての株式に設定されている会社。
会計監査人：主に大会社の計算書類等を監査する機関のことです。公認会計士
又は監査法人のみが就任可能です。
会計参与：取締役と共同して計算書類などを作成する職務を担う者のことです。
公認会計士、監査法人又は税理士、税理士法人のみが就任可能です。
使用人：他人に雇われて働く人のことです。従業員とほぼ同義です。
監査役設置会社：業務監査権のある監査役を設置している会社のことです。

6 役員の任期って 10年でOK？

役員の任期が10年って長いよね？　リスクもあるかな？

産まれた子供が10年たったら小学4年生だよ！！
それと比べたら、長いと思うよ。リスクも大きいよ！！

任期を10年にすることの弊害

　会社法上は、非公開会社であれば、役員の任期を定款で10年に伸長することが可能です。

　役員の任期が10年であれば、任期満了に伴う再選コストが節約されるので、メリットがあります。

　しかし、メリットばかりに目がいき、解任時にトラブルとなるケースもあるので、注意しましょう。

会社法のツボ

● 1. 取締役及び監査役の任期

　株式会社の場合、他の類型の会社と異なり（1-2節参照）、役員の任期は無制限ではなく、法令又は定款で定めた所定の期間を経過すると満了し、改めて選任手続を行う必要があります。

　取締役の任期は、原則として選任後2年以内に終了する事業年度のうち最終のものに関する定時株主総会終結の時までです（会社法332条1項）。

　一方、**監査役の任期**は、原則として選任後4年以内に終了する事業年度のうち最終のものに関する定時株主総会終結の時までです（会社法336条1項）。

　一見するとわかりにくいですが、取締役であれば、選任後2回目の事業年度末日に係る定時株主総会の終結の時までということです。

また、取締役の任期は、定款で短縮又は伸長することができます。取締役の任期を1年と短くすることも可能ですし、非公開会社であれば、最大で10年まで伸長することが可能です（会社法332条2項）。

　他方で、**監査役の任期**は、監査役の業務の性質上、短縮することはできませんが、取締役と同様に非公開会社であれば、最大で10年まで伸長することが可能です（会社法336条2項）。

● 2. 任期満了と再任手続

　上記のとおり、会社役員には任期がありますが、通常、頻繁に役員構成を変更することはないでしょう。

　事業規模が小さい中小企業や同族企業の場合はもちろん、比較的規模の大きな会社でも、追加役員の選任を行うことはあっても、社長等主要な経営陣が交代することは稀なはずです。

　しかし、同じ方が役員を継続する場合でも、自動更新はされず、任期満了ごとに役員の再任手続を行い、その旨登記申請をする必要があります。

　再任手続を怠ると、代表取締役が100万円以下の過料の制裁に処される可能性があるため、ご注意ください（会社法976条）。

　多くの会社が2年に1回再任手続が必要になるかと思いますが、定款で任期を変更している場合又は任期満了事由に該当する例外（会社法332条7項、同法336条4項）、もしくは補欠・増員した役員がいる場合などは管理に注意しなければなりません。

● 3. 任期を10年に伸長することは合理的か？

　上記のとおり、役員に変更がない場合でも、一定期間経過毎に再任手続が必要です。

　そして、その度に登記申請が必要であり、コストと手間を要します。

　役員再任及びそれに伴う登記手続であれば、それほど複雑な手続ではないので、自社で行う会社も近年は多くなっています。

　但し、その場合であっても、株主総会開催にかかるコスト（会場の設営・招集通知発送費用・準備に要する時間）及び登記申請時に管轄登記所に支払う**登録免許税**（本節末コラム参照）は常にかかります。

　役員の任期を伸長した場合、再任回数が減少しますので、上記コストも削減され

ます。

　よって、役員の変更が少ない中小企業や同族会社であれば、任期を10年に伸長するのも検討の余地があるかと思われます。

　しかし、コスト削減につながるからといって、安易に役員の任期を伸長することはお勧めしません。

　10年は通常の感覚からすれば相当な長期間かと考えます。その間に何も会社に変化がないということはおよそ考えにくいと思います。

　会社の企業規模が劇的に変化することがなかったとしても、当初役員として迎え入れた方とそりが合わなくなり、仲たがいする程度のことはあるかと思います。

　確かに、その場合であっても、株主総会の決議で任期満了前に役員を解任することができます。

　ですが、**背任行為**等正当な事由なく役員を解任した場合、解任された当該役員は、会社に対して、解任によって生じた損害の賠償を請求することが可能です（会社法339条）。

　解任によって生じた損害とは、本来の任期満了時までの報酬相当額が一般的です。

　つまり、任期を長くすると、辞めてもらいたい役員が出てきたときに、正当な理由がない限り解任し辛くなります。

　任期を伸長するときは、この点もふまえて検討すべきです。

問題解決のコツ

●取締役の任期は、監査役と合わせるといいのでは

　余程の同族企業でない限り、10年の任期は長すぎると考えます。

　一方で、外部役員を招聘する予定が無い会社であれば、取締役の任期を、監査役と同様に4年に伸長することは好ましいと考えます。取締役の任期を4年に伸長しただけでも、再任コストは半額になるからです。

●解任時のリスクは設立時こそ意識しよう

　上記3.に記載した損害賠償という解任時のリスクといっても、役員を追加選任する際には円満なので、リスクとしてイメージがし辛い場合が多いかもしれません。

　筆者の場合は、相談者の方に、実際に起きたベンチャー企業でのトラブル事例などを引き合いに出し、ケーススタディとして紹介し、可能な限りリスクを意識してもらうよう努めています。

非公開会社：株式譲渡制限規定が全ての株式に設定されている会社のことです。

役員：取締役・監査役・会計参与の総称です。

取締役の任期：原則として選任後2年以内に終了する事業年度のうち最終のものに関する定時株主総会の終結時までです。非公開会社の場合は10年まで定款にて伸長可能です。

監査役の任期：原則として選任後4年以内に終了する事業年度のうち最終のものに関する定時株主総会の終結時までです。非公開会社の場合は10年まで定款にて伸長可能です。

条文

会社法339条 （解任）
1 役員及び会計監査人は、いつでも、株主総会の決議によって解任することができる。
2 前項の規定により解任された者は、その解任について正当な理由がある場合を除き、株式会社に対し、解任によって生じた損害の賠償を請求することができる。

コラム

商業登記と登録免許税

商業登記を申請する上で、最大のコストと言っても過言では無いのが、登録免許税です。

登記申請をする際、登録免許税を収めないと登記が却下されますので、ご注意ください（商業登記法24条15号）。

登録免許税の金額は、登録免許税法で定められており、登記の内容によって様々ですが、概ねの内容は以下のとおりです。

- 株式会社設立登記 → 資本金額×0.7％　但し最低額は15万円
- 合同会社設立登記 → 資本金額×0.7％　但し最低額は6万円
- 役員変更登記 → 3万円　但し資本金額が1億円以下の会社は1万円
- 商号・目的変更登記 → 3万円
- 募集株式発行登記 → 増加資本金額×0.7％　但し最低額は3万円
- 新株予約権発行登記 → 9万円
- 本店移転登記 → 1管轄登記所につき3万円。管轄登記所の変更を伴う場合

は、2管轄となり6万円。

　例えば、資本金1円で株式会社を設立しようと思っても、登録免許税が15万円かかるため、資本金額以上に実費がかかります。

　目的についても1文字でも変更したら3万円かかります。

　本店移転も、現在の管轄登記所の区分けを前提とすれば、東京都中央区から港区へ移転しただけで、管轄法務局の変更を伴う（東京法務局から東京法務局港出張所の管轄に変更となります）ため、6万円かかります。

　募集株式発行についても、VCから出資を受ける場合、数千万円〜数億円の出資となることが少なくありませんが、仮に出資額1億円であれば、半分を資本準備金にしたとしても増加資本金額5000万円で35万円必要です。

　司法書士費用を提示したときに、その費用の高額さに驚かれる会社担当者の方も少なくありませんが、多くは登録免許税が占めているというケースもあるかと思います。

　そのため、司法書士に依頼せずに自分で登記申請をやってみようと思っても、結局実費である登録免許税はコストとしてかかりますし、自分でやる分手間と時間もかかります。

　したがって、司法書士費用の見積りだけを見て司法書士への依頼を決めるのではなく、なぜそうなるのか？　また今回必要となる会社法の手続や登記内容はどのようなものであるかのか？　会社でも対応可能なレベルのものなのか？　というのを司法書士に確認・相談してから判断しても遅くは無いと考えます。

　なお、商号変更と目的変更など、課税根拠が同じ登記を一括して申請する場合には、1件分である3万円の登録免許税で足ります。

　したがって、ある事項を変更する際には、他にも同時に変更しておくべき事項は無いかなどを検討することも登録免許税を節税する重要なテクニックかと考えます。

株主が社長だけの会社が、株主総会ってやる必要あるの？

株主総会の場所ってオフィスじゃなくてもいい？　自宅じゃダメ？

株主が君だけなら、どこでやってもいいんじゃない

株主総会の開催方法は柔軟に

株式会社は、どんなにミニマムの会社であっても、少なくとも年1回、**計算書類の承認**のために**定時株主総会**を開催する必要があります。

但し、株主全員の同意があれば招集手続を省略したり、**書面決議**を行うことも可能なので、株主が社長のみのような会社であれば、上場会社のようにどこかの会場を借りて株主総会を開催する必要まではありません。

一方で、VCから出資を受けている場合など、会場を借りて株主総会を開催する必要まではなくとも、招集通知等株主総会の準備書類を作成する必要があるケースも少なくありません。会社法を遵守し、株主構成に応じた対応が必要になります。

会社法のツボ

● 1. 株主総会とは

会社法施行後、株式会社は、取締役会を非設置にする等自社の規模・経営状況に合わせて、多種多様な機関設計を選択することが可能になりましたが、1名以上の取締役と株主総会は必ず置く必要があります（会社法295条、326条）。

株主総会は、議決権を行使することができる株主によって構成される合議制の機関であり、株式会社における最高の意思決定機関です。

但し、実際の業務執行は、株主総会で選任された取締役が行うことになります（会社法348条）。

具体的な株主総会の権限については、取締役会を設置しているかどうかで異なります。

取締役会設置会社の場合には、会社法が規定する事項及び定款で定めた事項についてのみ決議する権限があります（会社法295条2項）。具体的には、定款変更・役員選任・組織再編の承認等です。

株主総会の開催には、原則としてある程度期間を要しますので、規模の大きな会社の場合には、全て株主総会で決定していては、意思決定が間に合いません。

したがって、迅速な会社経営に対応するために、会社組織に関する重要な事項の決定のみ株主総会に権限を与え、それ以外の事項については取締役会に権限を委譲しています。

これに対し、取締役会非設置会社の場合には、「取締役＝株主」と関係者が内部の人間だけのことが多いこともあり、株主総会の開催が容易なので、会社法が規定する事項以外にも、会社の組織、運営、管理等一切事項について決議する権限があります（会社法295条）。

● 2. 株主総会開催の必要性

なお、株主総会は大きく分けて、**貸借対照表等計算書類**の承認を行うために1年に1回必ず開催する定時株主総会と必要なときに適宜開催する**臨時株主総会**があります（会社法296条）。

したがって、どんなにミニマムな会社であっても1年に1回は定時株主総会を開催する必要があります。

しかし、株主数が少なく、社長のみや会社内部の人間だけの場合には、全員の同意を得るのが容易なので、株主総会を大げさには開催せず、株主全員の話し合いでまとまった内容を議事録として書面に残しているだけの会社がほとんどだと思われます。後述のとおり、それでも法的に問題はありません。

一方で、上場企業のように、株主数が大多数で外部株主もいる会社の場合には、何ヶ月も前から開催準備をし、会場は外部施設を借り、株主総会当日は事前に打ち合わせした進行スケジュール・シナリオに沿って行います。

実際に株主総会を開催する際の手順等については、3-1節を参照してください。

他方で、必ずしも株主数が大多数でなくとも、招集通知等株主総会の準備書類の作成を求められるケースがあります。

それがVCから出資を受けている会社（3-7節参照）の場合です。

VCとの契約内容やVCの温度感・対応にもよりますが、多くのVCは、株主総会の議決権行使に関する委任状を提出する代わりに、招集通知等の書面の提出を求めてきます。

したがって、実際にどこかの会場を借りて開催する必要まではなくとも、単に議事録を作るだけではすまないケースもあるので注意しましょう。

● 3. 招集手続の省略や書面決議って？

株主総会を開催する前提として、株主に対して招集通知を発送する（会社法299条）など、準備事務が必要となります。

但し、株主全員の同意があれば、この手続を省略することが可能です（会社法300条）。必ずしも議案内容に賛成していなくとも、**招集手続**の省略に同意していれば可能です。

非公開会社であれば、招集通知の発送日から株主総会の開催までに1週間の期間（実際には初日不算入なので、8日間）が必要ですが、株主全員の同意があれば、当該期間を空けることや招集通知の発送が不要となります。

取締役1名・株主が1名の会社であれば、同意をするのも自分だけなので、思いついた日にいつでも株主総会を開催することが可能です。

なお、本招集手続の省略によっても、株主総会を招集決定するための取締役会決議（取締役会非設置会社の場合には、取締役の過半数の決定）を省略することはできない（会社法298条）と解されていますので、取締役が複数名いる会社の場合には、株主が1名であっても注意が必要です。

他方で、株主総会の開催すら不要にするのが、**書面決議**です（会社法319条）。

会社法によって認められた制度で、株主全員が議案内容に同意をした場合には、株主総会決議があったものとみなす制度です。

この場合には、取締役会による招集決定すら不要になるので、取締役会の開催が時間的に間に合わなくても、株主の同意が得られるようなケースでは便利な手法です。

2

問題解決のコツ

● 上場会社の100%子会社こそ書面決議で

　書面決議は、上場会社の100%子会社などではよく利用されています。

　役員が上場会社と子会社で兼任している場合に、株主総会招集決定の取締役会の開催が困難なものの、急きょ子会社で株主総会決議を行いたい場合に利用価値が高いと考えます。

用語の解説

計算書類の承認：会社が作成した計算書類が適正であることを定時株主総会で承認することです。

定時株主総会：毎事業年度の終了後、計算書類承認等のために一定の時期に開催する必要がある株主総会です。

書面決議：株主総会又は取締役会を開催せずに、開催したものとみなして決議を行うことです。

株主総会：議決権を行使することができる株主によって構成される合議制の機関であり、会社における最高の意思決定機関です。

取締役会設置会社：取締役会を設置している会社のことです。

定款変更：定款の内容を株主総会の承認を得て変更することです。

役員選任：取締役等の役員を株主総会の承認を得て選任することです。

組織再編：合併・会社分割・株式移転・株式交換・組織変更の総称です。

取締役会非設置会社：取締役会を設置していない会社のことです。

貸借対照表等計算書類：貸借対照表・損益計算書・株主資本等変動計算書・個別注記表の総称を計算書類といいます。

臨時株主総会：定時株主総会以外に必要に応じて開催する株主総会です。

書面決議：株主総会又は取締役会を開催せずに、開催したものとみなして決議を行うことです。

条文

会社法296条　（株主総会の招集）
1　定時株主総会は、毎事業年度の終了後一定の時期に招集しなければならない。
2　株主総会は、必要がある場合には、いつでも、招集することができる。
3　株主総会は、次条第4項の規定により招集する場合を除き、取締役が招集する。

会社法326条　（株主総会以外の機関の設置）
1　株式会社には、1人又は2人以上の取締役を置かなければならない。
2　株式会社は、定款の定めによって、取締役会、会計参与、監査役、監査役会、会計監査人、監査等委員会又は指名委員会等を置くことができる。

8 社長の株式を役員に一部譲渡 するためには、どうすれば？

株式はいつでも譲渡できるのかな？

社長がいいと言えば大丈夫じゃないかなぁ

株式譲渡によくある誤解

　上場会社の場合には、社債、株式等の振替に関する法律に基づき、株式等振替制度が適用されるため、株式の管理は、**証券保管振替機構**及び証券会社に開設された口座において電子的に行うことが必須です。

　したがって、上場会社の株式を購入する場合、一般的には、証券会社を通じて株式の購入手続をすれば、株式等振替制度に基づき株主になり、株主から逐一名義書換等の手続を当該上場会社に対して行うことは不要です。

　他方で、上場会社又は上場会社に準じる会社では、信託会社等を株主名簿管理人として設置しており、細かい株式事務は**株主名簿管理人**が行うのが一般的です（会社法123条）。

　しかし、中小企業など株式等振替制度の適用がなく、株主名簿管理人もいない会社の場合には、株主、株式取得者及び会社がそれぞれ株式譲渡に関する会社法上の手続を行う必要があります。

　そして、その手続は**株券発行会社**と**株券不発行会社**で異なり、作成すべき書類も多いです。

　他方で、株主や企業が株式譲渡に関して誤解しがちなのが、以下の2点ですので、ご注意ください。

　①株式譲渡代金は、会社には入りません。
　②株式譲渡手続は、株式譲渡契約を締結するだけではありません。

会社法のツボ

● 1. 株式譲渡手続

会社法下でも、譲渡制限規定がある場合を除き、株式の譲渡は自由です（会社法127条）。

但し、株券発行会社と株券不発行会社では、譲渡手続が以下のとおり異なります。

なお、株券発行会社である旨は登記事項証明書に記載されています（会社法911条3項10号）。その記載がない会社は、株券不発行会社です。

この点、会社法施行前は、株券不発行会社である旨が登記事項証明書に記載されていました。

会社法施行前から設立している会社については、株券不発行会社である旨の登記をしている会社を除き、会社法施行時に法務局の職権で、株券発行会社である旨の登記がされています（整備法76条4項、136条12項3号）。

株式譲渡は、譲渡人（株主）と譲受人（株式取得者）との間の契約なので、原則として当事者間の自由ですが、会社の登記事項証明書・定款の内容によって必要な手続が異なるため、当該会社の株式を取得しようとするときは、譲渡人の発言だけを信じるのではなく、自身でも当該会社の登記事項証明書を登記所で取得して記載内容を確認すべきです。

①株券発行会社の場合

株式譲渡契約の締結という当事者間の意思表示に加え、株券の交付が必要です（会社法128条）。中小企業の場合、株券発行会社であっても、実際には株券を株主に対して発行していない会社が多いです。

しかし、株式譲渡をする場合には、株券を会社から発行してもらい、株式取得者に交付しなければ、株式譲渡の効力が生じないので注意しましょう。

②株券不発行会社の場合

株式譲渡契約の締結という当事者間の意思表示だけで、株式譲渡の効力が生じます。株券が無いので、株券を交付する必要がありません。

ちなみに、株券不発行会社の場合、株券が無いので、株主であるかどうかは株主名簿の記載で判断するしかありません。

とはいえ、株主名簿は会社が保管するものなので、株式取得者は会社に対し、株主名簿記載事項証明書の交付を請求することができます（会社法122条）。

● 2. 株式譲渡承認手続

　株式の譲渡は原則自由ですが、**譲渡制限規定のある会社** (以下、「譲渡制限会社」と いいます) の場合、会社の承認が必要です。現在、上場会社以外の会社の9割近くが、 譲渡制限会社です。会社が望まない第三者に株式保有されることを防止できるから です。

　一般的な譲渡承認手続の流れは以下のとおりです。

①株主又は株式取得者から、会社に対する譲渡承認請求 (会社法136条、137条)
株券を併せて提出します。
株券不発行会社の場合は、株主と株式取得者が共同で承認請求します。

↓

②法令又は定款に定めた承認機関 (取締役会等) で
会社が承認の可否を決定 (会社法139条)

↓

③会社が決定した内容を譲渡承認請求者に対して通知

● 3. 株式名義書換手続

　株式取得者は、会社に対して株主名簿に自己の名前等を記載すること (以下「**名義 書換**」といいます) を請求できます (会社法133条)。

　株式譲渡の手続が完了しても、名義書換が完了しなければ、会社に対して当該株 式譲渡の効力を対抗することができません。会社に対して議決権行使や配当の受領 を求めるためにも名義書換は必ず行いましょう。

　名義書換の請求は、株券発行会社の場合、株券を提示することによって、株式取得 者から単独で行うことが可能です。

　一方、株券不発行会社の場合には、株主名簿記載の株主と株式取得者が共同して 行う必要があります。

問題解決のコツ
● 株式譲渡しても会社には現金が入らない

　株主や企業が株式譲渡において勘違いしがちなのが、譲渡代金が会社に入るので はという点です。

　株式譲渡はあくまで株主間や株主と第三者の手続であるので、会社は直接契約の

当事者ではありません。そのため、いくら株式を譲渡しても、会社には1円も入りません。

したがって、譲渡代金の受領口座を会社にすることは、避ける必要があります。

●譲渡制限会社はさらに注意が必要

上記の点を理解していても、さらに起きる勘違いが、会社が直接契約の当事者でないために、株式譲渡契約のみ締結すればいいと考えがちな点です。

しかし、譲渡制限会社であれば、一連の譲渡承認手続が必要となるなど、会社も手続に関与させる必要があります。

内部間の手続であることが多いので、譲渡承認手続を軽視しがちですが、上場準備時に過去の譲渡承認手続に瑕疵がある場合に、当該取引当事者や当時の役員が既に会社にいなければ、改めて捺印を得ることも困難なので、注意が必要です。

●株券や株主名簿記載事項証明書に決まったフォーマットはない

株券や株主名簿記載事項証明書は、決まったフォーマットはありません。法定事項さえ記載されていれば、A4の適宜の用紙で作成すれば足ります。

とはいえ、それではあまりにもシンプルすぎるので、会社のロゴを記載するなどの工夫をすることをお勧めします。

用語の解説

株式等振替制度：上場会社において、株式の譲渡等を、現実の引渡しではなく、帳簿の記録を通じて電子的に行う制度のことです。

証券保管振替機構：株式等振替制度を運営する日本で唯一の振替機関のことです。金融市場における決済機能を担っています。

株券発行会社：株券を発行する旨の定款の定めがある会社のことです。

株券不発行会社：株券を発行する旨の定款の定めがない会社のことです。

登記事項証明書：管轄登記所で保管されている当該会社の記録を記載した証明書のことです。

譲渡制限会社：譲渡制限規定のある会社のことです。

名義書換：会社に対して株主名簿に自己の名前等を記載することです。

9 社長の借入金を株式化したいのだけど？

お金返さなくていいのは得だね！

それがDESのメリットさ！！

中小企業こそ活用のメリットが

　会社法施行前は、検査役の調査が原則として必要であることから、中小企業で債権の現物出資が活用される場面は限られていました。

　しかし、会社法下では、後述のとおり、検査役の調査が原則として不要になったことから、中小企業での活用の場面が増え、筆者も多数の債権現物出資手続を行いました。

　主な活用場面は、中小企業が銀行等から借り入れをする場合に、社長が会社に貸付をしている債権（会社から見たら債務です。以下本節において同じです）がある場合、当該債権を株式化するよう金融機関から要請が入るケースです。

　中小企業の場合、株主総会の開催も容易ですから、決算期前に税理士のアドバイスのもと、実行をすることが少なくありません。

会社法のツボ

1. DESとは

　株式会社が募集株式発行（増資）をする場合、出資は金銭で行うことが原則であり、株式の引受人が金銭を出資することに代えて、会社に対する貸付金などの債権で相殺することは禁止されています（会社法208条3項）。

　しかし、会社が、金銭ではなく①不動産などの金銭以外の財産で出資すること、②その財産内容及び価額を募集事項決定の際に決議した場合には、会社設立時と同様に（1-9節参照）金銭以外の方法で現物出資することも認められています（会社法

199条1項3号）。

　現物出資は、会社に対する貸付金で行うことも可能であり、このように金銭債権を株式化することを**デット・エクイティ・スワップ**（以下「**DES**」といいます）といいます。

● 2. DESのメリット・デメリット

　DESのメリットは、その名のとおり、金銭債権を株式化することで、貸借対照表の負債が減少し、その分資本が増加することです。

　貸付金のままであれば、いずれ債権者に返済しなくてはなりませんが、株式化をすれば、返済する必要がなくなります。

　但し、DESを行った場合、当該債権者に株式を与えることになるので、債権者が経営に関与することになります。

　したがって、債権者が第三者の場合、DESによって多量の株式を与えることになると、経営権を取られてしまうので注意が必要です。

　ですが、社長の会社に対する貸付金であれば、社長の株式が増加するだけなので、その点も問題ありません。

　DESを実行することによって、会社の財務内容は具体的に次ページのとおり変更します。

　従来、DESは、経営不振に陥っているが再建の見込みのある比較的規模の大きい企業に対して、金融機関が保有する貸付金を株式に振り替えることによって、当該企業の財務内容を改善して再建を図る目的で利用されることがほとんどでした。

　ですが、会社法施行後は、DESの手続が容易になったことにより、中小企業でも利用しやすくなりました。

　例えば、設立当初の会社資金が潤沢ではない時期に、社長が会社に貸し付けた金銭債権を、DESによって株式（資本）化することで、貸借対照表の見栄えを良くし、銀行の追加融資を可能にすることなどに利用できます（実際に取引銀行から融資前のDESを要請されることもあります）。

▼ DES実行前と実行後の会社の賃借対照表

DES実行前の会社の貸借対照表

資産の部		負債の部	
現金　500万円		社長の貸付金	3000万円
その他資産		その他負債	1000万円
5500万円		（社長の貸付金）	
		純資産の部	
		資本金	1000万円
		利益剰余金	1000万円
合計額　6000万円		合計額　6000万円	

社長の貸付金3000万円を
資本金1500万円及び
資本準備金1500万円に転換

DES実行後の会社の貸借対照表

資産の部		負債の部	
現金　500万円		社長の貸付金	0円
その他資産		その他負債	1000万円
5500万円		純資産の部	
		資本金	2500万円
		資本準備金	1500万円
		利益剰余金	1000万円
合計額　6000万円		合計額　6000万円	

　さらには、現金の出資をすることなく社長の持株比率を増加できるので、経営面でも効果的です。

　他方で、DESのデメリットは、会社の資産状況を鑑みて債権の時価が低い場合、額面（額面でDESを行うのが通常です）でDESを行うと、債務消滅益が生じ、時価と額面との差額が会社の益金扱いとなる可能性があります。

　この点については、税理士に事前にご相談されることをお勧めします。

問題解決のコツ

● 手続が容易になり、コストも安くなったDES

DESの手続が容易になり、コストも安くなりました。

DESは、会社法施行前から認められている制度です。

ですが、債権の額面が500万円以下など一定の場合を除き、検査役の調査又は弁護士・公認会計士・税理士（以下「弁護士等」といいます）のいずれかによる財産額が相当であることの証明が必要でした。

　したがって、通常の増資と違い、検査役又は弁護士等の報酬が別途必要なこと、検査役の調査期間が少なくとも2ヶ月程度要することにより、中小企業ではあまり利用されてきませんでした。

　しかし、会社法下では、この点が大きく変更されました。

　DESを行う場合には、500万円を超える金銭債権であっても、総勘定元帳など当該金銭債権の金額・債権者名が記載してある会計帳簿を登記申請書に添付するだけで、検査役や弁護士等の証明が不要になりました（会社法207条9項5号）。

　但し、①債権の弁済期が到来していること、②株主総会で決議した当該金銭債権の価額が負債の帳簿価額を超えないことが必要なのでご注意ください。

　とはいえ、弁済期が未到来であっても、**期限の利益**を放棄すれば登記申請は可能です。また、会社に対する金銭債権であれば、貸付金でなくても可能です。

　上記の点以外の募集株式発行手続については、現金出資による増資の場合と一緒です。

　会社法下での募集株式発行手続については、3-7節を参照してください。

用語の解説

DES（デット・エクイティ・スワップ）：債権の現物出資のことです。金銭債権の株式化とも言います。

現物出資：不動産や債権等、金銭以外の財産を出資することです。

弁護士：弁護士法に基づく国家資格を有し、一般に、依頼を受けて法律事務を処理することを職務とする専門家のことです。会社法や労働法など、近年は得意にしている専門分野も弁護士によって異なることが多いです。

期限の利益を放棄する：期限が定められていることによって債務者が受ける利益のことを期限の利益といいます。例えば、借金の返済期限が設定されている場合、債務者は期限が到来するまでは返済する義務はなく、また返済を求められることもありません。したがって、期限の利益を放棄するとは、債務者自らがその利益を放棄し、期限前に弁済等をすることです。

条文

会社法199条 （募集事項の決定）

1 株式会社は、その発行する株式又はその処分する自己株式を引き受ける者の募集をしようとするときは、その都度、募集株式（当該募集に応じてこれらの株式の引受けの申込みをした者に対して割り当てる株式をいう。以下この節において同じ。）について次に掲げる事項を定めなければならない。

  1 募集株式の数（種類株式発行会社にあっては、募集株式の種類及び数。以下この節において同じ。）

  2 募集株式の払込金額（募集株式1株と引換えに払い込む金銭又は給付する金銭以外の財産の額をいう。以下この節において同じ。）又はその算定方法

  3 金銭以外の財産を出資の目的とするときは、その旨並びに当該財産の内容及び価額

  4 募集株式と引換えにする金銭の払込み又は前号の財産の給付の期日又はその期間

  5 株式を発行するときは、増加する資本金及び資本準備金に関する事項

2 前項各号に掲げる事項（以下この節において「募集事項」という。）の決定は、株主総会の決議によらなければならない。

3 第1項第2号の払込金額が募集株式を引き受ける者に特に有利な金額である場合には、取締役は、前項の株主総会において、当該払込金額でその者の募集をすることを必要とする理由を説明しなければならない。

4 種類株式発行会社において、第1項第1号の募集株式の種類が譲渡制限株式であるときは、当該種類の株式に関する募集事項の決定は、当該種類の株式を引き受ける者の募集について当該種類の株式の種類株主を構成員とする種類株主総会の決議を要しない旨の定款の定めがある場合を除き、当該種類株主総会の決議がなければ、その効力を生じない。ただし、当該種類株主総会において議決権を行使することができる種類株主が存しない場合は、この限りでない。

5 募集事項は、第1項の募集ごとに、均等に定めなければならない。

会社法208条 （出資の履行）

1 募集株式の引受人（現物出資財産を給付する者を除く。）は、第199条第1項第4号の期日又は同号の期間内に、株式会社が定めた銀行等の払込みの取扱いの場所において、それぞれの募集株式の払込金額の全額を払い込まなければならない。

2 募集株式の引受人（現物出資財産を給付する者に限る。）は、第199条第1項第4号の期日又は同号の期間内に、それぞれの募集株式の払込金額の全額に相当する現物出資財産を給付しなければならない。

3 募集株式の引受人は、第1項の規定による払込み又は前項の規定による給付（以下この款において「出資の履行」という。）をする債務と株式会社に対する債権とを相殺することができない。

4 出資の履行をすることにより募集株式の株主となる権利の譲渡は、株式会社に対抗することができない。

5 募集株式の引受人は、出資の履行をしないときは、当該出資の履行をすることにより募集株式の株主となる権利を失う。

2

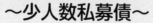

10 中小企業で社債って活用できる？
～少人数私募債～

社債って借金や株式とどう違うの？

借金でもあるし、新株予約権付なら株式にもなるよね

中小企業における社債の活用場面

募集株式発行による増資以外に、株式会社特有の資金調達手段として、**社債**を発行する手段があります。

社債は、借入同様、一定の償還期間が経過すると社債権者に出資金額を償還する義務がある点が株式と異なります。

しかし、様々な条件で**新株予約権**を付すことにより、条件を満たせば株式化することを可能とするなど、会社側・社債権者側双方にとってもメリットがある資金調達手段の1つです。ベンチャーキャピタル（VC）からは、募集株式発行だけでなく、社債の手法によっての資金提供を提案してくる場合もあるため、都度、自社にとって妥当性を検討すべきです。

会社法のツボ

1.社債の発行手続

社債の発行手続は、募集株式の発行と似ているため、会社法676条各号に定める事項を決定し、その上で申込・割当の手続をする必要があります。

募集事項の決定は、取締役会の決議で行うことが可能であり、新株予約権付の場合を除き、株主総会の決議を要しません。

したがって、企業によっては、募集株式の発行よりも、より短期間での実行が可能であるため、活用される場面は決して少なくないという印象です。

また、新株予約権付の場合を除き、社債は発行しても登記事項では無いため、登記

コストもかかりません。

　但し、あくまで負債なので、株式と異なり、お金を返還すべき償還期限があるため、資金使途・今後のキャッシュフローなどに応じて、株式とすべきか社債にすべきかの判断をしていくことになろうかと思います。

　一般的には出資をする側に株式・社債又はその両方という希望がありますので、それに応じて、会社側で妥当性を検討していくことになります。

● 2. 社債管理補助者制度の新設

　令和3年改正によって、社債管理補助者の制度が新設されました（会社法714条の2）。

　問題解決のコツに記載しているように、実務上、社債を発行する場合には、社債管理者を設置しなくて済むよう、社債の条件等を調整するケースが多いです。

　そのため、社債管理者を定めずに発行した社債について、社債の償還等の不履行が発生した場合に、管理者がいないため、各社債権者が自身で社債発行会社の倒産手続において、債権届出等の事務手続を行う必要がありました。

　その不都合を少しでも解消するために新設された制度が、社債管理補助者です。

　社債管理補助者は、社債管理者と異なり、弁護士個人でも就任することが可能です（会社法施行規則171条の2）。そのため、社債発行会社が倒産手続をすることになった場合、社債権者各人が弁護士に依頼せずとも、社債権者全員で、社債管理補助者として弁護士を就任させ、倒産手続の窓口等を行ってもらうといった働きが期待されると考えます。

問題解決のコツ

● 中小企業が利用できる4つの手法

　現在、中小企業が社債を利用できる手法は、大きく分けると以下の4つではないでしょうか。

①少人数私募債

②信用保証協会の保証による社債

③金融機関の引き受けによる社債

④社債担保証券

この中で、会社側にイニシアチブがあるのが①です。①は、一般的に社債の引受人が社長の親戚、知人や会社の取引先など縁故に限られている社債のことをいいます。

そして、社債管理者の設置を無くすために、社債の発行金額が1億円未満かつ社債の引受人を50名未満となるようにします（会社法702条、会社法施行規則169条）。

社債管理者を設置する必要が出てくると、社債管理者は銀行や信託銀行である必要があるため（会社法703条、会社法施行規則170条）、中小企業ではコスト等の面から負担が非常に重いからです。

金融商品取引法上の規制も受けませんし、取締役会決議のみで発行可能であり、新株予約権を付さなければ登記も不要なので、1000万～5000万程度の資金を会社経営に興味のない知人から援助してもらう場合には、株式よりも社債の方が便利な場合もあるかと考えます。

また、節税に活用できる場面もあるようですから、資金援助のアテ・ツテがある場合には、安易に株式にせず、顧問税理士と相談の上、社債という選択肢も入れていいでしょう。

株式は、原則として一度発行してしまうと会社の自由に買い戻すことはできませんが、社債の場合は、お金さえ返してしまえば、消滅させることができるからです。

用語の解説

社債：会社が資金調達を目的として、投資家からの金銭の払込みと引き換えに発行する債券のことです。
新株予約権：会社に対して行使することにより当該会社の株式の交付をうけることができる権利です。
少人数私募債：社債の引受人が社長の親戚、知人や会社の取引先など縁故に限られている社債のことです。
社債担保証券：社債を責任財産として発行される資産担保証券のことです。
信用保証協会の保証による社債：社債の引受人に対する償還債務につき、信用保証協会が債務保証をした社債のことです。

会社法676条 （募集社債に関する事項の決定）

　会社は、その発行する社債を引き受ける者の募集をしようとするときは、その都度、募集社債（当該募集に応じて当該社債の引受けの申込みをした者に対して割り当てる社債をいう。以下この編において同じ。）について次に掲げる事項を定めなければならない。

　1　募集社債の総額
　2　各募集社債の金額
　3　募集社債の利率
　4　募集社債の償還の方法及び期限
　5　利息支払の方法及び期限
　6　社債券を発行するときは、その旨
　7　社債権者が第698条の規定による請求の全部又は一部をすることができないこととするときは、その旨
　7の2　社債管理者を定めないこととするときは、その旨
　8　社債管理者が社債権者集会の決議によらずに第706条第1項第2号に掲げる行為をすることができることとするときは、その旨
　8の2　社債管理補助者を定めることとするときは、その旨
　9　各募集社債の払込金額（各募集社債と引換えに払い込む金銭の額をいう。以下この章において同じ。）若しくはその最低金額又はこれらの算定方法
　10　募集社債と引換えにする金銭の払込みの期日
　11　一定の日までに募集社債の総額について割当てを受ける者を定めていない場合において、募集社債の全部を発行しないこととするときは、その旨及びその一定の日
　12　前各号に掲げるもののほか、法務省令で定める事項

会社法714条の2 （社債管理補助者の設置）

　会社は、第702条ただし書に規定する場合には、社債管理補助者を定め、社債権者のために、社債の管理の補助を行うことを委託することができる。ただし、当該社債が担保付社債である場合は、この限りでない。

会社法施行規則171条の2 （社債管理補助者の資格）

　法第714条の3に規定する法務省令で定める者は、次に掲げる者とする。

　1　弁護士
　2　弁護士法人

2

11 会社も成長してきたし、合同会社を株式会社化したいなぁ！

合同会社の社員と株式会社の取締役って何が違うの？

社員って、従業員っぽい名前だよね

意外と大変な組織変更

　最初は費用が安いから合同会社で設立したものの、外部の取締役を招聘したり、将来的には株式上場も視野に入れることになった際には、合同会社のままでは運営がし辛くなることが少なくありません。

　その場合には、株式会社に変更することも可能です。

　但し、この株式会社への変更は、後述するとおり、期間もコストもかかります。

　場合によっては、一から株式会社を設立し、合同会社の事業を全部、新会社に事業譲渡をしてしまう方が楽なことも少なくありません。

　とはいえ、その場合には、社歴が一からスタートとなり、好ましくないこともあるでしょう。

　実際に株式会社への組織変更を検討する場合には、最低でも3ヶ月程度は要するということを念頭に置き、早めに準備を始めるべきと考えます。

　また、**株式上場**を目指すなど、ある程度規模を大きくすることを最初から想定するのであれば、そもそも合同会社ではなく、株式会社で設立しておくことをお勧めします。

　他方で、合同会社は、所有と経営が分離していないため、「社員」が所有者兼業務執行者ですが、株式会社の場合は、所有者が「株主」、業務執行者が「取締役」です。

　一般的には、「社員」と言うと、従業員をイメージしますが、会社法では全く異なり、合同会社等持分会社の所有者兼業務執行者のことです。

● 1. 組織変更とは

　組織変更とは、①株式会社がその組織を変更することにより持分会社（合名会社・合資会社・合同会社の総称。会社法575条）となる手続、及び、②持分会社がその組織を変更することにより株式会社となる手続のことです（会社法743条、744条、746条）。

　持分会社間同士でもその組織（合資会社→合同会社等）を変更することはできますが、会社法上は、これを組織変更とは呼ばず、**種類変更**としています（会社法638条）。

　持分会社間での変更の場合には、組織変更と違い、**債権者保護手続**が不要なので、区別をしたと思われます。

　他方で、特例有限会社から株式会社に変更することも可能ですが、これは整備法での手続であるため、やはり組織変更ではなく、商号変更としています（特例有限会社から株式会社への変更については、7-1節参照。整備法45条、46条）。

　創業当初は、事業規模を鑑みて合同会社で設立したものの、事業拡大に伴い株式会社化することを視野に入れることも多いでしょう。そのような場合に組織変更を利用することが可能であり、実務的に最も多い活用事例かと思われます。

　一方で、株式会社から持分会社に組織変更することも可能ですが、やはり実際の数としては少ないかと思われます。資金調達等の面を鑑みると、ビジネスの場においては、今でも株式会社のほうが信用度は高いからです。

● 2. 持分会社から株式会社への組織変更手続

　持分会社から株式会社への組織変更手続の一般的スケジュールは以下のとおりです（会社法743条、746条等）。

▼手続スケジュール（持株会社から株式会社への組織変更）

①組織変更計画の作成

↓

②総社員の同意

↓

③官報公告及び会社が把握している債権者に対する個別催告通知
（組織変更の内容・一定の期間内異議を述べられる旨）

↓

④異議を述べた債権者に対する対応（弁済等）

↓

⑤組織変更の効力発生

↓

⑥株式会社の設立登記・持分会社の解散登記

　株式会社になることにより意思決定方法等に多大な影響を与えるため、総社員の同意が必要です（会社法781条1項）。

　また、持分会社には、決算公告義務がないので、組織変更公告において最終の貸借対照表を開示する必要がありません（会社法779条、781条）。なお、個別催告の省略については、合同会社であれば、株式会社の場合と同様に行うことができます（詳細については、5-12節参照）。合名会社、合資会社の場合は、個別催告の省略はできません。

　他方で、**新設分割**や**新設合併**、**株式移転**の場合と異なり、株式会社の設立登記を申請するものの、組織変更の効力発生自体は、登記申請日ではなく、組織変更計画で定めた効力発生日です（会社法747条）。実質的には、組織変更によって新しい会社を設立するわけではなく、あくまで組織内容を変更するだけだからです。ちなみに、登記申請が効力要件ではないので、効力発生日を土日祝日とすることも可能です。

● 3. 株式会社から持分会社への組織変更手続

　他方で、株式会社から持分会社への組織変更手続の一般的スケジュールは以下のとおりです（会社法743条・744条等）。

▼手続スケジュール（株式会社から持株会社への組織変更）

①組織変更計画の作成

↓

②事前開示書面の備置

↓

③総株主の同意

↓

④登録株式質権者・新株予約権者への通知又は公告

↓

⑤株券提出手続

株券不発行会社等不要な場合があります。

↓

⑥官報公告及び会社が把握している債権者に対する個別催告通知

（組織変更の内容・一定の期間内異議を述べられる旨・最終の貸借対照表の開示場所）

↓

⑦異議を述べた債権者又は新株予約権者に対する対応（弁済、新株予約権買取等）

↓

⑧組織変更の効力発生

↓

⑨持分会社の設立登記・株式会社の解散登記

　基本的な注意事項は、上記2.の場合と同様です。株主に与える影響も大きいため、総株主の同意が必要な点が（会社法776条）、合併等他の組織再編行為との大きな違いです。

　ちなみに、総株主の同意があればいいので、株主総会を開催して承認を得る必要まではありません。したがって、株主に対して個別に打診をし、同意書を各自から取

得するという方法でも問題はありません。

　また、株式会社が組織変更をする場合には、上記2. と異なり、最終の貸借対照表の開示が必要なので、注意しましょう（会社法779条2項2号）。

問題解決のコツ

●割当株式数は、組織変更時に自由に決定できる

　持分会社から株式会社に組織変更をした場合、持分会社の社員は株式会社の株主となります。出資比率に応じた配分をする必要がないので、組織変更後の各社員の割当株式数は、組織変更時に自由に決定（出資金額だけでなく会社への貢献度を評価する等）することが可能です。但し、あまりに過大に株式を割当すると、税務リスクが伴う場合があるため、出資比率によらない株式を割当する場合には、事前に税理士にも相談することをお勧めします。

用語の解説

株式上場：未上場会社の株式を証券市場において売買可能な状態に公開することです。
組織変更：株式会社が持分会社になること又は持分会社が株式会社になることです。
持株会社：合名会社・合資会社・合同会社の総称です。
種類変更：持分会社が他の持分会社に変更することです。
債権者保護手続：合併等の当事会社の債権者に対し、異議等を述べる機会を与えることです。
特例有限会社：会社法施行前からある有限会社のことです。
商号変更：会社の名称である商号を変更することです。
新設分割：会社がある事業に関して有する権利義務の全部又は一部を新設分割と同時に設立する新会社に承継させる手続のことです。
新設合併：会社の権利義務全てを包括的に新設合併と同時に設立する新会社に承継させる手続のことです。
株式移転：既存の会社を完全子会社として、完全親会社を設立する手続のことです。

条文

会社法743条 （組織変更計画の作成）
　会社は、組織変更をすることができる。この場合においては、組織変更計画を作成しなければならない。

12 計算書類って何？承認方法は？

数字は苦手！ 毎年作るって大変だなぁ

税理士に丸投げしちゃえば？

税理士に任せておけばいいってもんじゃない

計算書類という言葉を聞いて、そもそも何のこと？ という方は少なくないと思います。

取締役や株式などのワードは、ニュース等でも耳・目にすることがあるでしょうから、何となくイメージが付く方は多いでしょう。

しかし、会社にとっては、計算書類の作成が非常に大事です。毎年の税務申告に必要となることもさることながら、将来的に株式上場を目指す場合には、開示対象になりますので、誰に見られても問題無い計算書類を作成しなければなりません。

その上で、上場会社等の会計監査人設置会社を除き、毎年定時株主総会で株主の承認を得る必要があります。

会社法のツボ

● 1. 計算書類とは？

計算書類とは、**貸借対照表**、**損益計算書**、**株主資本等変動計算書**、**個別注記表**の4つの総称です（会社法435条、会社計算規則59条）。

中小企業の場合で顧問税理士をつけている場合、計算書類は、顧問税理士に一任していることが少なくないと思われます。

しかし、本来、計算書類は、代表取締役等の取締役が作成すべきものであり、税理士はその委託を受けて作成しているにすぎません。

したがって、その作成に落ち度があれば、取締役としての善管注意義務を問われ

ることがありますので、作成された計算書類を取締役会で承認する際には、少なくとも書いてある内容は理解できるようにしておくべきです。

● 2. 計算書類の承認方法

作成した計算書類は、監査役や会計監査人がいる会社については、それぞれの監査を受ける必要がありますが、中小企業の場合には、いずれもいないことが少なくありません。また取締役会を設置していない会社もあるでしょう。

その場合には、定時株主総会で承認を受ければ足ります（会社法438条）。株主1名・取締役1名の会社の場合には、反対する人がいないので、当該議事録のみ残しておけば足ります。

問題解決のコツ

● 計算書類は何のために？

中小企業の場合には、税務申告のために仕方なく作成しているという企業も少なくはないでしょう。

しかし、銀行等の金融機関からの借り入れ、ベンチャーキャピタル（VC）からの資金調達の際には必須となる書類ですから、代表取締役等の役員がその内容を理解し、第三者に説明できないようでは問題です。

会社の資産状況は売上だけで決まるのではなく、売上がいくら高くても、費用がそれ以上かかっているのであれば、キャッシュフロー上はマイナスで、赤字会社になります。

また、会社によっては過度の節税をし、そのために計算書類を調節している会社もあると聞きますが、仮に株式上場を目指すのであれば過去の決算内容も問われることになりますから、税金のことだけを意識して作成するのではなく、適正な基準にしたがった会計処理をする必要があります。

税理士の方によっては、税務のことはともかく、会計は詳しくないという方も少なくありません。

したがって、株式上場を目指すのであれば、顧問税理士だけでなく、公認会計士にも監査をしてもらう、税務・会計双方に詳しい税理士又は公認会計士に顧問になってもらうなどの措置が必要かと考えます。

用語の解説

計算書類：貸借対照表・損益計算書・株主資本等変動計算書・個別注記表の総称です。

善管注意義務：当該義務者の職業や社会的地位を前提とし、一般的に必要とされる注意義務のことです。

監査役：取締役の職務執行を監査する者のことです。

会計監査人：主に大会社の計算書類等を監査する機関のことです。公認会計士又は監査法人のみが就任可能です。

条文

会社法435条　（計算書類等の作成及び保存）

1　株式会社は、法務省令で定めるところにより、その成立の日における貸借対照表を作成しなければならない。
2　株式会社は、法務省令で定めるところにより、各事業年度に係る計算書類（貸借対照表、損益計算書その他株式会社の財産及び損益の状況を示すために必要かつ適当なものとして法務省令で定めるものをいう。以下この章において同じ。）及び事業報告並びにこれらの附属明細書を作成しなければならない。
3　計算書類及び事業報告並びにこれらの附属明細書は、電磁的記録をもって作成することができる。
4　株式会社は、計算書類を作成した時から10年間、当該計算書類及びその附属明細書を保存しなければならない。

会社法438条　（計算書類等の定時株主総会への提出等）

1　次の各号に掲げる株式会社においては、取締役は、当該各号に定める計算書類及び事業報告を定時株主総会に提出し、又は提供しなければならない。
　　1　第436条第1項に規定する監査役設置会社（取締役会設置会社を除く。）　第436条第1項の監査を受けた計算書類及び事業報告
　　2　会計監査人設置会社（取締役会設置会社を除く。）　第436条第2項の監査を受けた計算書類及び事業報告
　　3　取締役会設置会社　第436条第3項の承認を受けた計算書類及び事業報告
　　4　前3号に掲げるもの以外の株式会社　第435条第2項の計算書類及び事業報告
2　前項の規定により提出され、又は提供された計算書類は、定時株主総会の承認を受けなければならない。
3　取締役は、第1項の規定により提出され、又は提供された事業報告の内容を定時株主総会に報告しなければならない。

会社計算規則59条　（各事業年度に係る計算書類）

1　法第435条第2項 に規定する法務省令で定めるものは、この編の規定に従い作成される株主資本等変動計算書及び個別注記表とする。
2　各事業年度に係る計算書類及びその附属明細書の作成に係る期間は、当該事業年度の前事業年度の末日の翌日（当該事業年度の前事業年度がない場合にあっては、成立の日）から当該事業年度の末日までの期間とする。この場合において、当該期間は、1年（事業年度の末日を変更する場合における変更後の最初の事業年度については、1年6箇月）を超えることができない。
3　法第435条第2項 の規定により作成すべき各事業年度に係る計算書類及びその附属明細書は、当該事業年度に係る会計帳簿に基づき作成しなければならない。

第3章

ベンチャーキャピタル等から出資を受ける企業の場合

～ミドルステージ～

1 株主総会を実際に開催しよう！ 今までと何が違う

招集通知、参考書類の作成、会場の確保…やることが一杯だ

それだけじゃなく、スケジューリングも大事だよ！！

株主総会を開催するタイミング

　株主総会を初めて実際に行う会社であれば、そもそもどのような手続を行うべきか社内で把握している人間がいないこともあります。

　上場企業の例にならって開催するケースもありますが、上場直前であればともかく、実際にはそこまでは必要としないケースも少なくありません。

　なぜ、開催するのか？　という点を検討した上で、必要に応じた開催方法を選択すべきでしょう。

会社法のツボ

● 1. 株主総会の開催スケジュール

　株主総会の一般的開催スケジュールは以下のとおりです。

　但し、定時株主総会の場合には、計算書類の承認（会計監査人設置会社の場合には報告）を行うので、計算書類作成・監査期間も加味する必要があります。

　また、定時株主総会の場合には、通常、定款で**基準日**を事業年度末日と定めてあるので、基準日設定公告は不要です。

▼開催スケジュール例

①取締役会による株主総会招集決定（会社法298条）

⬇

②基準日設定公告の申込（公告掲載日の1週間以上前）

⬇

③基準日設定公告の官報掲載（基準日の2週間以上前、会社法124条）

⬇

④基準日（招集通知発送対象株主の確定）

⬇

⑤株主総会招集通知の発送

（公開会社の場合は2週間・非公開会社の場合は1週間以上前、会社法299条）

⬇

⑥株主総会

⬇

⑦株主総会議事録の作成、決議通知の発送

⬇

⑧管轄登記所に登記事項の登記申請（株主総会から2週間以内、会社法915条）

3

● 2. 株主総会の参考書類と議案の概要

　上場企業の場合、現在は**議決権行使書面方式**を採用するのが主流です（会社法298条1項3号）。

　委任状勧誘方式を採用する会社はほとんど見られなくなりました。

　記載事項がいずれにしろほぼ変わらないということもありますが、株主の代理人として株主総会に来た方の審査の問題などの点から、議決権行使書面方式を採用する方が会社にとってリスクは少ないと考えている上場企業が多いからでしょう。上場企業にもいろいろありますが、特に一般株主数が多い会社であれば当然の判断ともいえるリスクヘッジかと考えます。

　なお、上場企業に限らず、議決権行使書面方式を採用することは、どの会社であっても可能ですが、その場合には、**株主総会参考書類**（以下、「参考書類」といいます）の作成が必須となるので注意しましょう（会社法301条）。

　さらに、その場合には、招集通知の期間が非公開会社であっても2週間となりま

す。

委任状勧誘方式であれば、非上場企業は金融商品取引法・委任状勧誘府令の適用が無いので、参考書類の作成も不要です。取締役会設置会社であれば、多くの決議事項で議案の概要の通知は必要となりますが、参考書類ほど細かくなくとも招集通知としての法定要件を満たすことが可能です（会社法施行規則63条7号）。

● 3. 株主総会議事録

株主総会を行った場合、会社は株主総会議事録を作成し、株主や債権者が閲覧できるよう、一定期間会社に備え置く必要があります（会社法318条）。

株主総会議事録は、会社法施行規則72条に定める内容を記載する必要があります。

一般的には、開催日時・場所・出席株主数・出席役員・議長・議案内容・決議結果・議事録作成者を記載します。

会社法施行後、議長及び取締役の記名押印義務は廃止されましたが、議事録の真正担保を鑑み、せめて社長又は作成者は最低限記名押印することが望ましいと考えます。

● 4. バーチャル株主総会って？

新型コロナウイルスが拡大し、外出自粛要請やテレワークの活用に伴って、令和2年・令和3年の株主総会は、株主が会場に参加しない方法での株主総会の実施方法が、上場会社を中心に模索・実行されました。これをいわゆる「バーチャル株主総会」といいます。

そして、令和2年2月26日付で経済産業省から公表された「ハイブリッド型バーチャル株主総会の実施ガイド」によって、バーチャル株主総会の各種法的論点が整理されたことに伴い、多くの上場企業が、ハイブリッド型のバーチャル株主総会で、定時株主総会を実施しました。

バーチャル株主総会と言っても、後述するバーチャルオンリー型と異なり、ハイブリッド型の場合は、通常どおり会場を借りてリアルに行う定時株主総会もします。つまり、リアル開催とオンラインの併用でハイブリッドという意味です。

さらに、ハイブリッド型は、参加型と出席型に分かれます。これは、会場に参加しない株主につき、会社法上の出席株主として出席扱い（以下単に「出席扱い」といいます）するかどうかの違いです。

ハイブリッド参加型は、株主総会のリアル開催に加え、リアル開催の場所にいない株主のために、インターネット等の手段を用いて審議の状況を確認・傍聴する手法です。リアル開催の場所にいない株主は、株主総会の状況を確認して参加はできますが、出席扱いになりません。したがって、株主として行使できる議決権や質問等を行うことができないと解されています。そのため、当日出席しない株主が議決権を行使するためには、従来どおり、議決権行使書を事前に会社へ提出する必要があります。

　他方で、ハイブリッド出席型は、リアル開催の場所にいない株主も、出席扱いにする手法です。そのため、専用のシステム等を使用し、リアルに出席するのと同等の環境システムを事前に構築する必要があります。

　したがって、コスト等の面から、ハイブリッド出席型は実例がまだ少なく、多くの上場企業では、ハイブリッド参加型を活用しています。これは、上場企業であっても、経営者サイドが大株主となっており、大株主が議案に反対するという特殊事情を除き、少人数の出席者だけで有効に株主総会が成立することが多いため、わざわざ多額のコストをかけてまで、ハイブリッド出席型にする実益が会社にとって乏しいことが要因の一つではないかと思われます。

3

　また、ハイブリッド参加型であれば、上場企業だけでなく、中小ベンチャー企業でも活用が可能です。実際に筆者の顧客の中小ベンチャー企業でも、活用している企業は少なくありません。近年は、株式投資型クラウドファンディングの活用により、中小ベンチャー企業でも全国に散らばった50名を超す株主（1名当たりの議決権は1%以下であることが多いです。インターネット経由で投資を募るため、株主も全国に散らばることが多いです）を抱える企業が増えてきたため、そのような株主に対して株主総会の審議状況をインターネット上で閲覧可能にすることは、企業・株主双方にとってメリットがあり、コロナ過に関わらず、今後実施する企業が増えてくるのではと思います。

　最後に、バーチャルオンリー型株主総会です。これは、リアル開催を一切せず、インターネット等の手段のみで株主総会を行う手法です。しかし、会社法上、バーチャルオンリー株主総会は有効ではないと解されていますので、原則として使用することができません。

　但し、バーチャルオンリー型も、コロナ過が長期間に及んだことにより需要が高くなっており、令和3年6月16日施行の産業競争力強化法等の一部を改正する法律により、上場企業が予め経済産業大臣及び法務大臣の確認を受けた場合には、バーチャ

ルオンリー型の株主総会の実施が認められるようになりました。まだスタートしたばかりの制度なので、実例はほぼありませんが、上場企業において、本確認の取得を前提とした定款変更のリリースが散見されるようになってきましたので、今後実施を検討している上場企業は多くなってきている印象です。

問題解決のコツ

● 安易に議決権行使書面方式を採用すべきではない

筆者が、ベンチャー企業が作成した招集通知をレビューする場合、その内容が上場会社の例にならって、安易に議決権行使書面方式を採用しているケースが少なくない印象です。

そもそもベンチャー企業の担当者が、上記2.記載の招集期間のリスクを認識していないケースが少なくなく、上場直前の場合を除き、委任状勧誘方式を採用することをお勧めします。

● 株主総会議事録の記名押印の注意点

株主総会議事録は、会社法上は記名押印義務がなくなったものの、作成者である取締役（中小企業であれば代表取締役が一般的です）が記名押印すべきであることは上記のとおりです。

なお、会社法施行前からある会社の場合には、定款で取締役全員に記名押印義務を課しているケースが少なくありません。そのような会社の場合には、定款変更をしてからでないと定款違反となるので注意しましょう。

上場企業：証券取引所で株式公開をしている会社の総称のことです。

株主総会：議決権を行使することができる株主によって構成される合議制の機関であり、会社における最高の意思決定機関です。

基準日：会社が一定の日を定めて、当該日において株主名簿に記載されている株主に議決権や配当金などの権利行使を認めるようにすることです。

基準日設定公告：会社が基準日を定めたことを株主に周知するために行う公告です。

議決権行使書面方式：いわゆる書面投票制度のことです。株主総会当日に出席できない株主が、株主総会の議案に対して賛否をする場合に、事前に書面で行うことができる方式です。

委任状勧誘方式：株主総会当日に出席できない株主が、株主総会の議案に対して賛否をする場合に、代理出席する代理人を定め、当該代理人が株主の議案の賛否を記載した委任状を提出することができる方式です。

株主総会参考書類：株主総会の決議事項に関し、株主が賛否を判断するために会社が作成して株主に事前に案内すべきと会社法施行規則で定められた事項を記載した書類のことです。

株主総会議事録：株主総会で決定・報告した事項やその議事の経過をまとめた書面のことです。

3

条文

会社法299条　（株主総会の招集の通知）

1　株主総会を招集するには、取締役は、株主総会の日の2週間（前条第1項第3号又は第4号に掲げる事項を定めたときを除き、公開会社でない株式会社にあっては、1週間（当該株式会社が取締役会設置会社以外の株式会社である場合において、これを下回る期間を定款で定めた場合にあっては、その期間））前までに、株主に対してその通知を発しなければならない。

2　次に掲げる場合には、前項の通知は、書面でしなければならない。

　　1　前条第1項第3号又は第4号に掲げる事項を定めた場合

　　2　株式会社が取締役会設置会社である場合

3　取締役は、前項の書面による通知の発出に代えて、政令で定めるところにより、株主の承諾を得て、電磁的方法により通知を発することができる。この場合において、当該取締役は、同項の書面による通知を発したものとみなす。

4　前2項の通知には、前条第1項各号に掲げる事項を記載し、又は記録しなければならない。

取締役会って毎月どこでやるの？ 海外在住役員がいるから大変

　視察も兼ねて、シンガポールで取締役会やろうか？

　今ならドバイでしょ！

取締役会の開催頻度

　取締役会は、本来は、3ヶ月に1回、代表取締役等業務執行をしている各取締役の業務報告のために開催する必要があります（会社法363条）。

　上場企業又は上場準備が順調な企業であれば、最低でも月に1回は開催することが必要でしょう。

　一方で、中小企業であれば、取締役会の監督機能が実際には機能していないことも多く、定例の業務報告や予算承認のための取締役会を毎月どころか、全く開催しない会社も少なくありません。そのような場合には、取締役会を設置している意味がないので、取締役会を廃止することを検討してもいいでしょう。

　取締役会は、取締役の代理出席が認められません。但し、電話会議やテレビ会議システムも活用することにより、実際にその場に出席してなくとも出席扱いとする手法は認められています。

　他方で、定款に定めることにより書面決議も可能です。

会社法のツボ

● 1. 取締役会の権限

　株式会社は、会社法施行後、取締役会を設置しないことを選択できるようになりました（2-4節参照）。

　しかし、会社法施行前は取締役会の設置が義務であったこともあり、中小企業であっても多くの会社が未だに取締役会を設置しています。

取締役会は、①会社の業務執行の決定、②取締役の職務執行の監督、③代表取締役の選定及び解職、がその職務とされています（会社法362条）。

株主総会の開催には時間を要し、又株主は会社の細かい事業内容までは通常把握していませんので、スピーディーかつ合理的な業務執行が可能になるよう、上記の権限を取締役会に与えています。

なお、日々の個別取引・業務運営に際し、逐一取締役会の承認を得ることを不要とするため、ある程度の裁量を各取締役に与え、事後報告で済ませることも可能です。

但し、重要な財産の処分・多額の借財・利益相反取引に該当する場合などは、常に取締役会の承認が必要です（会社法356条、362条、365条）。

何が「重要」で「多額」かどうかについては、実務上、会社の事業規模に合わせ、取締役会規則である程度の客観的基準を設けておくのが一般的です。

その他、譲渡制限株式の譲渡承認・株式分割等会社法で取締役会の決議が必要と定める事項については、取締役会の承認が必要なので、ご注意ください。

3

● 2. 取締役会の招集・決議

取締役会を招集するには、取締役会日の1週間前までに、各取締役（業務監査権のある監査役設置会社の場合には、各監査役も含みます）に対して招集通知を発する必要があります（会社法368条）。但し、定款で招集期限を短縮することができ、3日～5日前としている会社が多いです。

監査役は、議決権はありませんが、当該決議事項につき取締役会で意見を述べる義務がある（会社法383条）ため、監査役設置会社が監査役に招集通知を送付しなかった場合には、招集手続違反となります。

招集手続違反がある取締役会決議は、原則として無効なので、ご注意ください。

他方で、取締役会の決議は、議決権のある取締役の過半数が出席し、かつ当該出席取締役の過半数の同意で可決します（会社法369条）。

仮に、監査役が決議事項に反対意見を述べたとしても、招集手続に瑕疵がなければ、取締役の過半数の同意によって、決議自体は有効に成立します。

● 3. 特別利害関係のある取締役がいる場合

特定の取締役と会社との間の契約を承認する場合等、決議事項につき特定の取締役と会社の利害が対立することがあります。

このように特別利害関係のある取締役は、当該決議に参加することができません（会社法369条2項）。

したがって、特別利害関係取締役は、定足数・決議要件の数に算入しません。

利害が対立する取締役を決議に参加させても、賛成して当たり前なので、取締役の職務執行を監督する取締役会の意味が薄れるからです。

また、同様の趣旨から、特別利害関係取締役は議長にもなれません。

議長は社長とする旨を定款に定めていることが一般的なので、社長が特別利害関係取締役に該当する場合には、別の取締役を議長に選定する必要があります（予め別の議長を定めている場合には、その者が就任し、特段定めていない場合には同取締役会で議長の選定を行えば足ります）。

但し、特別利害関係取締役に対しても招集通知の発送は必要なので、ご注意ください。

● 4. 電話会議システム・テレビ会議システム・書面決議

取締役会は、取締役個人の地位・発言が重要であるため、株主総会のように代理人による出席は認められていません。

したがって、原則として、取締役自身が出席する必要があります。

しかし、グローバル社会の現在では、海外在住の取締役も多く、そのような取締役が出席できるスケジュールを調整するのが困難です。

そのため、電話会議やテレビ会議など、実際に取締役が出席しているのと同等のシステムがある場合には、当該システムを活用することにより、出席扱いすることが認められています（平成14年12月18日付民商3044号民事局商事課長回答、同3045号通知、会社法施行規則101条3項1号）。

他方で、取締役全員が同意すれば（監査役設置会社の場合には監査役が異議を述べないことも必要）、書面決議によることも可能です。

但し、株主総会と異なり、取締役会の書面決議は、定款にその旨定める必要があるので、ご注意ください（会社法370条）。

● 5. 議事録の電子化と登記申請の利用方法

新型コロナウイルスが拡大し、外出自粛要請やテレワークの活用に伴って、上記4.で紹介した電話会議・テレビ会議が、取締役会において、より一層活用されるようになりました。

しかし、会社法上、取締役会議事録は、出席取締役・監査役の記名捺印が必要であり、電話会議・テレビ会議の場合は、電話・テレビ参加の取締役・監査役も出席扱いとなるため、記名捺印が必要となります（会社法369条3項）。

　そのため、取締役会がテレビ会議等で有効に成立したにもかかわらず、取締役・監査役が出社しないため議事録への捺印ができず、取締役会議事録の完成に時間を要するケースが増加しました。

　そして、取締役会議事録は、登記申請にも使用するケースが多いため、2週間の登記申請期限内に取締役会議事録の捺印が完成せず、登記申請が懈怠するというケースが多発していました。

　そこで、令和2年6月12日付で法務省民事局商事課から発出された事務連絡「商業登記規則第102条第5項2号に規定する法務大臣が定める電子証明書について」により、特定の事業者が利用する電子証明書の電子署名でも、一定の場合を除き、有効な取締役会議事録として、登記申請の添付書類への使用が認められるようになりました。

3

　従来は、取締役会議事録に捺印する取締役個人の電子署名は、公的個人認証サービスである必要がありましたが、それに加えて、法務省が利用可能と定めた民間事業者が運営するクラウド型電子署名も使用可能となりました。

　これにより、実際に取締役が出社せずとも、PDFファイルで作成した取締役会議事録に各取締役が自宅等から電子署名をすることで取締役会議事録が完成し、当該PDFファイルを登記申請に添付することで原則として足りるようになりました。

　但し、代表取締役の選定議案のある取締役会議事録のように、会社代表印の捺印が必要となる取締役会議事録の場合には、クラウドサイン型の電子署名のみをした取締役会議事録では登記申請ができませんので、ご注意ください。

　この場合には、従来どおり紙で作成した取締役会議事録に会社代表印＋取締役個人の認印を捺印するか、別途法務局発行の商業登記電子証明書を取得する必要があります。

問題解決のコツ

● 書面決議の場合は監査役の確認書も併せてとろう

　書面決議を行う場合、監査役の同意は必須ではありませんが、みなし決議日以降、異議が出た場合には、決議の効力を失ってしまい、また異議申出の期限が無いため、実務上は、監査役から異議のないことの確認書を取締役の同意と併せて取得することが一般的であり、お勧めします。

用語の解説

取締役会：3人以上の取締役から構成される株式会社の業務執行に関する意思決定をする会議体のことです。
書面決議：株主総会又は取締役会を開催せずに、開催したものとみなして決議を行うことです。
監査役設置会社：業務監査権のある監査役を設置している会社のことです。
監査役：取締役の職務執行を監査する者のことです。
招集手続違反：株主総会又は取締役会の招集手続に関し、会社法に定められた手続をせずに遺漏等があることです。
特別利害関係のある取締役：取締役会決議事項につき、会社と利害が対立している取締役のことです。

条文

会社法356条　（競業及び利益相反取引の制限）
　1　取締役は、次に掲げる場合には、株主総会において、当該取引につき重要な事実を開示し、その承認を受けなければならない。
　　1　取締役が自己又は第三者のために株式会社の事業の部類に属する取引をしようとするとき。
　　2　取締役が自己又は第三者のために株式会社と取引をしようとするとき。
　　3　株式会社が取締役の債務を保証することその他取締役以外の者との間において株式会社と当該取締役との利益が相反する取引をしようとするとき。
　2　民法第108条 の規定は、前項の承認を受けた同項第2号又は第3号の取引については、適用しない。

会社法363条　（取締役会設置会社の取締役の権限）
　1　次に掲げる取締役は、取締役会設置会社の業務を執行する。
　　1　代表取締役
　　2　代表取締役以外の取締役であって、取締役会の決議によって取締役会設置会社の業務を執行する取締役として選定されたもの
　2　前項各号に掲げる取締役は、3箇月に1回以上、自己の職務の執行の状況を取締役会に報告しなければならない。

会社法365条　（競業及び取締役会設置会社との取引等の制限）
　1　取締役会設置会社における第356条の規定の適用については、同条第1項中「株主総会」とあるのは、「取締役会」とする。
　2　取締役会設置会社においては、第356条第1項各号の取引をした取締役は、当該取引後、遅滞なく、当該取引についての重要な事実を取締役会に報告しなければならない。

会社法369条 （取締役会の決議）

1 取締役会の決議は、議決に加わることができる取締役の過半数（これを上回る割合を定款で定めた場合にあっては、その割合以上）が出席し、その過半数（これを上回る割合を定款で定めた場合にあっては、その割合以上）をもって行う。

2 前項の決議について特別の利害関係を有する取締役は、議決に加わることができない。

3 取締役会の議事については、法務省令で定めるところにより、議事録を作成し、議事録が書面をもって作成されているときは、出席した取締役及び監査役は、これに署名し、又は記名押印しなければならない。

4 前項の議事録が電磁的記録をもって作成されている場合における当該電磁的記録に記録された事項については、法務省令で定める署名又は記名押印に代わる措置をとらなければならない。

5 取締役会の決議に参加した取締役であって第3項の議事録に異議をとどめないものは、その決議に賛成したものと推定する。

3

3 役員報酬ってどうやって決めるの？

僕の会社なんだし、僕が全部決めていいよね？
今年は利益1億円だったし、報酬1億円にしようかな！

そんな決め方はどうかなぁ

役員報酬の決め方

　役員報酬は、原則として定款又は株主総会の決議にて決定する必要があります。役員各個人で決定してはお手盛りになってしまう可能性があり、それを防止するためです。

　ですが、定款に具体的な金額を定めているケースは稀で、通常は株主総会の決議で決定することになります。

　また、株主総会では、個別役員の具体的な金額まで決定しなくとも、全役員の上限枠だけ決定しておけば足ります。

　その場合には、取締役の場合は、取締役会の決議で、監査役の場合は監査役の協議で、個別金額を決定することになります。

会社法のツボ

● 1. 取締役の報酬基準と決定方法

　取締役の報酬基準は、それを決めた場合には、株主総会の参考書類において記載すべきとされていますが（会社法施行規則82条1項1号）、具体的な基準額をどうすべきか、という点は、特段の定めがありません。

　しかし、株主の理解を得るためには、参考書類において、報酬等の算定が適正かどうかを判断するのに必要な情報を記載する必要があります。

　その基準は、基本となる額・役職・勤続年数等を要素として数式化した客観的基準・貢献度など数式化しづらい主観的基準でも構わないとされていますが、当該基準・

報酬額を決定した役員の判断過程を株主に示す必要があるでしょう。

　他方で、報酬額は、定款に定めの無い限り、株主総会の決議で定める必要があります（会社法361条）。

　実際に定款に具体的な報酬額を定めている会社は見たことがありませんので、毎年の定時株主総会で決議することが一般的かと考えます。

　但し、上場企業等株主数が多い会社の場合には、株主総会に上程する議案は、可能な限り少なくしたいところです。

　その場合には、取締役報酬の上限枠のみ株主総会で決議し、具体的報酬額は取締役会決議に委任することが可能（さらに、取締役会決議で代表取締役に一任することも可能です）とされています。

　そして、当該上限枠の範囲で支給するのであれば、毎年株主総会で決議することも不要です。したがって、上場企業や上場準備会社など、株主数が多い会社は、ほぼこの方法で報酬を決議しています。

3

● 2. 監査役の報酬基準と決定方法

　監査役の報酬基準の決定方法は、原則として取締役の場合と同じです（会社法387条）。

　但し、株主総会の委任に基づき取締役会で決められるとすると、取締役会・取締役を監査・監督すべき監査役の立場上問題があるでしょう。

　したがって、株主総会で決議した上限枠に基づき、監査役の協議で決定することになります（会社法387条2項）。

　また、報酬決議をする株主総会において、意見を述べることが可能とされており、可能な限り監査役の意見を反映することが求められています（会社法387条3項）

問題解決のコツ

● 中小企業の場合は顧問税理士と相談を

　中小企業等株主数が少ない会社の場合は、定期同額給与などの関係で、株主総会議事録で具体的な金額を決定する方が好ましいケースもあります。この点は顧問税理士に相談することをお勧めします。

● 税務上損金と認められないケースもあるので注意

　同様の観点から、会社法上は臨時株主総会でも役員報酬を決定できるものの、定

時株主総会で決議しないと税務上損金と認められないケースもあるので注意が必要です。

●社長が監査役の報酬額を決めるのはダメ

筆者は、社長が監査役の報酬額を決められないのか？　という質問をよく受けますが、上記のとおり会社法上は不可なので、ご注意ください。

●上場準備等の段階で報酬決議の漏れを指摘されることも

中小企業で顧問税理士のいない場合、株主総会で報酬の上限枠すら決議していないケースが少なくありません。

この点を上場準備等の段階で証券会社や監査法人から指摘された場合、過去の報酬支給を有効とするため、効力を遡及する決議をすることも可能と考えられています。

用語の解説

役員報酬：取締役や監査役等の役員に対し、会社から支給される報酬のことです。
取締役の報酬基準：取締役の報酬額の算定方法など、具体的な支給額の基礎となる数字や算定式のことです。

条文

会社法361条　（取締役の報酬等）
1　取締役の報酬、賞与その他の職務執行の対価として株式会社から受ける財産上の利益（以下この章において「報酬等」という。）についての次に掲げる事項は、定款に当該事項を定めていないときは、株主総会の決議によって定める。
　1　報酬等のうち額が確定しているものについては、その額
　2　報酬等のうち額が確定していないものについては、その具体的な算定方法
　3　報酬等のうち当該株式会社の募集株式（第199条第1項に規定する募集株式をいう。以下この項及び第409条第3項において同じ。）については、当該募集株式の数（種類株式発行会社にあっては、募集株式の種類及び種類ごとの数）の上限その他法務省令で定める事項
　4　報酬等のうち当該株式会社の募集新株予約権（第238条第1項に規定する募集新株予約権をいう。以下この項及び第409条第3項において同じ。）については、当該募集新株予約権の数の上限その他法務省令で定める事項
　5　報酬等のうち次のイ又はロに掲げるものと引換えにする払込みに充てるための金銭については、当該イ又はロに定める事項
　　イ　当該株式会社の募集株式　取締役が引き受ける当該募集株式の数（種類株式発行会社にあっては、募集株式の種類及び種類ごとの数）の上限その他法務省令で定める事項
　　ロ　当該株式会社の募集新株予約権　取締役が引き受ける当該募集新株予約権の数の上限その他法務省令で定める事項
　6　報酬等のうち金銭でないもの（当該株式会社の募集株式及び募集新株予約権を除く。）については、その具体的な内容

2 監査等委員会設置会社においては、前項各号に掲げる事項は、監査等委員である取締役とそれ以外の取締役とを区別して定めなければならない。

3 監査等委員である各取締役の報酬等について定款の定め又は株主総会の決議がないときは、当該報酬等は、第1項の報酬等の範囲内において、監査等委員である取締役の協議によって定める。

4 第1項各号に掲げる事項を定め、又はこれを改定する議案を株主総会に提出した取締役は、当該株主総会において、当該事項を相当とする理由を説明しなければならない。

5 監査等委員である取締役は、株主総会において、監査等委員である取締役の報酬等について意見を述べることができる。

6 監査等委員会が選定する監査等委員は、株主総会において、監査等委員である取締役以外の取締役の報酬等について監査等委員会の意見を述べることができる。

7 次に掲げる株式会社の取締役会は、取締役（監査等委員である取締役を除く。以下この項において同じ。）の報酬等の内容として定款又は株主総会の決議による第1項各号に掲げる事項についての定めがある場合には、当該定めに基づく取締役の個人別の報酬等の内容についての決定に関する方針として法務省令で定める事項を決定しなければならない。ただし、取締役の個人別の報酬等の内容が定款又は株主総会の決議により定められているときは、この限りでない。

　1 監査役会設置会社（公開会社であり、かつ、大会社であるものに限る。）であって、金融商品取引法第24条第1項の規定によりその発行する株式について有価証券報告書を内閣総理大臣に提出しなければならないもの

　2 監査等委員会設置会社

3

4 会社のお金で車を買ったり、生活費を借りたりするのは自由？

僕の会社だ！　キャバクラ代も経費かな？　車はベンツにしよう！

それってやりすぎじゃないかなぁ………

社長といえど、会社のお金は自由に使えない

中小企業のオーナー株主・代表取締役（社長）にありがちな勘違いですが、会社のお金を自由にすることは、原則としてできません。

会社から支給されている報酬の範囲内で個人的な車等を買うのは自由ですが、会社のお金を勝手に使うことは、たとえ社長であっても許されません。

一方で、社長が会社からお金を借りることは、**利益相反取引**に該当し、取締役会又は株主総会の承認決議が必要です。

会社法のツボ

●利益相反取引とは

中小企業では、株主・取締役が1名だけという個人事業に近い法人形態であることが少なくありませんが、厳密には、会社と代表取締役は別人格です。

したがって、会計も分ける必要があります。

しかし、自分の会社だからか、その辺の対応が杜撰な会社が少なくありません。

上記のようにほぼ自分だけの会社という場合には、問題は大きくなりませんが、ある程度企業規模が大きくなったにもかかわらず、同様の感覚でいる経営者が少なくありません。

会社法は、それを防止するために、会社が代表取締役にお金を貸し付けたり、贈与するような利害が対立する行為は、株主総会（取締役会設置会社の場合は、取締役会）の承認決議が必要であるとしています（会社法365条、356条）。

これに違反した行為は無効であるとされています。

問題解決のコツ

間接的に取引をする場合も注意

明らかに利益相反である場合は悩みませんが、利益相反取引には、取締役として就任している会社と取引する場合など、間接的に取引をする場合も該当します。

当該会社と業務委託契約を締結する場合などに失念されがちなので、登記事項証明書で確認するなどして、利益相反取引の必要性は常に意識するようにしましょう。

代表取締役が保証するような行為も注意

ベンチャーキャピタル（VC）から出資を受ける場合、株主間契約や投資契約書において、会社の代表取締役が保証をする場合があります。当該保証行為も利益相反取引になると解されており、その承認が必要となりますので、ご注意ください。

3

用語の解説

利益相反取引：取締役と会社との間で、利害が対立する内容の契約締結等の取引を行うことです。
株主総会：議決権を行使することができる株主によって構成される合議制の機関であり、会社における最高の意思決定機関です。
取締役会：3人以上の取締役から構成される株式会社の業務執行に関する意思決定をする会議体のことです。

条文

会社法356条　（競業及び利益相反取引の制限）
1　取締役は、次に掲げる場合には、株主総会において、当該取引につき重要な事実を開示し、その承認を受けなければならない。
　1　取締役が自己又は第三者のために株式会社の事業の部類に属する取引をしようとするとき。
　2　取締役が自己又は第三者のために株式会社と取引をしようとするとき。
　3　株式会社が取締役の債務を保証することその他取締役以外の者との間において株式会社と当該取締役との利益が相反する取引をしようとするとき。
2　民法第108条 の規定は、前項の承認を受けた同項第2号又は第3号の取引については、適用しない。

会社法365条　（競業及び取締役会設置会社との取引等の制限）
1　取締役会設置会社における第356条の規定の適用については、同条第1項中「株主総会」とあるのは、「取締役会」とする。
2　取締役会設置会社においては、第356条第1項各号の取引をした取締役は、当該取引後、遅滞なく、当該取引についての重要な事実を取締役会に報告しなければならない。

5 取締役の責任って？

自由すぎる経営って駄目ってこと？　どんな責任を負うのかなぁ？

責任を負うのは、株主に対してだけとは限らないみたいだよ

取締役の責任は無限？

取締役は、株主総会で選任され、会社の業務執行をする権限を与えられています。

とはいえ、自由に経営をしすぎ、会社に損害を与えた場合に何らの責任を取らないというのでは、会社にとってリスクがありすぎます。

したがって、一定の場合に損害を請求することができます。

一方で、会社の何億円という損害を常に負うリスクがあるとすると、その責任は過大すぎて、戦略的な対応をとることができないこともあるでしょう。

そのため、一定額を超える責任を免除する規定を定めることも可能です。

会社法のツボ

● 1. 取締役等の責任免除規定とは？

会社法では、職務遂行上の**任務懈怠**について、取締役・監査役・会計参与・会計監査人・執行役（以下「取締役等」といいます）に対し、**損害賠償責任**を負わせています（会社法423条）。

しかし、会社経営においては、高度な経営判断に基づきある程度のリスクテイクをしなければならない場面があり、結果的にそれが功を奏しなかった場合に会社が被る損害額が巨大化することがあります。会社の事業規模が大きくなればなるほど、その可能性は高くなるでしょう。

この場合に、取締役等に軽微な過失があったからといって取締役等が常に巨額の損害賠償責任を負わなければならないとすると、取締役等がその責任を恐れて積極

的な経営戦略が立てられないかもしれません。

そこで、会社法では、取締役等の責任を一定程度免除する制度を設けています。

具体的には、株主総会の**特別決議**により免除する方法と、**取締役会の決議**（取締役会非設置会社の場合には取締役の過半数の同意）により責任を免除できる旨を定款に定める方法（以下「**責任免除規定**」といいます）があります（会社法425条、426条）。

会社法施行前でも同様の制度はありましたが、会社法下で機関設計が柔軟化されたことに伴い、後述のとおり責任免除規定を設定するための要件が変更されています。

● 2. 責任免除規定の設定方法

責任免除規定を設定する場合、定款にその旨を定める必要があります。

具体例は、以下のとおりです。

▼定款例−取締役の場合

> 第●条　当会社は、会社法第426条第1項の規定により、任務を怠ったことによる取締役（取締役であった者を含む）の損害賠償責任を、法令の限度において、取締役会の決議によって免除することができる。

既存の会社が責任免除規定を設定する場合には、定款変更をする必要があるので、株主総会の特別決議が必要になります。さらには、当該定款変更議案を株主総会に提出するにあたり、予め監査役全員の同意が必要です（会社法425条3項、426条2項）。これは、監査役の同意を要件とすることにより、取締役会のみの恣意的な判断を防止するためです。

● 3. 責任免除規定を設定する場合に特に注意すべき点

責任免除規定を設定する場合、当該会社の機関は取締役が2名以上であり、かつ監査役設置会社であることが必要です（会社法426条1項）。

この点、会社法下では、監査役の登記をしていたとしても、定款にて監査役の権限を会計監査に限定している場合（会社法389条）には、監査役設置会社に該当しないので、ご注意ください（会社法2条9号）。

平成27年改正により、会計監査限定の登記をするようになりましたので、原則として当該会社の登記事項証明書を見れば、当該会社が監査役設置会社であるかどう

かはわかりますが、経過措置の影響で、しばらくは本登記事項を登記する必要が無い会社が多いので、ご注意ください (2-5節参照)。

　他方で、会社法施行前から存続している会社で、会社法施行時に譲渡制限規定があり、かつ資本金が1億円以下であった場合 (以下「**非公開小会社**」といいます) には、定款に会計監査権限定の定めがあるものとみなされています (整備法53条)。そのため、会社法施行前から存続している多くの会社では、現状の定款規定のままでは、責任免除規定を設定することができない可能性があります。

　したがって、非公開小会社が責任免除規定を設定する場合には、責任免除規定の定款変更議案だけでなく、①会計監査権に限る旨の定款規定廃止、②監査役の再任の決議 (①を廃止することにより監査役の任期が満了するため。会社法336条4項3号) を併せて行う必要があります。

● 4. 会社法施行前から責任免除規定を設定している会社の場合

　会社法施行前は、非公開小会社の場合でも責任免除規定を設定することが可能です。そのため、非公開小会社であっても責任免除規定の登記をしている会社があります。このような会社が、責任免除規定を会社法施行後も有効とするためには、上記3. の手続をする必要があります。

　責任免除規定があるからといって、上記3. の手続を行わなかった場合には、当該免除規定に基づいて取締役がした行為の責任を免除することができなくなるので、注意しましょう。

　但し、会社法施行前に取締役がした行為については、当該免除規定が会社法施行後も有効であるため (整備法78条)、引き続き非公開小会社の機関設計を維持する会社であっても、従前の免除規定を削除する必要はありません。

問題解決のコツ
● 子会社に出向した取締役にも責任が

　最近は、親会社から出向してきた取締役に対しても、子会社で行った行為につき、責任を認める事例が増えてきました。

　したがって、本規定の重要度がより増してきたと考えます。

用語の解説

取締役：会社の業務執行に携わる者のことです。

任務懈怠：取締役等が職務上行うべき任務を怠ることです。

損害賠償責任：会社に発生した損害を賠償する義務を負うことです。

特別決議：株主総会の決議要件の一類型です。原則として、特別決議が必要な決議事項については、議決権を行使することができる株主の議決権の過半数を有する株主が株主総会に出席した上で、その3分の2以上の賛成が必要となります。

取締役会の決議：取締役会での承認決議が必要ということです。原則として、取締役の過半数が出席の上、その過半数の賛成が必要です。

責任免除規定：取締役会の決議により、取締役の責任を一定程度免除することを可能とするための定款規定です。

監査役設置会社：業務監査権のある監査役を設置している会社のことです。

非公開小会社：会社法施行前から存続している会社で、会社法施行時に譲渡制限規定があり、かつ資本金が1億円以下であった会社のことです。

3

条文

会社法423条（役員等の株式会社に対する損害賠償責任）

1 取締役、会計参与、監査役、執行役又は会計監査人（以下この章において「役員等」という。）は、その任務を怠ったときは、株式会社に対し、これによって生じた損害を賠償する責任を負う。

2 取締役又は執行役が第356条第1項（第419条第2項において準用する場合を含む。以下この項において同じ。）の規定に違反して第356条第1項第1号の取引をしたときは、当該取引によって取締役、執行役又は第三者が得た利益の額は、前項の損害の額と推定する。

3 第356条第1項第2号又は第3号（これらの規定を第419条第2項において準用する場合を含む。）の取引によって株式会社に損害が生じたときは、次に掲げる取締役又は執行役は、その任務を怠ったものと推定する。

  1 第356条第1項（第419条第2項において準用する場合を含む。）の取締役又は執行役

  2 株式会社が当該取引をすることを決定した取締役又は執行役

  3 当該取引に関する取締役会の承認の決議に賛成した取締役（指名委員会等設置会社においては、当該取引が指名委員会等設置会社と取締役との間の取引又は指名委員会等設置会社と取締役との利益が相反する取引である場合に限る。）

4 前項の規定は、第356条第1項第2号又は第3号に掲げる場合において、同項の取締役（監査等委員であるものを除く。）が当該取引につき監査等委員会の承認を受けたときは、適用しない。

6 社外取締役・社外監査役って何？ 責任限定契約って？

良く知らないカエルを役員にするのは嫌だなぁ

外部の意見も取り入れるのが、良い会社だよ！！

社外取締役・社外監査役の意義

社外取締役・**社外監査役**（以下総称して「**社外役員**」といいます）は、外部のご意見番として、代表取締役を監督する機能を期待されています。

とはいえ、外部の人間とは言うものの、社長の知人などから見つけて来るケースも少なくなく、実効性には疑問符がつく会社は少なくありません。

また、社外取締役が1名程度では、取締役会の発言権が弱く、また社外監査役には議決権が無いため、社長に意見を具申しても、結果、取締役会決議には社外役員の意見が反映されずに事後的に問題となるケースも少なくありません。

他方で、会社の内情を知らないのに社外役員としての責任を負うのが怖く、なり手がいないという問題もあります。

それを解消する手段が、責任限定契約です。

会社法のツボ

● 1. 社外取締役・社外監査役の要件

社外取締役・社外監査役の要件は、それぞれ以下のとおりであり、いずれの要件も満たす必要があります。

親会社の役員など、平成27年改正によって、社外でなくなる役員が出てきましたので、ご注意ください。

▼社外取締役の要件（会社法2条15号）

①現に会社の業務執行取締役、執行役、支配人その他の使用人（業務執行取締役等）でない者

②現に子会社の業務執行取締役等でない者

③過去10年間に①又は②になったことがない者（この期間に非業務執行取締役、監査役、会計参与になったことがある場合は、その就任前10年間に①又は②になったことがないことを要する。）

④現に親会社等又はその取締役、執行役、支配人その他の使用人でない者

⑤現に兄弟会社の業務執行取締役等でない者

⑥現に会社の取締役、執行役、支配人その他の重要な使用人又は親会社等の2親等以内の親族でない者

▼社外監査役の要件（会社法2条16号）

①現に会社の取締役、会計参与、支配人その他の使用人でない者

②現に子会社の取締役、執行役、会計参与、支配人その他の使用人でない者

③過去10年間に①又は②になったことがない者（この期間に監査役になったことがある場合は、その就任前10年間に①又は②になったことがないことを要する。）

④現に親会社等又はその取締役、監査役、執行役、支配人その他の使用人でない者

⑤現に兄弟会社の業務執行取締役等でない者

⑥現に会社の取締役、支配人その他の重要な使用人又は親会社等の2親等以内の親族でない者

● 2. 責任限定契約とは？

　会社は、**業務執行をしない取締役**（以下「**非業務執行取締役**」といいます）・監査役・会計参与又は会計監査人との間で、職務を行うにつき善意でかつ重大な過失が無いときは、定款に定めることにより、損害賠償の責任額をあらかじめ会社が定めた額と会社法上の最低責任限度額（以下「**最低責任限度額**」といいます）とで高い方の額に限定する契約を締結することが可能です（会社法427条）。これを責任限定契約とい

います。

　平成27年改正によって、本改正前は、社外取締役・社外監査役にしか認められていなかった責任限定契約が、業務執行をしない取締役・社外ではない監査役にも認められるようになりました。

　これは、平成27年改正によって社外取締役の要件が変わったことに伴い、当該会社における業務内容は変わらないものの、社外取締役でなくなる者が出てくる可能性があり、それだけをもって本改正前は社外取締役であった者が本改正後は責任限定契約の締結ができなくなるというのは、避けるべきというのが理由と考えられます。

　また監査役に関しては、いずれにしろ業務執行をしないのに、社外かどうかで差を設けることは妥当ではないというのが理由と考えられます。

　他方で、上記のように責任限定契約の対象範囲が拡大されましたが、本改正前と同様に、対象範囲を社外取締役・社外監査役のみに限定したままとすることも可能です。

● 3. 業務執行とは？　社外取締役への業務委託に関する改正

　会社法において、会社の経営に関する意思決定である「業務の執行」と「職務の執行」とは異なる概念であると考えられています。

　特に社外取締役又は非業務執行取締役であるかどうかを検討する上で、「業務執行」とは何か？　という判断が非常に困難な場合も少なくありません。

　会社法362条4項各号において、重要な財産の処分など、重要な業務執行の決定は取締役会の承認を要するとし、重要な業務執行の内容を例示列挙していますが、業務執行の範囲は、これに限られません。

　一般的には、「業務の執行」とは、当該会社の何かしらの事務を行うことではなく、会社の事業目的で掲げた事業の具体的活動（営業・企画・販売・実行など）に関わったことを意味すると考えられます。

　その上で、自社の事業に照らして個別具体的に判断すべきでしょう。

　また、令和3年改正によって、会社と取締役が利益相反状況にあるような取引を行う際、その他の取締役であっても代替すると株主の利益を損なうおそれがある場合には、取締役会決議によって、本来は業務執行をしない社外取締役に当該取引に係る業務執行を委託することができるようになりました（会社法348条の2）。

　例えば、会社の取締役が他の取締役の株式を買い取り、最終的には会社の買収につながるようなケースの場合に活用が可能と想定されています。

4. 社外取締役の義務化の改正

　令和3年改正によって、監査役会設置会社・大会社・公開会社であって、かつ上場企業（但し、有価証券報告書の提出義務がある会社は上場企業でなくとも本義務が生じます）の場合には、社外取締役を少なくとも1名置くことが義務化されました（会社法327条の2）。

　したがって、社外監査役が2名＋社外取締役が1名と、最低でも3名の社外の人材が必要になります。

　そのため、社外の人材の確保が困難な場合には、社外監査役が不要で、社外取締役が最低2名で足りる、監査等委員会設置会社への移行も検討する必要があると考えます。

　また、社外取締役が義務化されたものの、社外取締役に関する登記事項の改正は今回無かったので、社外取締役である旨の登記が原則不要なことは、従来と同じです。

3

5. D&O保険と補償契約の改正

　令和3年改正によって、役員等賠償責任保険契約（以下「D&O保険」といいます）と補償契約に関する規定が新設されました。

　D＆O保険は、株式会社が保険者との間で締結する保険契約のうち、役員等がその職務にの執行に関し責任を負うこと又は当該責任の追及に係る請求を受けることによって生ずることのある損害を保険者が填補することを約するものであって、役員等を被保険者とするものをいいます（会社法430条の3）。

　D&O保険自体は、令和3年改正前から、上場企業又は上場を目指すベンチャー企業を中心に既に広く普及しているものですが、D&O保険を締結する際の手続が会社法で何らの定めがなかったため、令和3年改正によって定められ、契約の締結の際には取締役会の決議が必要と明文化されました。

　また、補償契約とは、役員等の職務の執行に関して責任追及を受けた際に対処する費用及び第三者に対して支払うことになった損害賠償金・和解金の全部又は一部を株式会社が補償する旨の契約をいいます（会社法430条の2）。補償契約の内容の決定につき、D&O保険同様、取締役会の決議が必要と明文化されました。

　D＆O保険・補償契約のいずれとも、役員等が職務執行をする際に、損害賠償の責任を負うことを過度におそれることにより職務執行が萎縮してしまうことを避けるために、役員等を保護することによって、会社が優秀な人材を確保することの一助となることを目的としています。

問題解決のコツ

社外役員の要件を確認

　社外役員かどうかというのは、会社法に定める社外役員の要件を満たすかどうかで決まり、原則として会社が選任決議時に選択できるものでは無いと考えます。

　したがって、社外役員の要件を満たしている場合には、当該役員は常に社外役員かと考えます。

社外役員である旨の登記は不要

　前述のとおり、平成27年改正によって、責任限定契約の定めの範囲が拡大したことに伴い、社外役員である旨の登記は、されないことになりました（但し、監査役会設置会社の場合、当該監査役会設置会社であることに伴い、従前どおり社外監査役である旨の登記が必要です）。

　そのため、特に社外取締役に関しては、社外である旨の登記が不要になりました。

　しかし、社外であるという点は原則として変わりなく、近々で当該登記を抹消しなければならない必要性も低いので、当該役員が任期中は、社外の旨の登記の抹消が不要とされています（会社法改正附則22条）。

用語の解説

社外取締役：会社法2条15号の要件を全て満たす取締役のことです。

社外監査役：会社法2条16号の要件を全て満たす監査役のことです。

責任限定契約：非業務執行取締役等との間で、最低責任限度額又は会社が予め定めた額のいずれか高い方の額の範囲内に責任を限定する契約のことです。

非業務執行取締役：業務執行をしない取締役のことです。

最低責任限度額：会社法で定められた役員が負うべき損害賠償責任の最低額です。

業務の執行：会社の事業目的に定めたられた事業に関して、具体的に活動することです。

職務の執行：業務執行の意味も含みますが、それ以外に、代表取締役の選定等、会社の経営機能・監督に関する行為も含みます。

コーポーレートガバナンス・コード：株主の権利や取締役会の役割、役員報酬のあり方など、上場企業が守るべき行動規範を網羅したものです。法的な強制力はないものの、「Comply or Explain（同意せよ、さもなくば説明せよ）」との原則に基づき、上場企業はコードに同意するか、しない場合はその理由を投資家に説明するよう求められるようになりました。

会社法第327条の2 （社外取締役の設置義務）

　監査役会設置会社（公開会社であり、かつ、大会社であるものに限る。）であって金融商品取引法
第24条第1項の規定によりその発行する株式について有価証券報告書を内閣総理大臣に提出し
なければならないものは、社外取締役を置かなければならない。

会社法348条の2 （業務の執行の社外取締役への委託）

1　株式会社（指名委員会等設置会社を除く。）が社外取締役を置いている場合において、当該株式会
社と取締役との利益が相反する状況にあるとき、その他取締役が当該株式会社の業務を執行する
ことにより株主の利益を損なうおそれがあるときは、当該株式会社は、その都度、取締役の決定
（取締役会設置会社にあっては、取締役会の決議）によって、当該株式会社の業務を執行すること
を社外取締役に委託することができる。

2　指名委員会等設置会社と執行役との利益が相反する状況にあるとき、その他執行役が指名委員
会等設置会社の業務を執行することにより株主の利益を損なうおそれがあるときは、当該指名委員
会等設置会社は、その都度、取締役会の決議によって、当該指名委員会等設置会社の業務を執行
することを社外取締役に委託することができる。

3　前2項の規定により委託された業務の執行は、第2条第15号イに規定する株式会社の業務の執
行に該当しないものとする。ただし、社外取締役が業務執行取締役（指名委員会等設置会社にあっ
ては、執行役）の指揮命令により当該委託された業務を執行したときは、この限りでない。

会社法430条の2 （補償契約）

1　株式会社が、役員等に対して次に掲げる費用等の全部又は一部を当該株式会社が補償すること
を約する契約（以下この条において「補償契約」という。）の内容の決定をするには、株主総会（取締
役会設置会社にあっては、取締役会）の決議によらなければならない。

　　1　当該役員等が、その職務の執行に関し、法令の規定に違反したことが疑われ、又は責任の追及
　　　に係る請求を受けたことに対処するために支出する費用

　　2　当該役員等が、その職務の執行に関し、第三者に生じた損害を賠償する責任を負う場合におけ
　　　る次に掲げる損失

　　　イ　当該損害を当該役員等が賠償することにより生ずる損失

　　　ロ　当該損害の賠償に関する紛争について当事者間に和解が成立したときは、当該役員等が
　　　　当該和解に基づく金銭を支払うことにより生ずる損失

2　株式会社は、補償契約を締結している場合であっても、当該補償契約に基づき、次に掲げる費用
等を補償することができない。

　　1　前項第1号に掲げる費用のうち通常要する費用の額を超える部分

　　2　当該株式会社が前項第2号の損害を賠償するとすれば当該役員等が当該株式会社に対して第
　　　423条第1項の責任を負う場合には、同号に掲げる損失のうち当該責任に係る部分

　　3　役員等がその職務を行うにつき悪意又は重大な過失があったことにより前項第2号の責任を
　　　負う場合には、同号に掲げる損失の全部

3　補償契約に基づき第1項第1号に掲げる費用を補償した株式会社が、当該役員等が自己若しくは
第三者の不正な利益を図り、又は当該株式会社に損害を加える目的で同号の職務を執行したこと
を知ったときは、当該役員等に対し、補償した金額に相当する金銭を返還することを請求するこ
とができる。

4　取締役会設置会社においては、補償契約に基づく補償をした取締役及び当該補償を受けた取締役
は、遅滞なく、当該補償についての重要な事実を取締役会に報告しなければならない。

5　前項の規定は、執行役について準用する。この場合において、同項中「取締役会設置会社において
は、補償契約」とあるのは、「補償契約」と読み替えるものとする。

6　第356条第1項及び第365条第2項（これらの規定を第419条第2項において準用する場合を
含む。）、第423条第3項並びに第428条第1項の規定は、株式会社と取締役又は執行役との間
の補償契約については、適用しない。

7　民法第108条の規定は、第1項の決議によってその内容が定められた前項の補償契約の締結につ
いては、適用しない。

3

会社法430条の3　（役員等のために締結される保険契約）

1　株式会社が、保険者との間で締結する保険契約のうち役員等がその職務の執行に関し責任を負うこと又は当該責任の追及に係る請求を受けることによって生ずることのある損害を保険者が塡補することを約するものであって、役員等を被保険者とするもの（当該保険契約を締結することにより被保険者である役員等の職務の執行の適正性が著しく損なわれるおそれがないものとして法務省令で定めるものを除く。第3項ただし書において「役員等賠償責任保険契約」という。）の内容の決定をするには、株主総会（取締役会設置会社にあっては、取締役会）の決議によらなければならない。

2　第356条第1項及び第365条第2項（これらの規定を第419条第2項において準用する場合を含む。）並びに第423条第3項の規定は、株式会社が保険者との間で締結する保険契約のうち役員等がその職務の執行に関し責任を負うこと又は当該責任の追及に係る請求を受けることによって生ずることのある損害を保険者が塡補することを約するものであって、取締役又は執行役を被保険者とするものの締結については、適用しない。

3　民法第108条の規定は、前項の保険契約の締結については、適用しない。ただし、当該契約が役員等賠償責任保険契約である場合には、第1項の決議によってその内容が定められたときに限る。

ベンチャーキャピタルから出資を受けても大丈夫？

ベンチャーキャピタルって何？　会社乗っとりとか大丈夫？

資金調達には便利だけど、リスクもあるよね

ベンチャーキャピタルから出資を受けることのメリット

ベンチャーキャピタル（**VC**）とは、高い成長性が見込まれる未上場企業に対し、成長のための資金を投資の形で提供してくれる投資会社やファンドのことです。

投資の方法は、多くは株式ですが、社債や新株予約権であるケースもあり、様々です。

銀行の融資と異なり、投資であれば原則として毎月の返済義務がなく、不動産等の担保も不要なので、資金調達の手段としては有効です。

近年は企業の初期段階であっても1回で億単位などロットの大きい投資も実現しており、ベンチャー企業としては、非常に興味深いです。

しかし、安易に多数のVCから投資を受けてしまうと、オーナー株主の議決権がほぼなくなったり、投資契約や株主間契約などで、事業のスピード感ががちがちに縛られてしまうので、リスクも高いです。

VCから出資を受ける場合には、登記関係書類だけでなく、投資契約書や株主間契約に会社やオーナー株主が認識していないリスクがないか、検討すべきです。筆者は、クライアントからそのような相談を受けることが多々あります。

また、募集株式発行手続の手法としては、総数引受契約方式が簡便なので、お勧めします。

会社法のツボ

● 1. ベンチャーキャピタルとは？

　ベンチャーキャピタル（VC）は、高い成長性が見込まれる未上場企業に対し、成長のための資金をエクイティ（株式が多いですが、社債や新株予約権などケースによって内容や条件も様々です）の形で提供します。VCによる投資は、金融機関や機関投資家などから運用委託された資金を基に組成した投資事業組合（ファンド）を通じて行われることが多いです。

　VCは、投資に際し、VCによって温度感は異なるものの、一定の**デュー・ディリジェンス**（企業調査）を行い、その会社の将来性を判断します。投資後は、資金面だけでなく、人材の獲得、販売先・提携先の紹介等を通じて経営に深くコミットし、投資先企業の企業価値の向上を支援します。ただ、この点もVCによって様々で、社外役員を入れてくるVCもいれば、事業にはほとんど口を出さないVCもあります。

● 2. 会社法下での募集株式発行の方法

　特定の第三者に株式を割り当てる（以下「**第三者割当**」といいます）場合の募集株式発行の手続スケジュールは、一般的に次のとおりです。

▼非公開会社かつ取締役会設置会社の場合（第三者割当）

①株主総会の特別決議による募集事項決定（会社法199条）
募集事項決定の一部を取締役会に委任することも可能です（会社法200条）。

↓

②株式申込予定者に対し募集事項等の通知（会社法203条1項）

↓

③株式申込者による株式申込証の交付（会社法203条2項）

↓

④取締役会決議による株式割当者決定（会社法204条1項、2項）

↓

⑤株式割当者に対し、株式割当の旨通知（会社法204条3項）
払込期日の前日までに通知する必要があります。

↓

⑥出資金の払込

↓

⑦管轄登記所へ登記申請

▼公開会社の場合（第三者割当）

①取締役会決議による募集事項決定（会社法199条、同法201条）

↓

②株主全員に対する募集事項の通知又は公告（会社法201条3項、4項）

払込期日の2週間前までに通知又は公告する必要があります。

↓

③株式申込予定者に対し募集事項等の通知（会社法203条1項）

↓

④株式申込者による株式申込証の交付（会社法203条2項）

↓

⑤株式割当者決定（会社法204条1項）

譲渡制限付株式を交付する場合には、取締役会決議で決定する必要があります

（会社法204条2項）。

↓

⑥株式割当者に対し、株式割当の旨通知（会社法204条3項）

払込期日の前日までに通知する必要があります。

↓

⑦出資金の払込

↓

⑧管轄登記所へ登記申請

● 3. 総数引受契約方式の利用

　しかし、第三者割当の場合、会社が株主総会を行う前に、既に引受先が決まっていることが多いです。

　特に、非公開会社では、私の経験上そのようなケースがほとんどです。

　既に引受先が決まっており、かつ出資金の払込が確実な場合には、**総数引受契約**を締結することにより、上記スケジュール中、非公開会社では②〜⑤が、公開会社で

は③～⑥の手続を省略することが可能です（会社法205条）。

　なお、総数引受契約とは、引受先と会社との間で、今回発行する株式の全部を引き受ける契約を締結することです。

　これにより、スケジュールを短縮し、かつ形式的で些末な書類を複数作成・送付等をする必要がなくなります。

　総数引受契約に最低限定める必要がある事項もそれほど多くありません。

　具体的には次のとおりです。

▼ **総数引受契約に定めるべき事項**

> ①引受先が、会社の発行する株式を引き受ける旨
> ②割当する株式数及び株式の内容
> ③1株の払込金額
> ④払込期日及び払込を会社の定める金融機関にする旨（出資財産が金銭の場合）
> ⑤会社と引受先双方の記名・捺印

　上記事項の他にも一般的な投資契約書に盛り込まれる事項（例えば、「株式買取請求」「会社設立登記していること等一定の事項が真実であることを確認する表明保証」に関する事項です）を適宜入れた契約書でも構わないですし、登記添付書類となること鑑み、上記事項だけを記載した契約書を投資契約書とは別に作成することもできます。

　また、引受先は1人（1社）である必要はなく、複数人でも手続可能です（複数人の場合は、それぞれの引受株式数の合計が、今回発行する株式数と一致する必要があります）。

問題解決のコツ

● 投資契約締結のリスク

　銀行の融資と異なり、投資であれば原則として毎月の返済義務がなく、不動産等の担保も不要なので、資金調達の手段としては有効です。

　近年は企業の初期段階であっても1回で億単位などロットの大きい投資も実現しており、ベンチャー企業としては、非常に興味深いです。

　しかし、安易に多数のベンチャーキャピタルから投資を受けてしまうと、オーナー株主の議決権がほぼ無くなったり、投資契約や株主間契約などで、事業のスピード

感ががちがちに縛られてしまうので、リスクも高いです。

　したがって、可能な限り契約締結後の手続だけを依頼するのではなく、契約締結前に弁護士・司法書士等の専門家に相談するようにしましょう。

● VCから投資を受ける場合はスケジュールに余裕がないことが多い

　VCから投資を受ける場合、VC内での契約審査があるため、手続スケジュールが非常に短期間に限られている場合が多いです。そのため、投資契約書締結時では総数引受契約書を記名捺印できないことが少なくないので、予め司法書士に相談をしておき、総数引受契約書のみ先行してVCに送付しておくと、手続がスムーズとなると考えます。場合によっては、投資契約書をそのまま法務局に提出しても登記は可能ですが、登記には不要な機密情報が多いので、可能な限り避けるべきと考えます。

● 総数引受契約の承認決議が必要に

　平成27年改正によって、総数引受契約についての株主総会（取締役会設置会社の場合は取締役会）の承認が必要となり（会社法205条2項）、当該議事録が登記添付書類となりました。

　そして、当該総数引受契約の承認をした議事録には、割当者一覧及び総数引受契約書を綴じ込む必要があると考えますので、ご注意ください。

3

用語の解説

募集株式発行：第三者割当・株主割当・公募のいずれかの方法で会社が新規に株式を発行することの総称です。
第三者割当：特定の第三者に株式を割り当てる方法で行う募集株式発行です。
総数引受契約：株式の引受先と会社との間で、今回発行する株式の全部を引き受ける契約を締結することです。

コラム

新株予約権や種類株式の登記の中身とボリューム

　実際に登記をしたことがある方であればお分かりかと思いますが、数ある商業登記の中でも新株予約権と種類株式は、登記のボリュームが多い登記のツートップかと思います。

その理由として、登記事項が多いこと・登記内容が実際に会社で定めた内容をほぼそのまま登記することの2点があげられると考えます。

新株予約権については、会社法236条に定める新株予約権の内容を全て登記する必要まではありませんが、調整式も含めて記載する必要がある行使価額や複数の事項を記載する行使条件・取得事由などが登記事項となるため（会社法911条12号）、その内容によっては登記の分量が非常に多くなります。

種類株式については、VCから投資を受けるケースですと、一つの種類株式の内容として、複数の内容を定めることが多く、優先配当・残余財産優先分配・取得条項・取得請求権など、内容によっては登記の分量が非常に多くなります。

これらの作業で重要なのは、登記すべき事項の取捨選択です。
例えば、新株予約権の内容としては、行使をした場合の準備金組入額や組織再編の場合の対応なども定める必要がありますが、登記事項ではありません。
また、投資契約書・定款には、種類株式の内容の1つとして株式分割などに関する条項を記載しますが、登記事項ではありません。
ともすると膨大な量になりがちな新株予約権・種類株式の内容から必要な登記事項をピックアップして登記申請をするのは、慣れた方でないと難しいのではと考えます。

他方で、もう一つ問題となるのが、半角・全角の問題です。
新株予約権の発行要項や投資契約書を基に、必要な登記事項を確定していき、転記ミスを避けるために、発行要項・投資契約書の必要箇所をコピー＆ペーストし、登記申請書を作成していくのが一般的です。
但し、登記事項証明書に記載できる文字は、全角に限られているところ、発行要項・投資契約書では、数字等の箇所で半角が使われていることが多いため、全角に変換しなければなりません。
今では、半角・全角をチェック・自動変換してくれるWebツールなどがありますので、便利になりましたが、もしそのようなツールをご存知ない方は是非活用することをお勧めします。
特に目視では判断し辛い半角スペースなども見つけてくれます。

8 VCからの出資の対価は議決権制限付優先株式？

VCからの出資は、議決権制限付株式でいいらしいよ！！　じゃあ一杯お金出してもらおうか

待って！！　優先株の内容もチェックしてね

議決権制限株式はラッキー？

3-7節に記載のとおり、ベンチャーキャピタル（VC）からの投資形態は様々ですが、VCの中には投資した企業の経営にまでは興味がなかったり、口を出さないケースも少なくありません。

その場合には、議決権の無い株式での投資を認めるVCも多いです。

むしろ、VC側の方からの提案で、議決権の無い代わりに、配当や残余財産における優先権を求めてくるケースが多いので、企業としては、当該優先内容等に応じられるか否かを慎重に検討した上で、VCからの投資を受諾するかどうかを判断すべきです。

会社法のツボ

● 1. 議決権制限付株式とは

議決権制限付株式とは、株主総会において議決権を行使することができる事項について他の株式と異なる定めをした内容の株式です（会社法第108条1項3号）。

株主は、1株につき1議決権を有するのが大原則です。

しかし、この株式によって、議決権行使の制限が可能です。議決権が全く無い無議決権株式とすることも可能です。

さらには、一定の決議事項のみ議決権を与えることや、議決権行使に条件を定めることも可能です（会社法108条2項3号）。

したがって、経営参加に興味のない投資家には、議決権制限付株式にする代わり

に発行価格を安くし、投資しやすくすることも考えられます。

　一方で、**普通株式**を発行して増資を行うと、資金調達額によってはオーナーの議決権比率が大幅に下がり、会社経営上好ましくありません。発行する株式を議決権制限付株式にすれば、オーナーの議決権比率に影響を与えないので、議決権比率を気にすることなく資金調達が可能です。

● 2. 定款記載例

　議決権制限付株式を発行する場合、他の**種類株式**と同様に、その内容を定款に定め、登記する必要があります。

　定款記載例は以下のとおりです。

①議決権制限付株式（無議決権株式の場合）

> 第●条　甲種類株式を有する株主は、株主総会において議決権を行使することができない。

②議決権制限付株式（特定事項のみ議決権を与える場合）

> 第●条　甲種類株式を有する株主が、株主総会において議決権を行使することができる事項は次のとおりとする。
>
> 　　　①合併
> 　　　②会社分割
> 　　　③株式交換又は株式移転
> 　　　④解散

● 3. 資金調達と議決権制限付株式

　前述のとおり、オーナー株主である代表取締役の議決権比率確保のために、議決権制限付株式を発行することは考えられますが、単に議決権制限付とするだけでは投資家にメリットがないので、工夫が必要でしょう。

　一般的には、発行価額を下げる又は配当を優先して投資家に利益を与える方法です。

　特に剰余金の配当は、全て普通株式の場合にはオーナー株主の配当が一番多くなり、投資家に出資するメリットが少ないが、投資家の種類株式の配当が優先されるの

であれば、投資してくれる投資家は多くなるでしょう。

　さらには、オーナー株式の内容に、剰余金の配当や役員報酬の議決権制限を加えることによって、より投資家にとってメリットの強い株式にすることも可能です。

　とはいえ、余りに投資家にメリットのある株式を発行すると、会社経営上好ましくないので、内容については慎重になる必要があります。

　一方で、投資家にとって影響のありそうな事項のみ議決権を与える方法も考えられます。

　具体的には増資や新株予約権の発行は、投資家の議決権・配当比率に影響を与えるので、当該事項のみ議決権を与えるやり方です。他にも役員選解任に議決権を与えることにより、役員の暴走を監視できるのであれば、投資家としても出資しやすいと思われます。

問題解決のコツ

● 資金調達をする際は条項の検討を

　VCから資金調達をする際、VC側にもメリットが必要なので、単に議決権制限株式で引受けはしてくれません。通常は、**取得請求権**や**優先配当**、**残余財産優先分配**など、様々な種類株式と組み合わせをしたり、投資契約書の事前承認事項などで制限を加えていきます。したがって、資金調達をする際には、これらの条項の検討をする必要があります。

　VCに発行する種類株式で、一般的に見られる定款内容は、次のような内容が考えられます。

　もちろん、VCと会社側との交渉・要望により、内容は都度変更します。

▼種類株式の内容

1．剰余金の配当

（1）当会社は、剰余金の配当（中間配当を含む。以下、単に「配当」という。）を行うときは、当該配当に係る基準日の最終の株主名簿に記載又は記録されたA種優先株式の保有者（以下、「A種優先株主」という。）又はA種優先株式の登録株式質権者（以下、「A種優先登録質権者」という。）に対し、同日の最終の株主名簿に記載又は記録された普通株式の保有者（以下、「普通株主」という。）及び普通株式の登録株式質権者（以下、「普通登録質権者」という。）に先立ち、事業年度ごとにA種優先株式1株につき当該A種優先株主の保有するA種優先株式に係る払込金額の●％に相当する剰余金（ただし、A種優先株式の払込期日の属する事業年度においては、当該払込期日（同日を含む。）から当該事業年度の末日（同日を含む。）までの日数を365で除して得られる数を当該額に乗じて得られる額（1円未満を切り捨てる。）。以下、「A種優先配当額」という。）を配当する。ただし、既に同じ事業年度中に設けられた基準日によりA種優先株主又はA種優先登録質権者に対して剰余金の配当（普通株式に係る配当と同額同順位に行うものを除く。）を行ったときは、その額を控除した額とする。

（2）A種優先株式の分割又は併合が行われた場合、A種優先配当額は以下のとおり調整されるものとする。本項における調整額の算定上発生した1円未満の端数は切り捨てるものとする。なお、「分割・併合の比率」とは、株式分割又は株式併合後のA種優先株式の発行済株式総数を株式分割又は株式併合前のA種優先株式の発行済株式総数で除して得られた数を意味するものとし、以下同じとする。

$$\text{調整後A種優先配当額} = \text{当該調整前A種優先配当額} \times \frac{1}{\text{分割・併合の比率}}$$

（3）ある事業年度において、A種優先株主又はA種優先登録質権者に対して支払う剰余金の配当の金額がA種優先配当額に達しない場合、その不足額は、翌事業年度以降に累積しない。

（4）当会社は、A種優先株主又はA種優先登録質権者に対して、一事業年度につきA種優先配当額を超えて配当は行わない。

2．残余財産の分配

（1）当会社は、残余財産を分配するときは、A種優先株主又はA種優先登録質権者に対し、普通株主及び普通登録質権者に先立ち、当該A種優先株主の保有するA種優先株式1株に係る払込金額に1を乗じた金額（以下、「A種優先分配額」という。）

を分配する。ただし、A種優先株式の分割又は併合が行われた場合、A種優先分配額は以下のとおり調整されるものとする。本項における調整額の算定上発生した1円未満の端数は切り捨てるものとする。

$$\text{調整後A種優先分配額} = \text{当該調整前A種優先分配額} \times \frac{1}{\text{分割・併合の比率}}$$

（2）A種優先株主又はA種優先登録質権者に対して分配する残余財産が、各A種優先株主又はA種優先登録質権者のA種優先分配額の全額を支払うのに不足する場合には、普通株主及び普通登録質権者に先立ち、各A種優先株主又はA種優先登録質権者に対し、各A種優先株主又はA種優先登録質権者の保有するA種優先株式の数に応じた按分比例その他当会社の取締役の過半数の決定（取締役会設置後は「取締役会の決議」と読み替える。）による合理的な方法により、当該残余財産を分配する。

（3）A種優先株主又はA種優先登録質権者に対して、A種優先株式1株にあたり、それぞれA種優先分配額の全額が分配された後に、なお残余財産がある場合には、普通株主又は普通登録質権者並びにA種優先株主又はA種優先登録質権者に対して分配を行う。この場合、当会社は、A種優先株主又はA種優先登録質権者に対しては、A種優先株式1株あたり、普通株主又は普通登録質権者と同順位で、その時点においてA種優先株式について「4．普通株式と引き換えにする取得請求権」に基づく取得請求権が行使されたものと仮定して算出される普通株式の株数に係る残余財産分配額と同額の残余財産を分配する。

3．金銭と引き換えにする取得請求権
（1）A種優先株主は、当会社が、（ⅰ）吸収分割又は新設分割により当会社の主たる事業の全部若しくは実質的なすべてを他の会社に承継させた場合、又は（ⅱ）当会社の主たる事業の全部若しくは実質的なすべてを第三者に譲渡した場合、かかる承継又は譲渡の日を初日として●日間（以下、本条において「取得請求期間」という。）に限り、当会社に対して、金銭の交付と引換えに、その有するA種優先株式の全部又は一部を取得することを請求（以下「取得請求」という。）することができる。

（2）前項に定める取得請求は、当該請求に係る株式数を記載した書面を当会社に交付することにより行うものとし、取得請求期間の満了時に請求の効力が生じるものとする。

3

（3）本条に基づいて当会社がA種優先株式を取得する場合の、A種優先株式1株当たりの対価の額は、金●円（以下、「取得金額」という。）とする。

ただし、A種優先株式の分割又は併合が行われた場合、取得金額は以下のとおり調整されるものとする。本項における調整額の算定上発生した1円未満の端数は切り捨てるものとする。

$$
\begin{array}{l} \text{調整後} \\ \text{取得金額} \end{array} = \begin{array}{l} \text{当該調整前} \\ \text{取得金額} \end{array} \times \frac{1}{\text{分割・併合の比率}}
$$

（4）本条に基づいて取得請求があった場合、当会社は取得請求期間の満了時において、当該請求に係るA種優先株式を取得するものとし、直ちに取得金額にその請求に係る株式数を乗じて得られた金額を当該A種優先株主に支払うものとする。ただし、分配可能額を超えてA種優先株主から（1）に基づくA種優先株式の取得請求がなされた場合には、当会社は、分配可能額の範囲内において、取得請求されたA種優先株式の数に応じた按分比例その他当会社の取締役の過半数の決定（取締役会設置後は「取締役会の決議」と読み替える。）による合理的な方法により、当該取得請求に係るA種優先株式の一部を取得する。

なお、かかる方法に従い取得されなかったA種優先株式については、取得請求がなされなかったものとみなす。

4．普通株式と引き換えにする取得請求権
（1）A種優先株主は、A種優先株式の発行日以降いつでも、当会社に対して、下記に定める条件で、普通株式の交付と引き換えにA種優先株式を取得することを請求することができる。

（a）A種優先株式の取得と引換えに交付する普通株式数
A種優先株式1株の取得と引換えに交付する当会社の普通株式の株式数（以下、「A種取得比率」という。）は次のとおりとする。かかる取得請求権の行使により各A種優先株主に対して交付される普通株式の数につき1株未満の端数が発生した場合はこれを切り捨て、金銭による調整を行う。

$$
\text{A種取得比率} = \frac{\text{A種優先株式の基準価額}}{\text{取得価額}}
$$

（ｂ）上記（a）のＡ種優先株式の基準価額及び取得価額は、当初●円とする。

（２）前記に定めるＡ種優先株式の基準価額及び取得価額は、以下の定めにより調整される。

（ａ）株式等の発行又は処分に伴う調整
Ａ種優先株式発行後、下記①又は②に掲げる事由により当会社の株式数に変更を生じる場合は、前記の取得価額（以下、「取得価額」という。）を、下記に定める調整式に基づき調整する。調整後の取得価額の適用時期は、下記①及び②のそれぞれ定めるところによる。調整額の算定上発生した１円未満の端数は切り捨てるものとする。

①調整前の取得価額を下回る払込金額をもって普通株式を発行又は処分する場合（株式無償割当てを含む。）。ただし、Ａ種優先株式の取得請求権の行使、又は潜在株式等（取得請求権付株式、取得条項付株式、新株予約権、新株予約権付社債、その他その保有者若しくは当会社の請求に基づき又は一定の事由の発生を条件として普通株式を取得し得る地位を伴う証券又は権利を意味する。以下同じ。）の取得原因（潜在株式等に基づき当会社が普通株式を交付する原因となる保有者若しくは当会社の請求又は一定の事由を意味する。以下同じ。）の発生による場合を除く。調整後の取得価額は、募集又は割当てのための基準日があるときはその日の翌日、それ以外のときは株式の発行又は処分の効力発生日（会社法第２０９条第１項第２号が適用される場合は、同号に定める期間の末日）の翌日以降にこれを適用する。

②調整前の取得価額を下回る潜在株式等取得価額をもって普通株式を取得し得る潜在株式等を発行又は処分する場合（無償割当てを含む。）。本②にいう「潜在株式等取得価額」とは、普通株式１株を取得するために当該潜在株式等の取得及び取得原因の発生を通じて負担すべき金額を意味するものとし、以下同様とする。調整後の取得価額は、募集又は割当てのための基準日がある場合はその日、それ以外のときは潜在株式等の発行又は処分の効力発生日（会社法第２０９条第１項第２号が適用される場合は、同号に定める期間の末日）に、全ての潜在株式等につき取得原因が発生したものとみなし、このみなされる日の翌日以降これを適用する。

$$\text{調整後取得価額} = \frac{\text{既発行株式数} \times \text{当該調整前行使価額} + \text{新規発行株式数} \times \text{1株当たり払込金額}}{\text{既発行株式数} + \text{新規発行株式数}}$$

なお、上記の調整式で使用する「既発行株式数」は、調整後の取得価額を適用する日の前日における、当会社の発行済普通株式数から、同日における当会社の保有する自己株式（普通株式のみ）の数を控除した数を意味するものとする（但し、当該調整の事由により発行済普通株式数又は自己株式数（普通株式のみ）の数が変動する場合、当該変動前の数を基準とする。当会社が自己の保有する株式又は潜在株式等を処分することにより調整が行われる場合においては、上記の調整式で使用する「新規発行株式数」の「新規発行」は「処分する」と読み替えるものとする。会社が潜在株式等を発行又は処分することにより調整が行われる場合においては、上記の調整式で使用する「新規発行株式数」とは、発行又は処分される潜在株式等の目的たる普通株式の数を、「1株当たり払込金額」とは、上記②に定める潜在株式等取得価額を、それぞれ意味するものとする。上記①又は②に定める普通株式又は潜在株式等の発行又は処分が、株主割当て又は無償割当てにより行われる場合は、前記に定めるA種優先株式の基準価額も、取得価額と同様に調整されるものとする。上記の定めにかかわらず、本号に基づく調整は、（i）全A種優先株主が書面により調整しないことに同意した場合、又は（ii）当会社がストックオプション目的で当会社の取締役、監査役又は従業員に対して新株予約権を発行する場合（但し、新株予約権の1株当たりの行使価額が、当該新株予約権の目的たる株式の時価として合理的に認められる金額以上である場合に限る。）には行われない。

（b）株式の分割又は併合による調整

A種優先株式発行後、株式の分割又は併合を行う場合は、取得価額は以下の調整式に基づき調整される。調整後の取得価額は、株式分割の場合は割当基準日の翌日以降、株式併合の場合は株式併合の効力発生日の翌日以降、それぞれ適用されるものとする。調整額の算定上発生した1円未満の端数は切り捨てるものとする。また、この場合A種優先株式の基準価額も、取得価額と同様に調整されるものとする。

$$\text{調整後取得価額} = \text{当該調整前取得価額} \times \frac{1}{\text{分割・併合の比率}}$$

（c）その他の調整

上記に掲げた事由によるほか、次に該当する場合には、当会社は取締役の過半数の決定（取締役会設置後は「取締役会の決議」と読み替える。）に基づき、合理的な範囲において取得価額及び／又はA種優先株式の基準価額の調整を行うものとする。調整額の算定上発生した1円未満の端数は切り捨てるものとする。

①資本金の額の減少、時価を超える価格での普通株式若しくは潜在株式等の有償取

得、事業譲渡、事業譲受け、合併、会社分割、株式交換又は株式移転のために取得価額の調整を必要とする場合。

②潜在株式等の取得原因が発生する可能性のある期間が終了した場合。ただし、潜在株式等の全部について取得原因が発生した場合を除く。

③潜在株式等にかかる上記（a）②に定める潜在株式等取得価額が修正される場合。

④上記のほか、当会社の普通株式数に変更又は変更の可能性を生じる事由の発生によって取得価額の調整が必要であると取締役の過半数（取締役会設置後は「取締役会」と読み替える。）が判断する場合。

５．取得条項
当会社は、A種優先株式の発行以降、当会社の株式のいずれかの金融商品取引所への上場（以下、「株式上場」という。）の申請を行うことが取締役の過半数の決定（取締役会設置後は「取締役会の決議」と読み替える。）で可決され、かつ株式上場に関する主幹事の金融商品取引業者から要請を受けた場合には、取締役の過半数の決定（取締役会設置後は「取締役会の決議」と読み替える。）の定める日をもって、発行済のA種優先株式の全部を取得し、引換えにA種優先株主に当会社の普通株式を交付することができる。かかる場合に交付すべき普通株式の数その他の条件については、「４．普通株式と引き換えにする取得請求権」の定めを準用する。ただし、A種優先株主に交付される普通株式の数に1株に満たない端数が発生した場合の処理については、会社法第２３４条の定めに従うものとする。

3

用語の解説

議決権制限付株式：株主総会において議決権を行使することができる事項について、他の株式と異なる定めをした内容の株式です。
普通株式：株式の内容に何らの定めが無い株式のことです。但し、譲渡制限のみ付されている株式のことも普通株式を呼ぶことが一般的です。
種類株式：会社が権利の内容が異なる2種類以上の株式を発行した場合における当該各株式のことです。
取得請求権：予め定めた一定の事由が発生することを条件に、株主が会社に対し強制的に当該株式を取得させることを請求する権利です。
優先配当：予め定めた条件内容で、他の種類株式よりも優先的に配当を受けられる権利です。
残余財産優先分配：予め定めた条件内容で、会社が解散等をするときに発生する残余財産から、他の種類株式よりも優先的に分配を受けられる権利です。

9 VCに交付した株式は上場できなければ買い取れって?

上場しなきゃダメなの?　買い取れって言われても、そんなお金無いよう〜

最初の投資契約書の内容がポイントだね

VCの投資目的と株式買取請求

　ベンチャーキャピタル (VC) が企業に投資をする目的の1つは、当該企業が上場することにより、キャピタルゲインを得ることにあります。

　したがって、当初の予定どおり、投資をした企業が上場できなければ、VCが投資をしたことによって得た株式は、VCにとって意味をなしません。

　そのため、状況にもよりますが、極端な話、業績悪化等により上場を目指すことを取り止めたり、スケジュールに大幅な遅延が出る場合には、VCは、当該企業に株式の買い取りを求め、事実上投資した金額の返還を求めることになります。

　投資契約書の株式買取条項に基づく請求もありますが、多くの場合には、当該種類株式に取得請求権を付し、VCからの取得請求権の行使により、当該企業は株式を買取ることになります。

　また、会社の株式の買い取りは、分配可能規制があるため、仮に取得請求時に会社に買い取るだけの剰余金がなければ、減資をしたり、オーナー株主に買い取らせる場合も少なくありません。

会社法のツボ

● 1. 取得請求権付株式とは

　取得請求権付株式とは、株主が、会社に対して自分の株式を取得するよう請求できる株式のことであります (会社法107条1項2号、108条1項5号)。

　つまり株主に選択権があるプット・オプション (売る権利) が付いた株式といえま

す。

　この取得請求権付株式は、株主が望むときに投資したお金の回収が原則として可能になるので、株主（投資家）側にとってメリットがあります。

　なお、株式を取得する対価は、現金だけでなく、他の種類株式・社債・新株予約権など定款に柔軟に定めることが可能であります。

● 2. 定款記載例

　会社法施行前は、取得請求権付株式という制度は法律上ありませんでした。

　ほぼ同趣旨の内容の株式として、対価が金銭であれば義務償還株式、対価が他の種類株式であれば転換予約権付株式がありました。

　取得請求権付株式は、これら会社法施行前の制度を統合し、より柔軟にしたものです。

　他方で、取得請求権付株式を発行する場合、その内容を定款に定め、登記する必要があります。

　定款記載例は以下のとおりです。

3

▼取得請求権付株式（対価が金銭の場合）

第●条　株主は、次に定める取得の条件で、当会社が株式を取得するのと引き換えに金銭の交付を請求することができる。

　　　①取得と引換えに株主に交付する金銭の額
　　　　最終の貸借対照表の純資産額を発行済株式総数で除した額に対象株式数を乗じた金額とする。
　　　②取得請求が可能な期間
　　　　平成○○年○月○日から平成○○年○月○日までとする。

● 3. VC以外からの資金調達手段としての利用価値

　非上場企業の株式は、買い手の需要がほとんど無い上に、通常、譲渡制限規定が定めてあるので、売却して換金するのは困難です。

　なおかつ、株主配当が行われることもめったにありません。

　したがって、創業者や縁故者以外で中小企業の株式に出資してもらうことは困難でしょう。将来性のあるベンチャー企業であれば、VCなどが出資してくれるケース

もありますが、通常、全くの第三者から出資による資金調達をすることは考えにくいです。

　しかし、例えば取得請求期間が5年後からスタートする取得請求権付株式を発行すれば、5年経過後、出資者は会社に取得請求権を行使して投下資本を回収できる可能性は高く、取得条件や会社の業績によっては、大幅な利益を得ることも可能でしょう。少なくとも普通株式に出資するよりは出資者は保護されます。

　そういう内容の株式であれば出資しても構わないという人・会社はVCでなくとも多いと思います。

　一方、会社側としても、5年後から取得請求期間がスタートすることにすれば、すぐに株主から取得請求権が行使される心配もなく、長期・中期事業計画に応じて株式を発行し、資金調達が可能になります。

問題解決のコツ
● 種類株式の内容や投資契約書の条項には注意

　借入と異なり、対価として株式を交付する出資の場合、本来、上場をしなかったことだけでは、株主には出資金の返還を請求する権利がありません。

　しかし、VCは、銀行借入と異なり、現在売上がなくとも、将来の事業計画に期待して出資してくれるため、そのリスクを極力減らそうとしてきます。

　その一つが取得請求権の条項です。上場以外にも様々な条件が付されていることがありますので、当該種類株式の内容や投資契約書の条項には注意しましょう。株式発行時には影響なくとも、次のVCから資金調達をする際や資金繰りが上手くいかなかった際、上場から方針変更したい場合など、後々問題となるケースが少なくありません。

用語の解説

取得請求権付株式：予め定めた一定の事由が発生することを条件に、株主が会社に対し強制的に当該株式を取得させることを請求することを可能とする内容の株式です。

投資契約書：会社と出資をするVC等投資家との間で締結する、投資条件などを定めた契約書です。

10 従業員や役員にもインセンティブをあげたいのだけど？

上場準備を頑張っている役員・従業員に何かインセンティブを
あげたいのだけど？

ストック・オプションがいいみたいだよ

インセンティブの手法

　ベンチャー企業など、上場を目指す企業の場合、インセンティブ目的で、従業員や役員にストック・オプションを発行するケースが少なくありません。

　ストック・オプションとは、新株予約権のことで、多くは発行時には無償で発行するとともに、行使価額を発行時の株価以上に設定します。

　それによって、行使時に株価が上昇していれば、その分新株予約権者である従業員の利益となりますし、上場していれば売却も容易なので、**キャピタルゲイン**を得ることが可能となります。

　創業時はキャッシュが不足しているので、給与等に反映しづらいこともあり、従業員等のモチベーション維持のために発行されることが多いです。

　但し、安易に発行するのでなく、後々の資本政策の弊害とならないよう、行使条件などを慎重に検討すべきです。

会社法のツボ

● 1. 新株予約権とは？

　新株予約権とは、会社に対して行使することにより当該会社の株式の交付を受けることができる権利をいいます（会社法2条21号）。新株予約権は行使の際に金銭を払込みする旨定めるのが一般的ですが、不動産や債権等の金銭以外の財産を現物出資する旨定めることも可能です（会社法236条1項3号）。

　そして、役員又は従業員にインセンティブ目的で付与する新株予約権を**ストック・**

オプションといいます。

　会社が新株予約権を発行する目的は、ストック・オプション以外にも①オーナー株主の潜在的持ち株比率を維持するため、②敵対的買収防衛策として利用するため、③社債に新株予約権を付与し資金調達を行うため、などが考えられます。

● 2. 新株予約権の発行方法、発行登記事項の改正

　新株予約権発行の一般的手続スケジュールは以下のとおりです。

　なお、募集株式発行と同様に、総数引受契約方式の利用も可能です（会社法244条。総数引受契約方式については、3-7節参照）。

　また、ストック・オプションを取締役・監査役に付与する場合には、原則として以下の発行手続以外にも報酬付与のための株主総会決議が必要であるため、ご注意ください（会社法361条、387条）。

　他方で、会社と新株予約権割当者との間で、新株予約権割当契約を締結するのが一般的です。

　さらには、令和3年改正によって、新株予約権発行の場合の登記事項に一部改正がありました。

　発行価額が1円以上の有償新株予約権の場合、従来は発行価額の算定方法を登記すれば足りましたが、原則として、具体的な金額を登記する必要があるとの改正がなされました（会社法911条3項12号へ）。但し、登記申請の時までに、具体的な金額が確定していないときは、従来どおり算定方法を登記すれば足ります。

▼非公開会社で無償発行の場合

①株主総会の特別決議による募集事項（会社法236条、238条）の決定
募集事項決定の一部を取締役会に委任することも可能です（会社法239条）。

⬇

②新株予約権申込予定者に対し募集事項等の通知（会社法242条1項）

⬇

③新株予約権申込者による新株予約権申込証の交付（会社法242条2項）

⬇

④取締役会決議による新株予約権割当者決定（会社法243条1項、2項）

⬇

⑤新株予約権割当者に対し、新株予約権割当の旨通知（会社法243条1項）

割当日の前日までに通知する必要があります。

⬇

⑥登記申請

▼公開会社で無償発行の場合

①取締役会決議による募集事項決定（会社法240条）

⬇

②株主全員に対する募集事項の通知又は公告（会社法240条2項、3項）

割当日の2週間前までに通知又は公告する必要があります。

⬇

③申込以下の手続は、非公開会社の場合と同様

3

● 3. 税制適格ストック・オプションとは？

　新株予約権の発行価額が有利発行であると判断される場合には、原則として権利行使時に利益分が所得として課税されます。

　そのため、役員又は従業員にストック・オプションとして新株予約権を付与した場合、株式を取得しただけで高額な所得税が課されることになります。

　したがって、これを解消するために、税制適格の要件を満たしたストック・オプションには優遇措置が適用され、権利行使によって取得した株式を譲渡した時点まで課税を繰り延べることが可能です。

　その要件（租税特別措置法29条の2第1項）は以下のとおりです。

①付与対象が取締役又は使用人であること。

　但し、発行済株式総数の3分の1（上場会社の場合は10分の1）以上を有するオーナー株主又はその親族である役員（社長等）は対象外です。
②権利行使期間を付与決議の日後2年を経過した日から10年を経過する日までとしていること。
③年間の権利行使価額の合計が1200万円を超えないこと。
④1株当たりの権利行使価額は、権利付与契約締結時の時価以上であること。
⑤新株予約権が譲渡禁止であること。
⑥権利行使による株式の移転が会社法238条1項に違反しないで行われること。

187

⑦権利行使によって取得する株式につき、あらかじめ会社が定めた金融機関等に保管委託又は管理等信託がされること。

⑧新株予約権者の氏名等所定事項を記載した調書を所轄税務署に提出すること。

なお、②、③、⑤〜⑦の要件は、新株予約権割当契約書に記載するのが一般的です。

● 4. インセンティブ報酬の改正

上場企業の場合もストック・オプション等のインセンティブ報酬を取締役・従業員に付与するケースは多いです。

そして、令和3年改正によって、上場企業（但し、有価証券報告書の提出義務がある会社は上場企業でなくとも本義務が生じます。）の場合、取締役の個人ごとの報酬等の内容の決定方針につき、定款又は株主総会の決議で取締役の個人ごとの報酬額を定めている場合を除き、取締役会で決議することが義務化されました（会社法361条7項）。具体的には、インセンティブ報酬に良く見られる業績連動報酬に係る業績指標の内容や金額の算定方法等を予め定める必要があります。

また、令和3年改正によって、上場企業が、株式や新株予約権を取締役に報酬として付与する場合、払込金・行使価額を無償にすることが可能になりました。これにより、今まではスタンダードな手法であった金銭報酬債権を現物出資することにより実質的に金銭の支払いを0円とするという迂遠な法的構成を取る必要が、今後は減少又は無くなるのではと考えます。

問題解決のコツ

● 税務面の対応も注意

税制適格ストック・オプションなど新株予約権を発行する場合には、会社法だけではなく、色々な法律・税金に注意する必要があります。但し、税理士によっては、ストック・オプション制度に詳しくない税理士もいるため、自社の顧問税理士がストック・オプションに詳しくなければ、ストック・オプションの対応に慣れている税理士に別途相談することをお勧めします。

● 新株予約権の公正価値や株価を事前に評価してもらおう

税制適格を満たすか否か、有利発行かどうかの観点として、公認会計士に新株予約権の公正価値や株価を評価してもらうことが必要と考えます。

コスト面を鑑み、新株予約権の公正価値・株価算出を顧問税理士のみに一任する企業も少なくありませんが、可能な限り第三者の評価として、公認会計士にも相談・依頼をすることをお勧めします。

●ストック・オプションの発行目的を明確にしよう

証券会社は上場前提でないと、原則としてストック・オプションの行使を取り扱いません。

したがって、M＆A時など上場前に行使することが前提となる際には、税制適格前提でストック・オプションを設計しても、実際には税制適格の適用を得られないことが少なくありません。

行使直後にキャッシュが入るのであれば問題ありませんが、そうでないスキームの場合には、税制適格の適用が事実上受けられないことにご注意ください。

必要に応じて、最初から税制非適格を前提にした方が、行使期間・行使条件を柔軟にすることが可能です。

●税制適格ストック・オプションの相談は各専門家に

創業時に専門家の目を入れずにストック・オプションを発行し、後々税制適格を満たさないことが判明するケースが非常に多いです。

株価の問題はある程度やむを得ない場合もありますが、税務調書の提出忘れなど、手続面でのミスが出ないよう、必ず法律・税務・登記の専門家にそれぞれ相談しましょう。

ミスがあった場合に、後々再発行も可能ですが、その場合には発行時（付与契約締結時）の時価以上の株価を行使価額としないと税制適格を満たさないため、あまりキャピタルゲインが得られなかったり、行使時に多額のキャッシュが必要になってしまいます。

用語の解説

ストック・オプション：新株予約権と同義ですが、特にカタカナで「ストック・オプション」と書く場合には、会社（企業）の役員や従業員が、一定期間内に、あらかじめ決められた価格で、会社がインセンティブ目的で付与した所属する会社から自社株式を購入できる権利のことを指します。
新株予約権：会社に対して行使することにより当該会社の株式の交付をうけることができる権利です。
キャピタルゲイン：債券や株式など資産の価格の上昇による利益のことです。

募集株式発行：第三者割当・株主割当・公募のいずれかの方法で会社が新規に株式を発行することの総称です。総数引受契約：株式の引受先と会社との間で、今回発行する株式の全部を引き受ける契約を締結することです。

新株予約権割当契約：会社と新株予約権者との間で締結する、新株予約権の行使条件などを定めた契約書です。

有利発行：引受人にとって有利な価額や条件で株式又は新株予約権を発行することです。

条文

会社法224条　（名義人等に対する通知）

1　株券発行会社が前条の規定による請求に応じて株券喪失登録をした場合において、当該請求に係る株券を喪失した者として株券喪失登録簿に記載され、又は記録された者（以下この款において「株券喪失登録者」という。）が当該株券に係る株式の名義人でないときは、株券発行会社は、遅滞なく、当該名義人に対し、当該株券について株券喪失登録をした旨並びに第221条第1号、第2号及び第4号に掲げる事項を通知しなければならない。

2　株式についての権利を行使するために株券が株券発行会社に提出された場合において、当該株券について株券喪失登録がされているときは、株券発行会社は、遅滞なく、当該株券を提出した者に対し、当該株券について株券喪失登録がされている旨を通知しなければならない。

会社法236条1項3号　（新株予約権の内容）

1　株式会社が新株予約権を発行するときは、次に掲げる事項を当該新株予約権の内容としなければならない。

　　1～2　省略

　　3　金銭以外の財産を当該新株予約権の行使に際してする出資の目的とするときは、その旨並びに当該財産の内容及び価額

会社法361条7項　（取締役の報酬等）

（省略）

7　次に掲げる株式会社の取締役会は、取締役（監査等委員である取締役を除く。以下この項において同じ。）の報酬等の内容として定款又は株主総会の決議による第1項各号に掲げる事項についての定めがある場合には、当該定めに基づく取締役の個人別の報酬等の内容についての決定に関する方針として法務省令で定める事項を決定しなければならない。ただし、取締役の個人別の報酬等の内容が定款又は株主総会の決議により定められているときは、この限りでない。

　　1　監査役会設置会社（公開会社であり、かつ、大会社であるものに限る。）であって、金融商品取引法第24条第1項の規定によりその発行する株式について有価証券報告書を内閣総理大臣に提出しなければならないもの

　　2　監査等委員会設置会社

会社法911条3項12号　（株式会社の設立の登記）

（省略）

3　第1項の登記においては、次に掲げる事項を登記しなければならない。

（省略）

12　新株予約権を発行したときは、次に掲げる事項

　　イ　新株予約権の数

　　ロ　第236条第1項第1号から第4号まで（ハに規定する場合にあっては、第2号を除く。）に掲げる事項

　　ハ　第236条第3項各号に掲げる事項を定めたときは、その定め

　　ニ　ロ及びハに掲げる事項のほか、新株予約権の行使の条件を定めたときは、その条件

　　ホ　第236条第1項第7号及び第238条第1項第2号に掲げる事項

　　ヘ　第238条第1項第3号に掲げる事項を定めたときは、募集新株予約権（同項に規定する

募集新株予約権をいう。以下ヘにおいて同じ。)の払込金額(同号に規定する払込金額を
いう。以下ヘにおいて同じ。)(同号に掲げる事項として募集新株予約権の払込金額の算定
方法を定めた場合において、登記の申請の時までに募集新株予約権の払込金額が確定し
ていないときは、当該算定方法)

(省略)

11 1株の価値を下げて出資を受けやすくできない？

 1株の価値が高いなぁ……分割ってできるの？

 かなり短期間に分割する方法もあるみたいだよ

株式分割は便利なツール

株式分割をすることによって、1株の株価を下げることが可能です。

VCから資金調達をする場合など、ベンチャー企業にとって株式分割が必要となる場面は多々あります。少なくとも創業時から上場までに一度も株式分割をしたことが無いという企業は、ほぼ皆無に近いと思います。

株式分割は、単に株式数を分割する手続なので、1株の価値は下がりますが、その分持株数も同じ割合で増えるため、既存株主には原則として不利益がありません。

そのため、取締役会設置会社の場合は、取締役会決議で行うことが可能です。

一方で、取締役会非設置会社の場合は、株主総会決議が必要となるため、決議機関には注意しましょう。

また、オーナー会社であれば1日で株式分割を実施することも可能です。

会社法のツボ

1. 株式分割とは

前述のとおり、株式分割とは、1株の価値を下げる制度です。1株の価値が高く、出資が受け辛い場合には、増資前に株式分割をすべきです。

株式分割をせずに、1株の払込金額を、実際の価値よりも大幅に低くして出資を受ける（例えば、1株の時価が30万円だった場合に、1株5万円で発行すること）ことも会社法上は可能ですが、税務面や今後の資本政策を鑑みると、避けるべきです。

株式分割をすると、出資を伴わず、既存の株式を「1株を2株」や「2株を3株」に

細分化することができます。

したがって、1株の価値が高すぎる場合に、株式分割による株式の細分化をすれば、1株の価値を下げることができます。

なお、1回の株式分割に法律上の限度枠はありませんので、1株を100株に分割することも可能です。

● 2. 株式分割のスケジュール

株式分割の一般的スケジュールは次のとおりです。

取締役会設置会社の場合、株式分割をするためには、取締役会決議で次のことを定める必要があります（会社法183条2項）。

①株式分割の割合（1対2や1対3で分割するなど）
②分割割合に基づき増加した株式数を引き受ける権利がある株主の基準日
③株式分割の効力発生日

一見すると、取締役会決議だけですることが可能なため、手続的には非常に早くできそうに感じるでしょう。

しかし、②の基準日を定める必要があるため、基準日の2週間前までに、官報等会社所定の方法で、その旨を公告しなくてはなりません（会社法124条3項）。

さらに、官報に公告を掲載するためには、掲載日の1週間前に申し込みする必要があります。

したがって、原則として、株式分割の効力発生まで、最短1ヶ月弱の期間を要することになります。

● 3. 株式分割を最短1日で行う方法

会社法施行前は、上記2. 記載の期間を短縮することができませんでした。

しかし、会社法施行後である現在は、株主が役員だけの場合など、株主数が少ない会社であれば、最短1日で株式分割をすることが可能です。

その方法は、次のとおりです。

①株主総会で定款変更決議（株式分割の基準日の定めを設定）
②取締役会で株式分割決議

①と②を同じ日に行います。

　基準日は、定款に別段の定めがある場合、公告する必要がありません（会社法124条3項但書）。

　ですが、多くの株式会社の定款には、定時株主総会における基準日の定めを除き、「必要があるときは、取締役会の決議によりあらかじめ公告して基準日を定めることができる。」と規定されています。

　したがって、このままでは、基準日を定めた場合には、前述のとおり公告をする必要があります。

　それを回避するために、株式分割の取締役会決議と同じ日に、株主総会を行い（順番的には、株主総会が先になります）、株式分割に関する基準日を具体的に定める定款変更をすれば、基準日公告を別途行う必要がなくなります。

　株主総会は、株主全員の同意が得られれば、招集手続を省略したり、書面決議によることができるため（2-7節参照。会社法300条、319条）、この方法によれば、最短1日で株式分割の効力を発生させることができます。

問題解決のコツ

●上場会社の例外

　上場会社が株式分割を行う場合には、基準日の翌日を効力発生日とする必要があるのでご注意ください。

●安易な定款変更での基準日設定に注意

　東京地判平成26年4月17日〜アムスク株主総会決議取消請求事件〜によって、基準日設定公告を省略するための定款の定めは、効力発生日の2週間前以上に定める必要があるとの判例が出ましたので、基準日設定公告を省略するための定款変更の際には、株主全員の同意を得るべきと考えます。

　それが困難な場合には、原則どおり、基準日設定公告を行うことをお勧めします。

用語の解説

株式分割：出資を伴わず、1株の価値を下げるために細分化することです。

資本政策：会社が事業を遂行していく上で必要な資金調達を実現するための施策のことです。株式上場を目指す会社の資本政策は、上場後の株式の流動性を念頭に置きながら、「資金調達」と「株主構成」のバランスを取り、適正な資本規模や発行済株式数へ導くことが必要です。

基準日：会社が一定の日を定めて、当該日において株主名簿に記載されている株主に議決権や配当金などの権利行使を認めるようにすることです。

条文

会社法124条 （基準日）

1 株式会社は、一定の日（以下この章において「基準日」という。）を定めて、基準日において株主名簿に記載され、又は記録されている株主（以下この条において「基準日株主」という。）をその権利を行使することができる者と定めることができる。

2 基準日を定める場合には、株式会社は、基準日株主が行使することができる権利（基準日から3箇月以内に行使するものに限る。）の内容を定めなければならない。

3 株式会社は、基準日を定めたときは、当該基準日の2週間前までに、当該基準日及び前項の規定により定めた事項を公告しなければならない。ただし、定款に当該基準日及び当該事項について定めがあるときは、この限りでない。

4 基準日株主が行使することができる権利が株主総会又は種類株主総会における議決権である場合には、株式会社は、当該基準日後に株式を取得した者の全部又は一部を当該権利を行使することができる者と定めることができる。ただし、当該株式の基準日株主の権利を害することができない。

5 第1項から第3項までの規定は、第149条第1項に規定する登録株式質権者について準用する。

会社法183条 （株式の分割）

1 株式会社は、株式の分割をすることができる。

2 株式会社は、株式の分割をしようとするときは、その都度、株主総会（取締役会設置会社にあっては、取締役会）の決議によって、次に掲げる事項を定めなければならない。

　1 株式の分割により増加する株式の総数の株式の分割前の発行済株式（種類株式発行会社にあっては、第3号の種類の発行済株式）の総数に対する割合及び当該株式の分割に係る基準日

　2 株式の分割がその効力を生ずる日

　3 株式会社が種類株式発行会社である場合には、分割する株式の種類

会社法300条 （招集手続の省略）

前条の規定にかかわらず、株主総会は、株主の全員の同意があるときは、招集の手続を経ることなく開催することができる。ただし、第298条第1項第3号又は第4号に掲げる事項を定めた場合は、この限りでない。

12 募集株式発行以外の 資金調達手段って？

募集株式発行以外の資金調達手段ってあるの？

新株予約権付社債・コンバーチブルノートって手法もあるらしいよ

新株予約権付社債やコンバーチブルノートって何？

2-10節でも解説したとおり、増資による募集株式発行以外に、株式会社特有の資金調達手段として、社債を発行する手段があります。

上場を目指すベンチャー企業において、ミドルステージの段階の場合、ベンチャーキャピタル（VC）からの資金調達の際、株式（種類株式を含みます）だけでなく、**社債**や**コンバーチブルノート**などが検討されることがあります。

株式と異なり、借金の一類型ですから、資金を出す側は株式と違い利息等など確定的な金利があり、借りる側は発行しても議決権が無いので経営に口を出されないというメリットがあります。

ただし、社債は新株予約権付・コンバーチブルノートは株式への転換請求権があるのが通常ですから、仮に社債の満期に償還できない場合は、株式化されることになります。

会社法のツボ

● 1. 新株予約権付社債とは？

新株予約権付社債とは、社債に新株予約権が付され（会社法2条22号）、それぞれを分離して譲渡等の処分ができない社債のことです。

発行する側である会社にとって、満期のタイミングでキャッシュで返済をすれば消滅しますし、それが難しい場合には株式化して出資と同様の効果にすることもできます。

また、資金を出す側にとっても、全てを最初から株式化すると資本政策上難しくとも、一部を新株予約権付社債にして潜在株式にし、償還時にキャッシュで償還するかどうかを判断することが可能であり柔軟な対応が可能になります。

特にベンチャー企業の事業スピードは良くも悪くも速く、2～3年後は全く別の規模の会社になっていることが少なくありません。

したがって、資金を提供するときは株式を取得するかどうかVC側が迷う場合には、新株予約権付社債を求められることがあります。

発行方法は、原則として新株予約権と少人数私募債を組み合わせたもので、個別の手続上の注意点は同じです。

● 2. コンバーチブルノートとは？

コンバーチブルノートとは、**転換社債**の一つであり、会社法上にある用語ではありません。

3

一般的には、事前に定められた転換価額によって株式に転換できる権利が付された社債の事を指します。

但し、取得請求権付種類株式や新株予約権付社債のように、会社法上の手続にそって発行し、かつ登記をするものではなく、あくまで契約上の権利に留まります。

そのため、実際に株式に転換する際には、そのタイミングで株主総会の決議をするなど、通常の募集株式発行（第三者割当増資）の手続が必要です。

しかし、発行時は、当該コンバーチブルノートの契約を承認する取締役会で足りるため、株主には可能な限り説明したくないような資金調達（例えば急ぎ運転資金が足りない場合に調達する場合など）の際に活用されることがあります。

元々はシリコンバレーのスタートアップ向けに活用されていたものなので、まだまだ、国内では一般化していないと思われますが、近年、コンバーチブルノート的な投資契約・金銭消費貸借契約を見るようになってきたという印象です。

問題解決のコツ

● 償還期間の過ぎたVCの社債

新株予約権付社債の償還期間が経過しても、償還ができず、また新株予約権の行使もVC側がしないというケースもあります。

これは主に次のVCからの出資まで態度を留保しているケースです。

但し、たまに留保期間が長く、新株予約権の行使期間も満了しているケースがあ

197

ります。

その場合には、事後的に行使期間の延長は原則としてできませんから（行使期間満了前であれば延長可能ですが、満了後は新株予約権が消滅してしまっているので）、対応に苦慮するケースがあります。

社債の償還をしていない以上、償還期間を経過しても償還をする義務自体は会社にあり、また次の出資をするVCから新株予約権付社債の消滅を求められているのに償還ができないために消滅ができない場合、当該償還する権利を金銭債権とし、DESをして株式化するという手法を取ることがあります。

その場合には、新株予約権の行使では無いため、別途DESに関する株主総会決議等の手続が必要となりますので、ご注意ください。

用語の解説

社債：会社が資金調達を目的として、投資家からの金銭の払込みと引き換えに発行する債券のことです。

コンバーチブルノート：事前に定めたられた転換価額によって株式に転換できる権利が付された社債のことです。

転換請求権：社債権者が会社に対し、予め定めた条件で株式に転換することを請求できる権利です。

新株予約権：会社に対して行使することにより当該会社の株式の交付をうけることができる権利です。

少人数私募債：社債の引受人が社長の親戚、知人や会社の取引先など縁故に限られている社債のことです。

転換社債：事前に定めたられた転換価額によって株式に転換できる権利が付された社債のことです。コンバーチブルノートよりも広い意味で使われることがあります。

募集株式発行：第三者割当・株主割当・公募のいずれかの方法で会社が新規に株式を発行することの総称です。

第三者割当増資：特定の第三者に株式を割り当てる方法で行う募集株式発行です。

DES：債権の現物出資のことです。金銭債権の株式化とも言います。

条文

会社法2条22号 （定義）

この法律において、次の各号に掲げる用語の意義は、当該各号に定めるところによる。

1～21　省略

　22　新株予約権付社債　新株予約権を付した社債をいう。

（省略）

13 従業員持株会って役に立つ？

従業員持株会って役に立つの？

福利厚生とか活用法はいろいろあるらしいよ

従業員持株会の意義

　従業員に株式を持たせる理由としては、インセンティブ目的であることが多いと考えます。

　株式を持たせる場合であっても、従業員持株会の組成が必須ではなく、従業員個人に株式を持たせることも可能です。

　しかし、従業員が多数となる場合には、株主数が多くなり管理が大変ですし、従業員が入退社する都度、株式を発行又は自己株式を処分したり、従業員から株式の買取（自己株式の取得）手続をするのも迂遠です。

　そこで、**従業員持株会**を組成し、各従業員に入会をさせ、従業員は福利厚生として利用すれば、会社としては株主として扱うのは当該従業員持株会のみですから、招集通知や配当金の支払等株主に対する管理・対応が簡便になりますし、従業員としても、株式の買い増しなども積立金を従業員持株会に支払うことで概ねの手続が完了することが多いため、便利です。

会社法のツボ

● 1. 従業員持株会とは？

　従業員持株会とは、会社が従業員に何らかの便宜を与えて、自社株の取得・保有を推進させる制度で、近年この制度を導入する会社が上場企業以外の中小企業でも社歴の長く、従業員数が多くなっている会社では、少なくありません。

　会社のオーナー経営者が、自社株の大部分を保有していたとすると、順調な経営

をしている会社であればあるほど、相続に際して自社株の相続税評価が非常に高くなることが見込まれます。

　そこで、自社株式対策の一つとして、税理士の先生方などが経営者に提案しているのが、従業員持株会を活用する方法です。筆者も税理士の先生又は会社の方から、従業員持株会の組成手続について相談を受けることがあります。

　一般的な従業員持株会のメリット・デメリットは、以下のとおりです。

　税務の部分が多いので、顧問税理士の方と相談しながら必要性を検討することをお勧めします。

▼メリット

①非公開会社が株式を公開する場合、安定株主として期待できること。

②株主構成の改善や株式事務の合理化に有効であること。

③従業員のモチベーションを高めたり、福利厚生になること。

④会社の資金調達の一手法となること。

⑤オーナー経営者の事業承継に役立ち、相続税対策にもなること。

▼デメリット

①株主関係が悪化すると会社運営が混乱する可能性があること。

　➡但し、従業員個人株主にするよりはリスクが低くなります。

②公開へ向けた資本対策の制約条件となる可能性があること。

　➡但し、従業員個人株主にするよりはリスクが低くなります。

③株式市場が無いため、換金性には乏しいこと。

　➡株式上場又はM＆Aによるイグジットを目指すベンチャー企業の場合には、その方針であることを従業員に説明しておくことが考えられます。

④従業員持株会からオーナー経営者が買い戻す場合、原則的な評価方法で買い戻しをしないと贈与税のリスクがあること。

● 2. 従業員持株会のポイント

従業員持株会の組成を検討する場合、民法上の**組合**で設立することが一般的です。

そして、規約を作成する必要がありますが、以下の事項を定めることがポイントになります。

①民法上の組合とすること。

②持株会が株主となり、持株会に加入する従業員が直接株主にならないこと。

③持株会に加入する社員は、持株会から自社株を引出しできないようにすること。

④持株会に加入する社員が退職する場合には、持株から持分の払い戻しで対応すること。

⑤払い戻し金額を、予め定めておくこと。

問題解決のコツ

● 中小企業で従業員持株会を組織するときは注意

株式上場を目指すベンチャー企業が、証券会社の指導等もあり従業員持株会を組成する場合には、信託銀行のアドバイス・指導・スキーム・管理を基に組成されますので、その指示や雛形を活用いただければ、基本的には問題ありません。

一方で、株式上場予定の無い中小企業が税理士の指導のもと従業員持株会を組成する場合、規約の作成等には注意する必要があります。

そのような場合、主に税務的な理由から従業員持株会を組成することになるため、規約も雛形を使って最低限のものしか定めていないことが間々ありますが、株式の管理等には注意する必要があります。

用語の解説

自己株式：会社が有する自己の株式のことです。
従業員持株会：会社が従業員に何らかの便宜を与えて、自社株の取得・保有を推進させる制度です。
組合：何らかの目的で設立された団体のことです。

14 株式を強制的に 買い取る方法は？

～全部取得条項付種類株式 or 株式併合～

あいつの株式を強制的に買い取りたいなぁ……

いくつか方法があるみたいだよ！！

友人同士で株式を持ち合うことの悲劇

学生や友人同士でベンチャー企業を立ち上げた場合、最初は良好な関係で、上場等に向けて同じ気持ちをもっていることが多いです。

その際、互いに結束を強める意味で、全員が取締役かつ株主とすることが少なくありません。

しかし、会社がある程度成長し、従業員等も増えてくると、考え方の違いが創業メンバー同士にも出てくることがあります。

その際、出ていくメンバーが任意に株式を手放してくれるのであれば問題ないのですが、得てしてこういう状況は会社の業績が好調のときこそ起こり得ます。

そのため、会社は辞めるものの、上場のキャピタルゲインを得るためなどを理由に出ていくメンバーが株式は手放さないことが少なくありません。

その場合に強制的に株式を手放させる手段として利用されるのが、**全部取得条項付種類株式**又は**株式併合**です。

会社法のツボ

● 1. 全部取得条項付種類株式とは

全部取得条項付種類株式とは、当該種類の株式について、会社が株主総会の決議によってその全部を取得することができる株式のことです（会社法108条1項7号、171条）。

全部取得条項付種類株式は、会社法施行によって新たに導入されました。

会社法施行前は、同様の制度は存在せず、100％減資をする場合など株主の総入れ替えをするには総株主の同意が必要と解釈されていました。

　しかし、会社再建等で100％減資を条件に出資・融資してくれる会社があった場合に、一部の少数株主が反対するだけで手続が不可能になるなど、円滑な手続が困難でした。

　それを解消することを期待して導入されたのが、全部取得条項付種類株式です。

　一方、後述のとおり、多数決原理で利用できるため、100％減資以外にも利用が可能で、会社にとっては少数株主対策の一方法として非常に重要かつ効力の大きい種類株式です。

　全部取得条項付種類株式の主な特徴は以下のとおりです。

①全部取得条項付種類株式の設定・取得は株主総会の特別決議で決定する。
②取得の対価は別の種類株式や金銭等制限はない。無償取得も可能。
③取得時期に制限はない。

　特に、①が最大の特徴と考えます。特別決議が成立すれば自由に設定できるため、オーナー株主が所定の株式数を保有していれば、オーナーの意思でいつでも発行・取得が可能です。

　この点、オーナー株主の自由に発行が可能なのは株主平等原則に反するのではとの意見もありますが、法律上の規制は現状ありません。

　株主保護のための規定として、反対株主の株式買取請求権（会社法116条1項2号）、取得価格決定の申立（会社法172条）、差止請求（会社法171条の3）や取得対価の財産規制（会社法461条1項4号）があります。

　ですが、買取請求権を行使しても買取価格はともかく終局的には会社に株式買取されますし、財産規制違反も手続無効にはならず、又無償取得の場合にはあまり意味がない規制です。

　そのため、少数株主が、株式を取得されることを防ぐためには、差止請求を行うことが一般的と考えます。これは平成27年改正で新しくできた制度です。

● **2. 定款記載例**

　全部取得条項付種類株式を発行する場合、他の種類株式と同様に、その内容を定款に定め、登記する必要があります。

定款記載例は以下のとおりです。

▼①全部取得条項付種類株式（無償取得の場合）

【例】

第●条　当会社は、株主総会の特別決議で、会社法第171条第1項各号に規定する事項を定めることにより、甲種類株式の全部を無償で取得することができる。

▼②全部取得条項付種類株式（キャッシュ・アウトの場合）

【例】

第●条　当会社が発行する普通株式は、当会社が株主総会の決議によってその全部を取得できるものとする。当会社が普通株式を取得する場合には、普通株式の取得と引き換えに、普通株式1株につき、A種株式を0.○株の割合をもって交付する。

● 3. キャッシュ・アウトへの利用方法

100％減資以外の利用方法で最も多いのが、敵対的少数株主排除でしょう。**キャッシュ・アウト**と呼ばれる手法です。

これは上場企業に限らず、オーナー以外の株主がいる会社であれば、中小企業でも利用が必要になる可能性が常にあります。

既存の株式全てを全部取得条項付種類株式にし、一旦取得するのと同時に、会社が希望する株主のみ新たに株式を引受けするのが基本スキームです。

これによって、会社と敵対する株主は、株主から排除されるので、その後の会社経営がスムーズになるでしょう。

上場会社では、新たに引受けさせるのは金額的にも株主数的にも困難なので、一定の比率の別種類の株式を取得対価とし、その比率未満の株主をまとめて排除するスキームで行っているようです。

その他にも当該会社を100％子会社化する目的でも利用されています。

全部取得条項付種類株式は、会社法施行時から利用方法が着目されていたので、他の種類株式に比べ、実際に利用している会社は多いと思われます。

ですが、株主総会決議内容・実行手続が単に全部取得条項付種類株式を発行するだけでは目的を達成できず、非常にテクニカルで細部にも注意が必要です。

所定の期間を空けて、株券提供公告や反対株主の株式買取請求のための通知が必

要なこと等、株主総会以外の手続も多いです。

全部取得条項付種類株式を発行する場合、通常反対株主がいるでしょうから、これらの手続に漏れがあると、後々反対株主から手続無効等の訴えを起こされる要因となります。

問題解決のコツ

事前備置・事後備置が必要に

平成27年改正に伴い、事前備置・事後備置など組織再編に準じた手続が必要になりました（会社法171条の2、173条の2）。

会社は、事前備置手続として、株主総会日の2週間前の日又は株主に対する通知・公告のいずれか早い日から当該取得日後6ヶ月を経過する日までの間、当該取得に係る株主総会決議事項等（会社法171条、会社法施行規則33条の2）を記載した書面を備置する必要があります。

他方で、当該会社は、事後備置手続として、当該取得日から6ヶ月間、当該取得日等（会社法施行規則33条の3）を記載した書面を備置する必要があります。

上記2点以外に、株式買取請求に関する部分の改正などもあり、平成27年改正前に比べ、手続が煩雑化したので、利用が減少するのではという意見もありますが、筆者としてはそうは考えません。

むしろ、会社法上の手続の透明性が増したことにより、中小企業・ベンチャー企業でも利用しやすくなったのではと考えます。

勿論、平成27年改正だけをもって、中小企業・ベンチャー企業でキャッシュ・アウトが活発化・トラブルの早期解決化となるとは考え難いですが、手続の透明性が増したこと・また平成27年改正後もキャッシュ・アウトの制度が上場企業に限定されなかったことを鑑みれば、これら一連の手続を粛々と進めることにより、金銭（株価）の問題はともかくとしても、手続の不相当さ等を理由とした、株主総会の無効確認訴訟等を事後的に起こされる又は裁判所に認められるリスクは減少するのではと考えます。

全部取得条項付種類株式よりも株式併合が一般的になるかも

平成27年改正に伴い、株式併合にも全部取得条項付種類株式と同様に、反対株主の株式買取請求制度・事前開示・事後開示の手続が整備化されました。

そのため、全部取得条項付種類株式よりも、株式内容がシンプルな株式併合の利

3

用が増えてきていますし、今後も増えていくことが予想されます。

　株式併合の制度自体は、平成27年改正前からあり、平成27年改正によっても株式併合の効果に変更はありません。

　したがって、平成27年改正前であっても、キャッシュ・アウトに活用することは理論上可能でした。

　しかし、反対株主による株式買取請求や取得価格決定の申立が認められていなかったため、少数株主保護の制度が不十分であり、株主総会決議の効力が否定されるリスクが、全部取得条項付種類株式を活用する手法よりも高いとされ、利用されてきませんでした。

　平成27年改正により、この点が解消されたので、株式併合の利用価値が高まったと言えるでしょう。

用語の解説

全部取得条項付種類株式：会社が株主総会の決議によってその全部を取得することを可能とする内容の株式です。

株式併合：出資を伴わず、1株の価値を上げるためなどを理由に、細分化された株式を一つにまとめることです。

株式買取請求権：全部取得条項付種類株式や株式併合に反対する株主が、自己の株式を会社に買取することを請求できる権利です。

取得価格決定の申立：会社と株式買取請求権を行使した株主との間で、買取価格の合意ができなかった場合に、裁判所に価格の決定を申立てることです。

差止請求：一部の株主に対して不利益な方法・目的で実行された全部取得条項付種類株式の実行を中止する旨請求することです。

取得対価の財産規制：取得対価は会社法で定めた分配可能額の範囲内で行う必要があるということです。

キャッシュ・アウト：現金を対価として、少数株主を排除することです。

株券提供公告：株主に対して自己の株券を会社に提出することを求める公告です。

反対株主の株式買取請求：全部取得条項付種類株式や株式併合に反対する株主が、自己の株式を会社に買取することを請求することです。

15 株式を強制的に 買い取る方法は？
～特別支配株主の株式等売渡請求～

全部取得条件付種類株式や株式併合は面倒だなぁ。他に方法ない？

90%の株式を持っていれば、株式等売渡請求が使えるよ！

特別株主の株式等売渡請求の活用法

特別支配株主の株式等売渡請求（以下「**売渡請求**」といいます）は、平成27年改正の新制度です。

3-14節のとおり、オーナー経営者が少数株主の排除を検討する場合、平成27年改正前は、全部取得条項付種類株式を用いるスキームがほとんどでした。

しかし、全部取得条項付種類株式自体は、元々が少数株主排除のために設けられた制度ではなく、特定の株主排除のために使用した場合、濫用的に使用したとみなされ株主総会決議取消しの対象になることがあります。

そこで、平成27年改正において、売渡請求制度を創設し、少数株主排除を正面切って可能とする制度を設けました。

後述のとおり低くないハードルの要件を満たす必要があるものの、要件を満たす場合には、今後第一に考えられる手法かと考えます。

3

会社法のツボ

● 1. 特別支配株主の株主等売渡請求制度とは？

売渡請求は、対象会社の総株主の議決権の90%以上を有する特別支配株主が、他の株主の全員に対して、その有する当該対象株式等の全部を当該特別支配株主に売り渡すことを請求できる制度です（会社法179条）。

その結果、特別支配株主が定めた取得日に、特別支配株主以外が保有している各株主の株式全部（但し、自己株式を除きます）を特別支配株主が取得することになり

ます。

したがって、株主との個別の合意を必要としませんので、非常に便利な制度です。

● 2. 売渡請求の流れ

売渡請求をする場合の一般的な流れは以下のとおりです。

▼売渡請求の一般的な流れ

①特別支配株主から対象会社への通知（会社法179条の2、179条の3）

⬇

②対象会社における承認（会社法179条の3）

取締役会設置会社の場合は取締役会、取締役会非設置会社の場合は取締役の
過半数の決定で足ります。

⬇

③対象会社から特別支配株主への承認通知

⬇

④対象会社から売渡株主等への通知（会社法179条の4）

登録株式質権者に対しては、公告でも足ります。

⬇

⑤事前開示書類の備置（会社法179条の5）

⬇

⑥効力発生＝売渡株主から株式の取得（会社法179条の9）

⬇

⑦事後開示書類の備置（会社法179条の10）

手続開始から取得日まで、最短で約1ヵ月程度で行うことが可能であり、また株主
総会も不要であるため、④のタイミングまで、売渡株主には内緒で手続を進めるこ
とが可能です。

● 3. 全部取得条項付種類株式・株式併合の比較

全部取得条項付種類株式・株式併合（以下「**株式併合等**」といいます）と比較して、
売渡請求のメリット・デメリットは以下のとおりです。

▼メリット

①対象会社の株主総会特別決議が必要なく、株主数の多い会社であれば、対象会社の手続期間が短くなること

②端数株式の処理手続が不要であること

③任意放棄を期待できない新株予約権も強制的に取得することができること

▼デメリット

①90%以上という議決権保有要件が必要であること
単独で保有する必要があります。

②少数株主側が、何らかの手法で争ってきた場合、特別支配株主が訴訟当事者となり、負担が重いこと

問題解決のコツ

●一部の株主に株式を再分配する場合は、税務リスクに注意

90%以上の保有要件が必要であるため、単独で有していない場合、協力してくれる他の株主から、株式譲渡により一旦取得をして90%以上を保有し、売渡請求後に、協力株主には再譲渡して分配することが考えられます。

但し、譲渡に関して税務リスクが無いかどうか、事前に税理士に相談されることをお勧めします。

用語の解説

特別支配株主：原則として、会社の総株主の議決権の90%以上を有する株主のことです。

特別支配株主の株式等売渡請求：特別支配株主が、他の株主又は新株予約権者全員に対して、当該会社の株式又は新株予約権全部を特別支配株主に売り渡すことを請求できる権利のことです。

16 上場を目指す企業における機関設計・定款って？

上場までに何をすべきだろうか？

そろそろ定款を見直す時期かもね

上場準備における定款規定

1-4節で解説したとおり、定款は、会社の戸籍とも言うべき根本規則ですから、定期的な見直しが必要です。

会社の企業規模や役員構成に合わせて適切な修正が必要です。

特に上場を目指すベンチャー企業が、直前期など上場が近くなってきた場合には、証券会社や信託銀行の意見を聞きながら、適切なタイミングで定款変更をしていく必要があります。

その段階で、定款変更を行う場合、株主数が多くなっており、株主総会の開催が容易ではないこともありますから、定時株主総会など株主総会が必須の段階で、漏れ等が無いよう、まとめて変更する必要があります。

会社法のツボ

1. 譲渡制限規定の廃止

上場をする場合、公開会社になる必要がありますので、**譲渡制限規定の廃止**（以下本節において「規定廃止」といいます）は必須です。

しかし、規定廃止をしてしまうと公開会社になってしまい、株式の譲渡が自由になるので、会社にとってはリスクが高いです。

また、上場スケジュールは、計画通りに進まないことも多々あるため、実際に規定廃止をするタイミングは主幹事の証券会社（以下「主幹事証券」といいます）によって若干異なりますが、概ね上場承認を行う直前の申請期において臨時株主総会で規

定廃止をすることが多いです。

　他方で、規定廃止をした場合、取締役・監査役の任期が一旦全員満了しますので（会社法332条7項3号、336条4項4号）、同総会で再任決議が必要となるため、注意が必要です。

2. 取締役の任期

　上場が近くなっている段階では、少なくとも取締役会・監査役を設置し、取締役の任期も10年から2年ないしは4年（監査役は4年）程度に変更している会社がほとんどかと思います。

　取締役を2年・監査役を4年としている会社は、上場にあたって任期変更は必須ではありません。

　しかし、上場会社の場合、取締役の任期を1年としている会社も少なくないため、自社がそうする必要があるかどうか、主幹事証券と相談の上、決める必要があります。

　その理由は、管理体制などさまざまですが、大きな理由の一つに、剰余金の配当を取締役会決議で行うことができる旨の定款の定めを置くための要件として、取締役の任期を1年とする必要があることがあげられます（会社法459条）。

3. 監査役会の設置

　上場会社の場合には、原則として**監査役会**が必要なので、タイミングは会社によって様々ですが、直前期の定時株主総会か、遅くとも申請期のなるべく早い段階での臨時株主総会で設置します。

　その際に、責任免除規定や責任限定契約の内容の見直し（もし、まだ定めていなければ設置）を行うといいでしょう。

　監査役会を設置するタイミングで監査役を3名（うち2名以上は社外監査役）にすることが多く、追加選任や一部交代をすることもあるため、責任免除規定・責任限定契約の内容を当該監査役の要望等に合わせて修正する必要があるケースも少なくないからです。

4. 会計監査人の設置

　上場会社でも上場直後は資本金が5億円に満たない会社は少なくありません。

　その場合には、会社法上の**大会社**ではないため、会社法上は会計監査人の設置義

3

務はありません。

　しかし、上場に際しては必須であるため、監査法人を**会計監査人**として設置します。

　場合によっては、上場前にベンチャーキャピタル（VC）からの資金調達が多い会社は、その前に資本金が5億円を超えていることがあるので、その場合には早い段階で会計監査人を設置していることがあります。その場合には、上場直前では特段の対応は不要です。

● 5. 株主名簿管理人の設置

　上場会社の場合、**証券保管振替機構**の**振替株式**となるため、信託銀行を**株主名簿管理人**として設置することが必須です。

　VCからの資金調達が多く株主数が上場前から多い会社の場合には、早い段階で株主名簿管理人と委託契約を締結することになるため、その場合には、上場直前では特段の対応は不要です。

● 6. 単元株式の設定等

　上場会社の場合、1単元の株式を100株とすることが推奨されています。

　また、単元未満株式の権利規定や自己株式の取得規定など、付随して変更を検討する事項があります。

問題解決のコツ

● 上場前に定款全体の見直しを

　上場をすると株主数も多くなり、めったに定款変更をすることがなくなり、困難にもなります。

　したがって、上場前のこのタイミングが定款をじっくり見直しする最後のタイミングですので、慎重に検討しましょう。

用語の解説

公開会社：株式譲渡制限規定が全部又は一部の株式に設定されていない会社のことです。
譲渡制限規定の廃止：株式の譲渡制限規定に関する定款の定めを削除することです。

監査役会：3人以上の監査役（うち半数以上は社外監査役であることを要します）によって構成される監査機関の会議体のことです。

申請期・直前期：株式上場を目指す会社において、株式上場をする事業年度を申請期と言います。その一期前を直前期と言います。

大会社：最終事業年度に係る貸借対照表に資本金として計上した額が5億円以上又は負債として計上した額が200億円以上の会社のことです。

会計監査人：主に大会社の計算書類等を監査する機関のことです。公認会計士又は監査法人のみが就任可能です。

証券保管振替機構：株式等振替制度を運営する日本で唯一の振替機関のことです。金融市場における決済機能を担っています。

振替株式：株式等振替制度の適用のある株式です。

株主名簿管理人：会社から委託を受けて会社の株主の名義書換等の管理を行う者のことです。通常は会社と委託契約を締結した信託銀行が就くことが多いです。

単元株式：議決権を行使することができる株主の保有株式数を一定割合に制限する旨を定款に定めることです。

3

条文

会社法332条7項3号　（取締役の任期）

1～6　省略

7　前各項の規定にかかわらず、次に掲げる定款の変更をした場合には、取締役の任期は、当該定款の変更の効力が生じた時に満了する。

　1　監査等委員会又は指名委員会等を置く旨の定款の変更

　2　監査等委員会又は指名委員会等を置く旨の定款の定めを廃止する定款の変更

　3　その発行する株式の全部の内容として譲渡による当該株式の取得について当該株式会社の承認を要する旨の定款の定めを廃止する定款の変更（監査等委員会設置会社及び指名委員会等設置会社がするものを除く。）

会社法336条4項4号　（監査役の任期）

1～3　省略

4　前3項の規定にかかわらず、次に掲げる定款の変更をした場合には、監査役の任期は、当該定款の変更の効力が生じた時に満了する。

　1～3　省略

　4　その発行する全部の株式の内容として譲渡による当該株式の取得について当該株式会社の承認を要する旨の定款の定めを廃止する定款の変更

17 決算公告って必要なの？

赤字だから恥ずかしいな……決算公告ってしなきゃいけないの？

決算公告していない会社は、少なくないらしいよ

中小企業には存在がほぼ知られていない決算公告

　株式会社は、**決算公告**をする必要があるものの、多くの中小企業は、決算公告を実施していませんし、仮にしていたとしても掲載紙が官報であることが多いので、取引先等が閲覧している可能性は低いでしょう。

　会社設立等の相談を受けていると、流行りもあってホームページを公告方法にしたいという希望もありますが、筆者は原則として避けるようアドバイスしています。貸借対照表を全文公告するというデメリットがあるからです。

会社法のツボ

● 1. 決算公告とは

　定時株主総会後遅滞なく、定時株主総会で承認を受けた又は会計監査人設置会社の特則により報告事項とした計算書類（後述するとおり、企業規模や公告方法に応じて、開示の必要な事項が変わります）を公告する必要があります。これを一般的には決算公告といいます（会社法440条）。

　決算公告は、株主や債権者等の利害関係人に対し、会社の計算書類を公告することにより、その内容を周知させ、不測の事態の回避や取引の円滑、安全を確保することを目的としています。

2. 決算公告の方法

決算公告は、原則として定款に定めた公告方法で行う必要があります。公告方法は大きくわけて①官報、②日本経済新聞等の日刊新聞紙、③自社HP等の電子公告、の3種類です。

通常、中小企業であれば、費用が一番安価なので、公告方法は官報としているところがほとんどだと思われます。筆者が今まで見た限りでも上場企業及びそれに準ずる規模の企業を除けば、9割以上の会社が公告方法を官報としています。

他方で、上場企業及びそれに準ずる企業の場合は、多くが日刊新聞紙又は電子公告 (ちなみに、上場企業の場合は官報を公告方法とすることはできません) を公告方法としています。

但し、上場企業の場合は、**有価証券報告書**を提出し、**EDINET**で公開されますので、別途決算公告は不要です。とはいえ、自社のIRページに情報を掲載するのが一般的です。

なお、官報の費用が一番安価と述べましたが、決算公告に限れば、後述のとおり調査機関の調査が不要なので、自社HPの電子公告の方が安価でしょう (HPの管理費用等はもちろん必要ですが、自社HPを有している会社であれば公告を行うかどうかに限らずそれらの費用は必要だからです)。

また、公告方法を官報又は日刊新聞紙としつつ、貸借対照表の開示のみ自社HP等の電磁的方法による開示を行うことも可能です (会社法440条3項)。

この方法によれば、定款に定めた公告方法による決算公告が不要になるため、トータルの費用面でいえば一番安価な方法ですが、後述のとおりメリット・デメリットがあるので、その点もふまえて検討する必要があります。

3. 電子公告のメリット・デメリット

インターネット社会である現在、自社HPを有している会社も多くなったため、電子公告制度 (自社HPによる貸借対照表等計算書類の開示を含みます) を採用する会社が多くなりました。

そのメリット・デメリットは以下のとおりです。

▼メリット

①自社HPを開設している会社の場合は、会社の都合に合わせて、いつでも公告の日を選ぶことができること。

官報や日刊新聞紙は申込から掲載まで1～2週間程度必要です。

②インターネットに接続された端末さえあれば、HPに公告が掲載されている期間は、日本国内だけでなく、世界中からいつでも閲覧可能であること。

これは公告内容によっては良し悪しかもしれません。官報は国立印刷局が発行する新聞なので、一般の人が目にする機会はほとんど無いかと思われます。

③決算公告は調査機関の調査が不要なので、特段費用がかからないこと。

一番安価な官報の場合でも、最低額で約6万円の掲載料を官報販売所に支払う必要があります。

▼デメリット

①決算公告を除き、公告について、調査機関による調査が必要なため、調査費用を支払う必要があること。

調査機関については、法務省のHPで公開されています。

https://www.moj.go.jp/MINJI/minji81-05.html（電子公告調査機関一覧）

調査費用は、1回20万円程度なので、日刊新聞紙（1回50万円～100万円程度）よりは安価ですが、官報（1回6万～10万円程度）よりは高くなります（但し、近年は調査機関が増えたため、調査費用が安価になっている傾向です）。

②第三者による公告データの改ざん、ウィルス等に対するセキュリティが必要であること。

官報及び日刊新聞紙であれば特定の日に1回掲載すれば足りますが、電子公告の場合は継続して一定の期間公告し続ける必要があります。

そのため、外部の目に触れる機会も多く、意図しない妨害を受ける可能性も否定できません。

③決算公告の場合、その全文を5年間継続して公告する必要があること。

官報及び日刊新聞紙の場合、その要旨を公告すれば足ります。

全文とは、上場会社とほぼ同様の事項（詳細な項目・個別注記表等）を開示する必要があるため、手間がかかります。

さらには、詳細な事項を開示するため、会社にとって他社の目に触れられたくない財務情報まで開示することになりかねないので、ご注意ください。

問題解決のコツ

●決算公告は本来は行うべき

現状、決算公告は株式会社であれば会社法上の義務（会社法440条）であるにもかかわらず、多くの中小企業が実際には決算公告を行っていないかと思われます。

それは、会社法上は決算公告を怠ると会社代表者が100万円以下の過料の制裁を受けると定めてあるものの（会社法976条2号）、実際に過料の制裁を受けた事例が無いことが原因であると考えられます（実際には過料の実例もあるのかもしれませんが、少なくとも筆者はそのようなケースを聞いたことがありません）。

しかしながら、最低資本金制度の撤廃等により、株式会社の設立が容易になったことから、法令遵守・情報開示が強く求められるのは、何も上場企業だけではありません。

決算公告を行わないことが、今後は会社の信用や評価を下げることにもつながる恐れもあるでしょうし、国が過料の制裁を積極的に行うことも考えられます。

そうであれば、決算公告を軽視するのは危険です。合併の場合等、手続上必要になった場合にやむを得ず行うのではなく、定時株主総会後の作業の1つとして決算公告を習慣づけるようにして欲しいと考えます。

用語の解説

有価証券報告書：金融商品取引法に基づき、上場企業が事業年度ごとに作成する企業内容の外部への開示資料のことです。
EDINET：有価証券報告書等の開示書類に関する電子開示システムの略称のことです。
決算公告：定時株主総会で承認等を受けた計算書類を公告することです。
官報：国が発行する機関紙です。
貸借対照表：計算書類の一つであり、資産・負債・純資産の部から構成される表です。

会計参与って実際置いている会社はあるの？

会計参与って誰がなるの？

税理士や公認会計士みたいだね

会計参与の意義

会計参与を設置すると、当然報酬を支払う必要があります。親族が取締役となる場合と異なり、会計参与のなり手は税理士等の専門家なので、無報酬というわけにはいかないでしょう。

したがって、コストが増加するので、会計参与を設置する際には顧問税理士と相談の上、判断されることをお勧めします。

多くのケースは会計参与を設置する場合、顧問税理士の方が兼任されることになるのではないでしょうか。

会計参与は他の国にはない日本特有の制度です。

したがって、まだまだこれからいかようにも発展しうる制度といえます。

ベンチャー企業のように、外部資本を注入し、かつ株式上場前から株主総会等において、外部株主・金融機関に対して説明が必要な機会がある会社には利用価値が少なからずあるのではと考えます。

但し、残念ながら、会計参与を設置しているという会社は、今までの筆者の経験でも1社しかありません。

会社法のツボ

● 1. 会計参与とは

会社法の施行により、**会計参与**という新たな機関を設置できるようになりました。

会計参与とは、経営者と共同名義で会社の貸借対照表等計算書類を作成する専門

家であり、公認会計士又は税理士でないと就任することができません（会社法333条）。

　どの規模の株式会社（以下「会社」といいます）であっても原則として会計参与設置義務は無く、かつ監査役と異なり専門家である必要があるため、会社法施行直後に会計参与を設置する会社は多くなかったでしょう。

　しかし、会計参与を導入した中小企業に対し融資条件を優遇する金融機関が出てきたことや、公認会計士協会・税理士会連合会が行動指針を公表し、かつ会計基準の改正に合わせて随時改正を行うことにより、企業でも注目度が高まってきています。

　また、当初は公認会計士・税理士の間でも就任に消極的であった会計参与ですが、近年では筆者の知り合いでも会計参与に就任したという話を耳にするようになってきました。特に顧問税理士と兼任が可能な税理士では、顧問先にオプションの1つとして提案されている方もいるようです。

3

● 2. 会計参与設置のメリット

　会計参与設置のメリットとしては、以下の点が考えられます。

　会社法上、会計参与を設置することによって、免除される行為は無いので、あくまで事実上の視点からのメリットです。

▼会計参与設置のメリット

　①会計参与を設置することにより計算書類の正確性が向上すること。

　②会社に対する信頼性がより確保されること。

　③金融機関からの融資などが受けやすくなること。

　④貸出金利の優遇措置を受けられる金融機関があること。

　会計参与の設置は登記事項ですので、計算書類の作成に会計参与が関与していることを対外的に公示し、信頼性を増大させることが可能です。

　近年、金融機関は、融資に際し人的担保・物的担保に頼りすぎているという批判を受けており、また競争激化とともに、融資先に格差を設ける傾向にあります。

　会計参与設置により、利益等を優遇するのもその一環であり、会計参与が今後より普及すれば、このような金融機関が今後も増加すると考えられます。

残念ながら、現時点では大手銀行・都市部の銀行で優遇措置が積極的に行われているとは言いがたい状況（中小企業庁のHP参照）ですが、不況の現在であれば、より融資状況は厳しいので、会計参与設置が融資判断をする上でのオプションの1つになることも充分にありえることではないでしょうか。

● 3. 会計参与の職務

会計参与を設置した会社が、会計参与に依頼できる主なことは以下のとおりです。

▼会計参与の職務

①計算関係書類につき、取締役との共同作成（会社法374条1項）
②会計参与報告の作成（会社法374条1項）
③計算関係書類を承認する取締役会への出席と意見の陳述（会社法376条）
④株主総会での株主からの質問に対する説明（会社法314条）
⑤計算関係書類・会計参与報告の備え置き並びに株主等への開示（会社法378条）
⑥取締役の職務執行に関し不正等重大な事実があることを発見した際に監査役への報告（会社法375条）

特に①につき、取締役と共同して計算関係書類を作成するので、作成に際しては、取締役と会計参与の意見が一致している必要があります。

どうしても意見が一致しなかった場合には、会計参与に辞任（又は解任させる）してもらう等の措置が必要になるので、ご注意ください。

問題解決のコツ

●会計参与の行動指針もある

日本税理士会連合会及び日本公認会計士協会が、平成18年4月に会計参与の行動指針を作成し、その後も実務に合わせて何度か改訂作業を行っています。

中小企業を中心に活用が望まれるところです。

●会計参与設置会社の優遇措置

会計参与設置会社を対象とした融資商品を扱っている金融機関も増えてきています。関東圏では埼玉りそな銀行が、それ以外は地方の銀行や信用金庫が中心ですが、それらをメインバンクにしているところは、顧問税理士などと相談の上、会計参与の導入も検討されても宜しいかと考えます。

会計参与：取締役と共同して計算書類などを作成する職務を担う者のことです。公認会計士、監査法人又は税理士、税理士法人のみが就任可能です。

条文

会社法314条 （取締役等の説明義務）

　取締役、会計参与、監査役及び執行役は、株主総会において、株主から特定の事項について説明を求められた場合には、当該事項について必要な説明をしなければならない。ただし、当該事項が株主総会の目的である事項に関しないものである場合、その説明をすることにより株主の共同の利益を著しく害する場合その他正当な理由がある場合として法務省令で定める場合は、この限りでない。

会社法333条 （会計参与の資格等）

1　会計参与は、公認会計士若しくは監査法人又は税理士若しくは税理士法人でなければならない。

2　会計参与に選任された監査法人又は税理士法人は、その社員の中から会計参与の職務を行うべき者を選定し、これを株式会社に通知しなければならない。この場合においては、次項各号に掲げる者を選定することはできない。

3　次に掲げる者は、会計参与となることができない。

　　1　株式会社又はその子会社の取締役、監査役若しくは執行役又は支配人その他の使用人

　　2　業務の停止の処分を受け、その停止の期間を経過しない者

　　3　税理士法（昭和26年法律第237号）第43条 の規定により同法第2条第2項 に規定する税理士業務を行うことができない者

会社法374条1項 （会計参与の権限）

1　会計参与は、取締役と共同して、計算書類（第435条第2項に規定する計算書類をいう。以下この章において同じ。）及びその附属明細書、臨時計算書類（第441条第1項に規定する臨時計算書類をいう。以下この章において同じ。）並びに連結計算書類（第444条第1項に規定する連結計算書類をいう。第396条第1項において同じ。）を作成する。この場合において、会計参与は、法務省令で定めるところにより、会計参与報告を作成しなければならない。

会社法376条 （取締役会への出席）

1　取締役会設置会社の会計参与（会計参与が監査法人又は税理士法人である場合にあっては、その職務を行うべき社員。以下この条において同じ。）は、第436条第3項、第441条第3項又は第444条第5項の承認をする取締役会に出席しなければならない。この場合において、会計参与は、必要があると認めるときは、意見を述べなければならない。

2　会計参与設置会社において、前項の取締役会を招集する者は、当該取締役会の日の1週間（これを下回る期間を定款で定めた場合にあっては、その期間）前までに、各会計参与に対してその通知を発しなければならない。

3　会計参与設置会社において、第368条第2項の規定により第1項の取締役会を招集の手続を経ることなく開催するときは、会計参与の全員の同意を得なければならない。

3

第4章 上場企業の場合

1 執行役員制度を導入 したいのだけど？

執行役員って役員なの？

会社法上の役員ではないらしいよ

執行役員のメリット

近年、**執行役員**を置く上場企業が増えてきました。

制度の活用方法は、企業によって様々ですが、大きくは「従業員の最上級の地位としての扱い」「取締役の一歩手前の役員としての扱い」「またそのミックスした扱い」の3パターンに分かれます。

どのパターンで制度採用をするかは、執行役員規程で予め定める必要があります。単なる雛形を使って見切り発車をしないように注意しましょう。

主な活用方法としては、全国展開をする企業が、支店ごとの責任者を執行役員とし、登記簿上に記載される取締役の数を少なくするなどの例が見受けられます。

会社法のツボ

● 1. 執行役員制度とは？

会社法上の「**執行役**」と「**執行役員**」とは別物であり、執行役員は、会社法上の制度ではありません。

執行役員制度は、会社法施行前から、経営の意思決定の迅速化・意思決定機能と執行機能の分離及び執行責任の明確化、戦略経営の強化などを目的として、また増えすぎた取締役を一部退任させ適正規模とするため退任した取締役の役職として、多くの企業で採用されてきました。

2. 執行役員の身分

執行役員は、経営における業務執行を担う点においては取締役と同じですが、任意制度であるため、その身分は会社によっても異なり、その身分の違いを一概に述べることはできず、会社との法律関係は「**委任型**」と「**雇用型**」・その「**混合型**」があるとされています。

なお、会社法上の役員ではないため、**株主代表訴訟**の対象にはなりませんし、登記の対象ともなりません。

3. 導入方法

執行役員制度は、会社法においては特段定めがないので、そのため通常の会社では、執行役員の待遇を決め、必要な諸規定を導入すれば、設置可能と考えられます。

執行役員制度の導入にあたって、最も大事なポイントは、その会社にとって、なぜ導入するのか？　という目的をまず明確にすることです。

単なる役員のスリム化に留まらず、より積極的に内部統制を充実させるために、経営体制強化をどのようにするのかという点を明確にするのが好ましいと考えます。

2. で述べたように、委任型等どのタイプを採用するのかも、この目的が明確にならないと判断が難しいと言えます。

それぞれの会社の実情に見合った経営体制の改革のために、執行役員も含めた各役職の位置づけを明確にすることは、実際の導入後に起きるトラブルなどを解決するためのメルクマールにもなり得ます。

この点は法律判断ではなく、経営判断ですから、取締役会にて充分に議論を重ねてから導入手続に入るべきです。

そして、実際に執行役員制度を導入するとなった場合に、企画・立案・検討段階において決めるべき項目は概ね以下のとおりと考えます。

4

①執行役員制度導入の目的

　・執行役員の定義付け

　・雇用型か？　委任型か？　混合型か？

②執行役員制度の形態

　・人数

　・取締役との兼務の有無

③執行役員の職務分担

　・執行役員の職務権限、範囲と責任

　・執行役員会の設置の有無

　・執行役員の監督・管理体制

④執行役員の待遇

　・給与、退職金、任期など

　・従業員退職金との調整など

⑤執行役員制度の実施に必要な規程案の作成

⑥導入スケジュールと段取り

問題解決のコツ

●導入時には、株主総会の承認を得た方がベター

　執行役員制度の導入にあたって、株主総会決議は必須の要件とまでは言えません。

　そもそも執行役員制度自体、会社法に条文が無いため、導入手続の法規制は原則としてありません。

　しかし、多くの企業は、取締役人数の大幅削減に伴って執行役員制度を導入するという関係にあるため、株主総会等で何らの説明・承認もなく、株主総会で選任された役員が大量に辞任し、株主総会で承認をしていない執行役員にスライドするというのは、株主の意思に反する可能性も否定できません。

　特に委任型の場合には、従業員ではないため、取締役に準じ、個別の選任決議までは不要であっても、委任型で制度を導入することにつき、株主総会の承認を得ておくことは好ましいことと考えます。

●登記されていないからこそ改選期には注意

　執行役員の任期は、会社法の定めがないため、執行役員規則などで定め、それに従うことになります。

したがって、取締役と異なり、「定時株主総会の終結時」を任期満了日とする必要はなく、単に「2年」・「1年」とすることも可能です。

　特に、グループ会社の子会社で執行役員制度を導入している場合、子会社役員の人事等の関係で、事業年度の開始日（例えば3月決算であれば4月1日）を効力発生とし、定時株主総会ではなく、事業年度の開始日に子会社の役員変更を行う会社は少なくありません。

　そして、1年など定時株主総会を基準時としていない執行役員は、そのタイミングで再任が必要となることが一般的ですから、再任手続の漏れ等が無いよう、管理にはご注意ください。

　取締役であれば、登記を依頼している司法書士から改選期等の案内が定期的に来るかもしれませんが、執行役員は登記が不要であるため、司法書士の管理外であることが多く、自社で管理をする必要がありますので、ご注意ください。

　1年任期であれば、毎年再任手続が必要なので、忘れにくいですが、2年など一定期間の任期がある場合には、登記事項証明書からは改選期が判明しませんので、エクセル等で一元管理することをお勧めします。

4

> **用語の解説**
>
> **執行役員**：執行役員制度を採用している会社が、経営の意思決定の迅速化等を目的として置く役職のことです。
> **株主代表訴訟**：株主が、会社を代表して取締役等の役員に対して損害賠償請求等の法的責任を追及する訴訟のことです。

会計監査人を置く必要がある会社って？

会計監査人って、どんな会社が置くの？

大会社は必要だよ

上場会社なら必須の機関＝会計監査人

会社法上、**会計監査人**の設置が必須となるのは、原則として**大会社**です。

しかし、上場企業の場合、監査法人の監査を上場前から受ける必要があり、遅くとも上場の申請期の段階で、会計監査人を設置する必要があります。

上場企業の場合、上場直後は資本金が5億円未満の会社が少なくないため会社法上の大会社ではない企業も少なくありませんが、資本金の大小に関わらず必要です。

会計監査人に支払う報酬は決して安くありませんが、重要な上場コストの一つとして、認識しておく必要があります。

会社法のツボ

● 1. 会計監査人とは

会計監査人は、株式会社の計算書類及びその付属明細書等を監査する機関であり、**会計監査報告**を作成します（会社法396条、会社法施行規則110条）。

会計監査人が監査し、問題がないと判断された計算書類については、定時株主総会で承認を得る必要がなく、報告をすれば足ります（会社法439条）。

会社法施行後は、会計監査人を設置した場合には、会計監査人設置会社である旨及び当該会計監査人の名称を登記する必要があります（会社法911条3項19号）。

また、大会社又は監査等委員会設置会社・指名委員会等設置会社（以下「大会社等」といいます）は、会計監査人を置く必要があります（会社法327条5項、328条）。

他方で、大会社等以外の会社であっても、定款に会計監査人設置会社である旨を

定めれば、任意で会計監査人を置くことが可能です。

　会計監査人を置くメリットは、計算書類の正確性を確保し、かつ金融機関等外部に対する信用性をアピールできることです。

　具体的に上場準備を計画しているベンチャー企業などでは、早い段階から上場準備の推進を目的として計算書類の適正さを確保する必要もあるでしょうから、会計監査人設置を検討して宜しいかと考えます。

　但し、会計監査人は監査法人又は公認会計士である必要があります（会社法337条1項）。

　したがって、会計監査人設置に伴うコスト（報酬等）を鑑みて、設置するかどうかを検討する必要があります。

● 2. 会計監査人設置の手続

　大会社等会計監査人の設置が強制される場合も含めて、会計監査人を設置する場合の一般的な手続は以下のとおりです。

4

①**会計監査人設置の定款変更及び会計監査人選任の旨の株主総会決議**
②**監査契約の締結（会計監査人の就任承諾）**
③**登記申請**

● 3. 会計監査人の再任手続

　会計監査人の任期は、選任後1年内に終了する事業年度のうち最終のものに関する定時株主総会が終結する時までです（会社法338条1項）。つまり、定時株主総会毎に任期が満了し、再任手続が必要になります。

　但し、別の監査法人を会計監査人に選任する等現在の会計監査人を再任しない場合を除き、定時株主総会終結時点で現在の会計監査人の再任決議がされたものとみなされます（以下「**みなし決議**」といいます。会社法338条2項）。

　したがって、再任の場合には、定時株主総会で再任決議をする必要がありません。

　しかし、再任の場合であっても、当該会計監査人の再任登記は必要です。

　そのため、毎年定時株主総会後に、会計監査人の再任登記が必要になるため、ご注意ください。

　また、会計監査人との監査契約についても、みなし決議の場合に契約を同一内容で更新（又は延長）する旨の定めを当該監査契約書に記載していない限りは、毎年契

約を締結する必要があります。

● 4. 有限責任監査法人制度の新設

　公認会計士法の一部が改正され（平成20年4月1日施行）、有限責任形態の監査法人制度が創設されました。

　これに伴い、既存の監査法人が有限責任制度を採用する場合、その名称中に「有限責任」を記載しなくてはならず、名称変更する必要があります。

　そのため、自社の会計監査人が有限責任制度を採用して名称変更した場合、会計監査人の名称の変更登記をする必要があります。

　変更登記については、当該会計監査人から申請することはできず、会計監査人を設置している各会社で法務局に申請しなくてはならないので、ご注意ください。

［問題解決のコツ

● 適切な会計処理を社内で徹底する

　不正会計問題など、会計監査人となっている監査法人の不正・会社自体の不正など、上場会社でも粉飾会計に関するニュース・トラブルが後を絶ちません。

　これは上場会社特有の問題ではなく、中小企業でも多かれ少なかれ、会計処理に全く問題が無い会社というのは極めて少ないという印象です。

　筆者の経験上、上場準備の段階で、過去の会計処理に誤りがあり、過年度決算の修正という形で、修正処理を行う企業は少なくありません。

　これを防ぐためには、税務のための決算書類を作る税理士のみに一任するのではなく、会計面も見れる税理士か、ないしは税理士とは別に相談できる監査法人を、可能な限り早期の段階で依頼し、適切な会計処理を社内全体に染み付けることが重要と考えます。

用語の解説

会計監査人：主に大会社の計算書類等を監査する機関のことです。公認会計士又は監査法人のみが就任可能です。
会計監査報告：会社計算規則所定の事項を記載した、会計監査人が作成する監査結果の報告書です。
監査等委員会設置会社：監査役や監査役会が無い代わりに取締役を構成員とする監査等委員会を設置した会社です。

指名委員会等設置会社：執行役に業務執行権を与え、社外取締役が過半数を占める三委員会を設置した会社です。

みなし決議：定時株主総会において、選任決議をしなくとも会計監査人が再任されたものとみなされることです。

監査契約：会社と会計監査人との間で締結する、監査報酬等を定めた契約のことです。

有限責任監査法人制度：有限責任形態の監査法人のことです。

条文

会社法396条 （会計監査人の権限等）

1　会計監査人は、次章の定めるところにより、株式会社の計算書類及びその附属明細書、臨時計算書類並びに連結計算書類を監査する。この場合において、会計監査人は、法務省令で定めるところにより、会計監査報告を作成しなければならない。

2　会計監査人は、いつでも、次に掲げるものの閲覧及び謄写をし、又は取締役及び会計参与並びに支配人その他の使用人に対し、会計に関する報告を求めることができる。

  1　会計帳簿又はこれに関する資料が書面をもって作成されているときは、当該書面

  2　会計帳簿又はこれに関する資料が電磁的記録をもって作成されているときは、当該電磁的記録に記録された事項を法務省令で定める方法により表示したもの

3　会計監査人は、その職務を行うため必要があるときは、会計監査人設置会社の子会社に対して会計に関する報告を求め、又は会計監査人設置会社若しくはその子会社の業務及び財産の状況の調査をすることができる。

4　前項の子会社は、正当な理由があるときは、同項の報告又は調査を拒むことができる。

5　会計監査人は、その職務を行うに当たっては、次のいずれかに該当する者を使用してはならない。

  1　第337条第3項第1号又は第2号に掲げる者

  2　会計監査人設置会社又はその子会社の取締役、会計参与、監査役若しくは執行役又は支配人その他の使用人である者

  3　会計監査人設置会社又はその子会社から公認会計士又は監査法人の業務以外の業務により継続的な報酬を受けている者

6　指名委員会等設置会社における第2項の規定の適用については、同項中「取締役」とあるのは、「執行役、取締役」とする。

会社法439条 （会計監査人設置会社の特則）

会計監査人設置会社については、第436条第3項の承認を受けた計算書類が法令及び定款に従い株式会社の財産及び損益の状況を正しく表示しているものとして法務省令で定める要件に該当する場合には、前条第2項の規定は、適用しない。この場合においては、取締役は、当該計算書類の内容を定時株主総会に報告しなければならない。

会社法911条3項19号 （株式会社の設立の登記）

1～2　省略

3　第1項の登記においては、次に掲げる事項を登記しなければならない。

  1～18　省略

  19　会計監査人設置会社であるときは、その旨及び会計監査人の氏名又は名称

（省略）

4

3 監査等委員会を置くメリットは?

監査役会と何が違うの?

監査を取締役がするんだよ

増えていく監査等委員会設置会社

監査等委員会設置会社は、平成27年改正で新設された制度です。

4-4節で記載した**指名委員会等設置会社**と**監査役会設置会社**の中間の制度といってもいいでしょう。

監査役や監査役会がなく、代わって、取締役を構成員とする監査等委員会が設置される機関設計です。

平成28年1月31日現在、監査等委員会設置会社への移行を開示した上場会社は約300社と確認されています。

筆者としては、思った以上に多いという印象ですが、それだけ新制度の期待値の表れかと考えます。筆者のクライアントでも移行を検討しているところはあり、今後も移行する会社はさらに増えるのではと思います。

会社法のツボ

● 1. 監査等委員会設置会社とは

平成27年改正によって新設された監査等委員会設置会社の特徴を一言でいえば、監査役や監査役会がなく、代わって、取締役を構成員とする監査等委員会が設置される機関設計です(会社法399条の2など)。

他の制度と比較すると表のとおりです。

大まかに言うと、監査役会設置会社の取締役会の中に監査役会を取り込み、監査役に取締役を兼務させたものというイメージでしょうか。

監査等委員会の機能面に着目すると、監査範囲や監査方法など、指名委員会等設置会社の監査委員会が下敷きとなっていることがわかります。

他方、監査を行う者の地位の強化という観点からは、選任方法や任期など、監査役会設置会社の監査役・監査役会との共通点が認められます。

したがって、平成27年改正でできた新制度というよりも、会社法施行後、監査役会設置会社と指名委員会等設置会社が、それぞれ抱えてきた問題点を極力解消するための折衷的な制度という印象です。

▼比較表

	監査等委員会設置会社	監査役会設置会社	指名委員会等設置会社
監査機関	監査等委員会	監査役会	監査委員会
構成員	3人以上の取締役（監査等委員）	3人以上の監査役	3人以上の取締役（監査委員）
社外役員	過半数は社外取締役	半数以上は社外監査役	過半数は社外取締役
選任方法	株主総会にて他の取締役と区別して選任する	株主総会で選任する	取締役の中から取締役会で選任する
任期	監査等委員：2年 他の取締役：1年	監査役：4年	監査委員も含め取締役：1年
監査範囲	適法性＋妥当性監査	適法性監査	適法性＋妥当性監査
監査方法	内部統制システム	実監査	内部統制システム
常勤	常勤者の設置は任意	常勤者の設置は必須	常勤者の設置は任意
独任制	なし	あり	なし
業務執行者	業務執行取締役	業務執行取締役	執行役

4

● 2. 監査等委員会設置会社に移行する場合の検討事項

監査等委員会設置会社に移行する場合、一般的には以下の事項を検討する必要があると考えます。

①移行のための制度設計

会社の経営体制については、各社の実情に応じた検討がされるべきですが、監査等委員会設置会社に移行する際、監査を担当する取締役に取締役会における議決権をどのレベルで与えるかは、一つの判断のポイントになると考えます。

特に、重要な業務の決定に関する取締役会の権限を取締役に委任するかどうかは、

最も重要なポイントと考えます。

②移行のための手続

　移行のための手続として主に必要となるのは、移行スケジュールの作成・適時開示対応・株主総会・登記手続です。

　移行に際しては、自社の実情にてらして、どのように株主等に対して説明するのかを検討する必要があります。

③必要書類の作成

　移行のために必要となる書類としては、主に株主総会において承認されるべき定款変更の内容の決定・取締役会規則等の社内規程の対応・継続的な開示事項の検討になるかと考えます。

　会社法だけでなく、金融商品取引法及び金融商品取引所規則もふまえて、検討する必要があります。

④役員人事に関する事項

　役員人事において必要となる事項は、社外取締役候補の選定・社外取締役のための社内環境整備・責任限定契約の締結やD&O保険の再確認・監査役の処遇になると考えます。

　会社によっては、社外監査役であった者を監査等委員である取締役に横滑りすることになるかと考えます。

問題解決のコツ

●移行時の検討ポイント

　まだまだできたばかりの新制度であるため、運用面などの問題点が浮き彫りになるのはこれからと考えます。

　それでも日本にできた新しいガバナンスの形として、期待をし、着目をしていきたいと考えます。

　監査役会設置会社から監査等委員会設置会社に移行することを積極的に検討する理由として、以下の点が考えられます。

　これらの点を鑑み、自社にとって監査等委員会設置会社に移行することが適切かどうか、検討するのが宜しいかと考えます。

①社外取締役の複数化・監査機能の強化＝コーポレート・ガバナンスの強化

社外取締役が複数いることにより、取締役会において社外者を意識した説明が必要になるでしょう。

この監督機能が正常に働くことにより、業務執行取締役としても責任追及を受けるリスクが減少されると考えます。

また、監査等委員の監査は、適法性だけでなく妥当性にも及ぶため、監査役よりも監督機能が強化されると考えます。

②役員構成の最適化

監査役会設置会社において社外取締役を選任すると、社外監査役最低2名と合わせ、社外役員が3名以上となり、会社の規模や性質によっては、社外役員に余剰感が生じます。また、人選も確保するのも大変でしょう。

監査等委員会設置会社において、求められる最低限の社外役員は、監査等委員である社外取締役2名であるので、そのような事態を避けることが可能となります。

③株主に対する透明性の向上

海外の投資家を中心に、日本の監査役制度はわかりにくく、社外取締役が存在しないことにより、不透明であると捉えられています。

監査等委員会設置会社を採用することにより、複数の社外取締役の選任が義務化され、また監査を担当する監査等委員に取締役会における議決権が付与されることにより、会社のコーポレート・ガバナンスに対する海外の投資家の理解が得やすくなることが期待されています。

④監査等委員会による取締役の任務懈怠推定規定の適用排除

監査等委員会設置会社においては、会社と取締役との間の利益相反取引については、監査等委員会の承認を得た場合、取締役の任務懈怠の推定規定は、適用されません（会社法423条3項、4項）。

この点は、監査等委員会設置会社に移行することのメリットとも言えます。

4

条文

会社法399条の2 （監査等委員会の権限等）

1 監査等委員会は、全ての監査等委員で組織する。

2 監査等委員は、取締役でなければならない。

3 監査等委員会は、次に掲げる職務を行う。

　1 取締役（会計参与設置会社にあっては、取締役及び会計参与）の職務の執行の監査及び監査報告の作成

　2 株主総会に提出する会計監査人の選任及び解任並びに会計監査人を再任しないことに関する議案の内容の決定

　3 第342条の2第4項及び第361条第6項に規定する監査等委員会の意見の決定

4 監査等委員がその職務の執行（監査等委員会の職務の執行に関するものに限る。以下この項において同じ。）について監査等委員会設置会社に対して次に掲げる請求をしたときは、当該監査等委員会設置会社は、当該請求に係る費用又は債務が当該監査等委員の職務の執行に必要でないことを証明した場合を除き、これを拒むことができない。

　1 費用の前払の請求

　2 支出をした費用及び支出の日以後におけるその利息の償還の請求

　3 負担した債務の債権者に対する弁済（当該債務が弁済期にない場合にあっては、相当の担保の提供）の請求

会社法423条3項、4項 （役員等の株式会社に対する損害賠償責任）

1～2 省略

3 第356条第1項第2号又は第3号（これらの規定を第419条第2項において準用する場合を含む。）の取引によって株式会社に損害が生じたときは、次に掲げる取締役又は執行役は、その任務を怠ったものと推定する。

　1 第356条第1項（第419条第2項において準用する場合を含む。）の取締役又は執行役

　2 株式会社が当該取引をすることを決定した取締役又は執行役

　3 当該取引に関する取締役会の承認の決議に賛成した取締役（指名委員会等設置会社においては、当該取引が指名委員会等設置会社と取締役との間の取引又は指名委員会等設置会社と取締役との利益が相反する取引である場合に限る。）

4 前項の規定は、第356条第1項第2号又は第3号に掲げる場合において、同項の取締役（監査等委員であるものを除く。）が当該取引につき監査等委員会の承認を受けたときは、適用しない。

4 指名委員会等設置会社にしている会社はあるの？

指名委員会等設置会社って上場企業でも規模の大きな会社くらい？

上場企業でも、ほとんどないね

使いづらい指名委員会等設置会社

平成27年改正前は、委員会設置会社でしたが、監査等委員会設置会社の制度ができたことにより、名称が指名委員会等設置会社に変わりました。

この制度、会社法改正によってできた制度ですが、期待値のわりに使用がなされていませんでした。

現在でも上場企業で本制度を採用しているのは、50社程度くらいでしょうか。監査等委員会設置会社ができたことにより、使用頻度はより下がったかもしれません。

報酬委員会や指名委員会など、会社の業務執行をする取締役、特に代表取締役の権限が低下するため、上場企業とはいえオーナー経営者の多い日本企業では馴染みにくい制度だったのかもしれません。

会社法のツボ

● 1. 指名委員会等設置会社とは？

指名委員会等設置会社とは、執行役に業務執行権を与え、取締役、取締役会及び委員会が執行役の業務執行を監督するという機関構成の会社です。

通常の会社は、取締役が業務執行権を有するので、この点が異なります。

指名委員会等設置会社では、代表取締役や監査役を置くことができず、又通常の会社と異なり、重要な業務執行の決定も執行役に広範囲で委任することが可能です。

いわゆるアメリカ型の会社経営形態がその特徴といえます。

4

2. 指名委員会等設置会社の運用

　指名委員会等設置会社は、監査委員が取締役であるため、一部自己監査となること、監査委員は独任制ではないこと、監査委員に常勤者が存在しない場合もあること、報酬委員についてはお手盛りの可能性も否定はできないことの弱点があるとされています。

　しかし、社外取締役が過半数を占める三委員会 (会社法400条3項) が設置されることにより、監査役会が実現することができない業務執行者である執行役に対するガバナンスを働かせることができるという面があります。

　例えば、①指名委員会の取締役選任及び解任議案の決定権 (会社法404条1項) や②報酬委員会の報酬決定権 (会社法404条3項) を通じたガバナンスという面で、監査役会設置会社にはない優れた性質をもつとされています。

問題解決のコツ

今後、指名委員会等設置会社が再注目されるかも

　指名委員会等設置会社が今後馴染みのある制度になるためには、監査等委員会設置会社の運用次第と考えます。

　今後、監査等委員会設置会社が上場企業において監査役会設置会社よりも当然となり、ガバナンスの意識が高まれば、よりガバナンスの高い指名委員会等設置会社を採用する企業が増えてくるかもしれません。

用語の解説

指名委員会等設置会社：執行役に業務執行権を与え、社外取締役が過半数を占める三委員会を設置した会社です。
報酬委員会：指名委員会等設置会社における役員報酬を決定する権限のある委員会です。
指名委員会：指名委員会等設置会社における取締役の候補を決定する権限のある委員会です。
三委員会：指名委員会等設置会社における、指名委員会・報酬委員会・監査委員会の総称です。
監査等委員会設置会社：監査役や監査役会が無い代わりに取締役を構成員とする監査等委員会を設置した会社です。

5. ストック・オプションって どうやって行使するの？

上場したらすぐ全部行使できる？

行使条件次第だね

上場してもすぐには行使できないストック・オプション

ベンチャー企業の場合、役員や従業員へのインセンティブ目的で上場前に**ストック・オプション**を発行することが多いです。

そして、当該ストック・オプションの行使条件で、上場するまでは行使できないとしているのはもちろんのこと、上場直後から全ては行使できず、一定期間の間は、行使できないような内容にしているケースが少なくありません。

新株予約権者である従業員にとってはデメリットかもしれませんが、発行する企業側にとってはメリットのある条項です。

会社法のツボ

● 1. 新株予約権の行使方法

新株予約権、特にストック・オプションの場合、発行時は無償であることが多いです。

しかし、行使時は、行使価額に定めた金額を支払うことによって、対価となる株式に変えることが可能になります。

具体的には、「行使請求書の提出」→「行使価額の払込」という流れです。

この際、上場しているケースが大半なので、株主名簿管理人である信託銀行所定のフォームで対応する必要があります。

● 2. 新株予約権の行使による登記

新株予約権を行使した場合、その旨の変更登記が必要です。

具体的には、行使に伴って増加した株式数・資本金額、行使した分減少した新株予約権の数・対価となる株式数の記載の変更登記を行います。

　注意点としては、変更登記の期限です。通常の変更登記の場合、変更後2週間以内に申請する必要がありますが、新株予約権の行使登記の場合、行使月の月末締めで、月末から2週間以内に登記申請をすれば足ります（会社法915条3項1号）。

　これは、上場会社の場合、新株予約権者である従業員も多数におよび、都度変更登記をしていては、コストと管理が大変であるため、ある程度一括して登記ができるよう、配慮したためです。

　他方で、発行時に、行使時払込金額等の半額を資本準備金にする旨を定めている新株予約権が多いかと考えますが、その場合には、発行時の株主総会議事録・取締役会議事録も行使の変更登記申請に添付する必要がありますので、ご注意ください。

問題解決のコツ

● M&A時の注意点

　前述のとおり、行使の登記申請期限には猶予規定がありますが、これが不都合となるケースもあります。

　例えば、M&A等により株式移転・会社分割などをする場合、新株予約権を承継させるのではなく、M&Aの前提として行使させることがあります。

　その場合に、M&Aの効力発生日は1日付としていることが多いため、月末ないしは翌月まで登記を待っていては、間に合いません。

　但し、会社法上は、月末まで登記を猶予しているだけであり、新株予約権行使の効力は行使時に生じているため、会社側が積極的に変更登記申請をすることは可能と考えます。

　その場合には、変更年月日は月末で一括ではなく、各行使日が変更年月日になると考えますので、ご注意ください。

用語の解説

ストック・オプション：役員や従業員に対し、インセンティブ目的で発行された新株予約権です。
新株予約権：会社に対して行使することにより当該会社の株式の交付をうけることができる権利。

6 ストック・オプションって どうやって管理するの？

従業員が辞めた場合、その都度登記がいるの？

取得事由次第だね

新株予約権の消滅と消却

　上場企業の場合、役員の数もさることながら、従業員の数は上場前と比べると多数になっています。

　ホールディングカンパニーの場合、自社の従業員の数はそれほど多くないかもしれませんが、事業会社である100%子会社も含めグループ全体では膨大な数になるでしょう。

　そして、上場の前後で、ストック・オプション目的で従業員に新株予約権を付与している上場企業は決して少なくありません。

　通常は、子会社の役員・従業員に付与する新株予約権も親会社が一括して発行していますので、子会社の従業員が退職する場合であっても、何らかの対応が必要になります。

　消滅・消却いずれの対応でも法的には問題ありませんが、管理のし易さで言えば取得＋消却でしょう。

　違いをおさえ、自社にとって原則的な管理方法・ルール作りをしておくことが重要です。

会社法のツボ

● 1. 新株予約権の消滅

　新株予約権者が、発行会社から付与された新株予約権を行使した場合、行使価額に定めた金銭等を払込する対価として、発行会社の株式を所定数取得します。

4

この場合、新株予約権者が行使した分の新株予約権は消滅します。

したがって、消滅した分の新株予約権変更登記と増加した株式数及び資本金額の変更登記をする必要があります。

但し、新株予約権の行使に伴う変更登記は、月末締めで行えば足ります（会社法915条3項1号。4-5節参照）。

一方で、行使の場合以外にも、新株予約権者が、保有する新株予約権を行使することができなくなった場合には、当該新株予約権は消滅します（会社法287条）。

行使することができなくなった場合とは、①権利行使期間の満了、②新株予約権の放棄、③行使条件に該当しなくなった時、のいずれかに該当することです。

ストック・オプションのための新株予約権の場合、行使条件に役員や従業員の地位を有することを定めるのが一般的です（3-10節参照）。

そのため、役員及び従業員（以下「役員等」といいます）が退任又は退職することによって、行使条件に該当しなくなった場合には、原則として、当該役員等が保有している新株予約権は消滅します。

もちろん、これに限らず、行使条件に記載した事項に該当しなくなった場合には、役員等が保有している新株予約権は消滅します。

そして、役員等が保有していた個数分の新株予約権及び交付予定分の株式数を減少する旨の新株予約権変更登記（以下「変更登記」といいます）申請を行う必要があります。

なお、行使の場合と違い、退職日が登記原因年月日となるので、退職日から2週間以内に変更登記申請する必要があります（会社法915条1項）。

したがって、退職日は従業員によって異なるので、原則として従業員の退職の都度、変更登記申請することになります。

変更登記を申請する場合、1件につき3万円の登録免許税を納付する必要があるため、会社の負担額も少なくないと思われます。

また、変更登記申請を怠ると、会社の代表取締役が100万円以下の過料の制裁を受ける可能性があるので、ご注意ください（会社法976条1項1号）。

● 2. 新株予約権の取得事由の利用方法

上記のとおり、新株予約権の消滅の都度、変更登記申請をするのは大変かつ費用がかかりますが、それを解消する方法があります。

それは、取得事由に「新株予約権者が退職した場合には会社が無償で新株予約権

を取得する」旨を定めることです（会社法236条1項7号）。

取得事由に該当した場合、会社は当然に新株予約権を取得することになりますが、別途消却手続をしない限りは、新株予約権の個数に変動がないため、変更登記申請は不要です。

したがって、会社はある程度自己新株予約権の個数が多くなった任意の時期に消却手続を行い、一括して変更登記申請を行うことが可能です。登録免許税は1件の変更登記につき3万円なので、その都度変更登記申請するよりも大幅に費用軽減が可能です。

但し、行使条件を定めた会社の意図が、一度退職した場合には、会社が他者への譲渡を想定せず、かつ再就職した場合にも新株予約権の行使を認めないものであるときは、取得事由を定めたとしても、新株予約権の消滅は免れないケースもありますのでご注意ください。

● 3. 新株予約権の内容の事後的変更

上記のような取得事由を追加したい場合等、新株予約権の内容を事後的に変更することも可能です。

会社法に明文はありませんが可能と解されており、実務上も可能です。内容を変更した場合にはその旨の変更登記申請が必要です。

但し、変更手続をする場合、発行時と同様の機関での承認決議（株主総会や取締役会）だけでなく、原則として新株予約権者全員の同意が必要となるため、ご注意ください。

また、会社のミス等で税制適格ストック・オプションを発行（3-10節参照）したつもりが、要件を満たしていなかった場合、当該新株予約権の内容の変更自体は事後的に可能ですが、税制適格にならないのでご注意ください。

問題解決のコツ

● M＆A（株式交換・株式移転など）の際には新株予約権は事前に処理

従業員の退職に伴う新株予約権の登記等の手続に遺漏があっても、行使条件には不該当で行使はできないことがほとんどですから、過料のリスクを除けば大きなトラブルになる可能性は低いです。

但し、M＆Aに伴って株式交換や株式移転などを行う際には、事前に新株予約権を処理しておくことが必須になります。

筆者の経験上、上場企業で規模が大きくなるほど、新株予約権の管理をしている部署 (総務・人事・法務・財務などが多い) とM＆Aの担当をしている部署 (経営企画などが多い) が異なることが少なくないため、直前まで忘れられがちですからご注意ください。

用語の解説

ホールディングカンパニー：「持株会社」とも呼ばれます。複数の企業群を企業グループとして統制していくために設立されたグループの核となる親会社のことをいいます。メリットとしては、親会社の経営戦略業務への特化、各事業単位での業績把握や責任の明確化、事業再編の機動性の確保などがあります。一般にホールディングカンパニーは、グループ内の企業群を支配 (統制) する目的で、各会社の株式を保有しており、その実現形態は「純粋持株会社」と「事業持株会社」の2つに区分されます。

ストック・オプション：役員や従業員に対し、インセンティブ目的で発行された新株予約権です。

株式交換：株式会社が発行済株式の全部を他の株式会社又は合同会社に取得させる手続のことです。

株式移転：既存の会社を完全子会社として、完全親会社を設立する手続のことです。

条文

会社法915条 （変更の登記）
1　会社において第911条第3項各号又は前3条各号に掲げる事項に変更が生じたときは、2週間以内に、その本店の所在地において、変更の登記をしなければならない。
2　前項の規定にかかわらず、第199条第1項第4号の期間を定めた場合における株式の発行による変更の登記は、当該期間の末日現在により、当該末日から2週間以内にすれば足りる。
3　第1項の規定にかかわらず、次に掲げる事由による変更の登記は、毎月末日現在により、当該末日から2週間以内にすれば足りる。
　1　新株予約権の行使
　2　第166条第1項の規定による請求 (株式の内容として第107条第2項第2号ハ若しくはニ又は第108条第2項第5号ロに掲げる事項についての定めがある場合に限る。)

7 上場企業における第三者 割当増資の注意点って？

取締役会決議だけで発行できるの？

株主総会決議が必要になることもあるよ

公開会社の注意点

上場企業は、種類株式発行会社を除き、一律、譲渡制限規定が無い公開会社（会社法2条5号）です。

したがって、原則として取締役会の決議で募集株式発行の決議を行うことが可能です。

但し、**有利発行**の場合や平成27年改正で新設された支配権が変わる場合など、株主総会の決議が必要となるケースもあり、その必要性を常に検討する必要があります。

また、株主への公告や金融商品取引法による規制など、発行スケジュールに影響を与える規制が多々ありますので、ご注意ください。

会社法のツボ

● 1. 公開会社における募集手続

公開会社において募集株式を引き受ける者の募集を行うときには、原則として取締役会の決議で募集事項を定めることが可能です（3-7節参照。会社法201条1項）。

しかし、払込金額が募集株式の割当者に対して有利な金額で発行する場合、既存株主保護のため、株主総会の特別決議が必要です。

また、取締役会において募集事項を定めた場合には、払込期日の2週間前までに、株主に対し、当該募集事項の通知・公告（会社法201条3項・4項）が必要となります。

割当者が株主である場合には、申込誘引者への通知と一括して行うことも可能ですが、通知事項が異なるため、注意が必要です。

4

他方で、上場会社の場合には、後述のとおり有価証券届出書が必要なケースが多く、その場合には、当該通知は不要になります（会社法201条5項、会社法施行規則40条）。

● 2. 上場会社の留意点～振替法上の手続

平成21年1月5日の株券電子化移行、上場株式については全て、株券は存在せず、振替株式として証券会社等に開設された振替口座簿で電子的に管理されています。

具体的な振替株式の発行の際の手続は以下のとおりです。

①発行会社は、第三者割当の決議又は決定後の適時開示後、振替機関に対し、募集方法・募集株式の銘柄、募集株式の数、募集株式の内容等の事項を通知します。
②振替株式が発行された場合には、引受人の指定する口座に発行される振替株式が新規記録されます。

具体的には、発行会社は、振替機関に対して、発行に係る振替株式の銘柄、振替株式の株主である加入者の氏名又は名称、当該加入者のために開設された振替株式の振替を行うための口座、加入者ごとの振替株式の数等の事項を通知します。

問題解決のコツ

●株主から差止請求を受けることも

上場会社が、第三者割当で株式を発行する場合、法令又は定款に違反する場合、又は著しく不公正な方法により行われる場合で、株主が不利益を受けるおそれがあるときは、株主は、会社に対して、その発行の差し止めを請求することができます（会社法210条）。

特に株主の支配権に影響を与える第三者割当をする場合、不公正な方法ということで、支配権が減少する株主から差止請求がなされることがありますので、ご注意ください。

●有利発行に注意

公開会社である上場企業の場合、有利発行に該当しない場合には、取締役会の決議で株式を発行することが可能です。

しかし、有利発行に該当する場合は、株主総会の決議が必要となり、株主総会の開催が容易ではない上場会社にとっては、有利発行に該当するかどうかは、重要なポ

イントです。

その判断基準としては、発行条件を決定する取締役会決議の直前の株価を基準として、株式の払込金額が当該株式の引受人にとって、特に有利な金額といえるか否かが判断されることになります。

●支配権が変わる場合にも株主総会が必要となるケースが

上記記載の有利発行かどうかは、あくまで価格基準であり、価格が妥当であれば、たとえ大量の株式を第三者に割り当てたとしても、有利発行には該当しないと考えられています。

しかし、株主にとっては、支配権が変わることも大きな影響であり、有利発行と差止請求だけでは、支配権を維持したい株主にとっての保護は十分ではないとされていました。

そこで平成27年改正では、第三者割当に伴い、当該会社の原則として議決権を50%超を保有することになる株主が出る場合、その旨を株主に対して通知又は公告をして、議決権の10分の1の反対があった場合には、株主総会の承認が必要としました（会社法206条の2）。

但し、会社の財産の状況が著しく悪化している場合において、当該会社の事業の継続のため緊急の必要がある場合は、株主総会の承認決議を不要としています。

4

用語の解説

譲渡制限規定：株主が株式を譲渡するためには、取締役会等会社が定めた一定の機関の承認を必要とする旨の定款規定です。

公開会社：株式譲渡制限規定が全部又は一部の株式に設定されていない会社のことです。

有利発行：引受人にとって有利な価額や条件で株式又は新株予約権を発行することです。

特別決議：株主総会の決議要件の一類型です。原則として、特別決議が必要な決議事項については、議決権を行使することができる株主の議決権の過半数を有する株主が株主総会に出席した上で、その3分の2以上の賛成が必要となります。

有価証券届出書：金融商品取引法に基づき、株式等有価証券の募集・売り出しに際して内閣総理大臣（財務局）に提出すべき届出書です。

差止請求：一部の株主に対して不利益な方法・目的で実行された株式の発行を中止する旨請求することです。

8 単元株って何?

1株の価格が下がるの?

価格は同じだけど、議決権に影響あるね

上場企業は必須の単元株

上場企業の場合、株主数が多く、また発行済株式総数も非常に多くなっています。

そのため、一定程度の単位以上を保有していないと議決権が行使できない単元株制度を採用することが必須です。

それに付随して、単元未満株式の買取請求などの定款整備も必要となりますので、ご注意ください。

会社法のツボ

● 1. 単元株制度導入のメリット

単元株制度とは、定款により、一定の数の株式を「一単元」の株式と定め、株主総会において、一単元の株式につき1個の議決権を認め、単元未満の株式には議決権を認めないこととする制度です（会社法188条1項、189条1項）。

株式会社が単元株制度を導入するメリットは、以下のとおりです。

▼単元株制度導入のメリット

①株式分割等により株式を細分化する場合又は少数株主が多くなった場合に、単元株を設定することにより、少数株主の権利を制限し、かつ株主管理コストを抑えることが可能なこと。

具体的には、単元未満株式しか有しない株主（以下「単元未満株主」といいます）には、株主総会の招集通知を発送する必要がないので、発送費用を削減することが可能です。

また、単元未満株主は、株主総会に出席できず、質問する権利が無いため、いたずらに総会当日の株主出席数又は株主からの質問数が増加することを防ぐことが可能です。

但し、株主名簿の閲覧請求権や単元未満株式の買取請求権等、会社法189条2項各号に定める権利を排除することはできないので、ご注意ください。

②1株の価格を維持したまま、少数株主の権利を制限できること

単元未満株式でも、配当を受け取る権利はあります（会社法189条2項6号、会社法施行規則35条）。

そのため、単元未満株式であっても、議決権に拘らない出資者であれば引き受け手になってくれることもありますし、1株あたりの価値が低いままなので、広く出資者を募ることが可能です。

4

　なお、単元株制度以外に、細分化しすぎた株式を取りまとめ、出資単位を引き上げるための手続として、**株式併合**（会社法180条）があります。

　しかし、株式併合は、以下の理由から、単元株を設定するよりも以下のとおりデメリットが大きいため、3-14節に記載したキャッシュ・アウトの場合を除き、特に上場企業及び上場を目指す企業ではほとんど使われないと思います。

▼株式併合のデメリット

①発行済株式を一定の割合で併合するため、1株あたりの価格が高くなり、出資者にとって出資し辛くなること。

②併合によって1株未満の端数が生じた場合には、会社は1株単位にとりまとめて競売の上、競売代金を株主に交付する必要があるため、端数が多く生じると株価下落のリスクがあること（会社法235条）。

③上記②により、競売の手続が必要になった場合、会社にとって手間と費用が余分にかかること。

● 2. 単元株を設定できる範囲

上記のとおり、会社にとってはメリットの大きい単元株制度ですが、少数株主の権利制限になるため、設定できる範囲には制限があります。

一単元の株式となる数は、「1000及び発行済株式総数の200分の1に当たる数」を超えることができません（会社法188条2項、会社法施行規則34条）。

例えば、発行済株式総数が1万株の会社であれば、一単元の株式数は50株が上限です。

この点、平成21年4月1日付施行で会社法施行規則が改正され、改正前は「発行済株式総数の200分の1」という要件はありませんでした。

なお、上記改正前に200分の1を超える単元株を設定していた会社の定款は、当該定款規定を変更するまで、従前どおり有効です（会社法施行規則改正附則3条）。

● 3. 単元株制度導入の手続

前述のとおり、単元株を設定する場合、その旨を定款に定める必要があります。

したがって、原則として株主総会の特別決議により定款を変更して行うことになります（会社法309条2項11号）。

しかし、株式分割と同時に行い、かつ定款変更の前後において各株主の議決権数が減少しない単元株式数の設定の場合には、取締役会の決議で行うことが可能です（会社法191条）。

例えば、発行済株式総数が1万株の会社が、10分割をする際に、一単元の株式の数を10株と設定する場合です。

問題解決のコツ

●単元未満株主に関する規定も一緒に整備

　単元株を設定する場合、併せて単元未満株主に関する定款規定や株式取扱規程を定めることが一般的です。

●東京証券取引所では、原則として新規上場の会社の単元株式を100株に

　東京証券取引所では、平成20年4月1日以降、原則として新規上場の会社の単元株式を100株に統一しました。

　また、上場企業が、単元株式数を変更する場合にも100株にするように一律1単元100株を推奨しています。

　その結果、平成28年2月1日現在では、上場企業の70%以上が、単元株式数を100株としています。

●普通株式よりも多くの議決権を有する優先株式

　種類株式発行会社において、種類株式ごとに、単元株式の数を変えることにより（例えば、単元株式数を普通株式100株・優先株式10株とし、いずれも株主総会で議決権はあるという形式）、議決権の数を実質的に異なるようにすることも可能です。

　日本では、まだあまり見ない手法ですが、米国証券市場においては、IT企業を中心に多くの企業で同様の制度が導入されています。いわゆる、Dual Class Share Structureと呼ばれる制度です。

　創業者を中心とする経営陣の支配力強化が主な狙いです。普通株式を上場させ、一般流通する一方で、経営陣は優先株式を保有し、優先株式の方が単元株式数が少ない分、少ない株式数で普通株式よりも多くの議決権を株主総会で有することになります。

　日本では、同手法を利用して平成26年に初の東証上場を果たした上場企業があります。その後は、当方が知る限り、同手法で上場した企業は無いと思います。

　しかし、経営陣にとってはメリットが大きいので、上場時点で既に規模が大きい企業であれば、今後は上場時の選択肢として検討する企業が増えるかもしれません。

4

用語の解説

発行済株式総数：会社が発行している株式の合計数です。

単元株：議決権を行使することができる株主の保有株式数を一定割合に制限する旨を定款に定めることです。

単元未満株式の買取請求：単元株未満の株式を保有する株主が、当該株式を会社に買取らせることを請求できる権利です。

単元株制度：議決権を行使することができる株主の保有株式数を一定割合に制限する制度です。

株式併合：出資を伴わず、1株の価値を上げるためなどを理由に、細分化された株式を一つにまとめることです。

特別決議：株主総会の決議要件の一類型です。原則として、特別決議が必要な決議事項については、議決権を行使することができる株主の議決権の過半数を有する株主が株主総会に出席した上で、その3分の2以上の賛成が必要となります。

種類株式発行会社：種類株式を発行する旨の定款規定のある会社のことです。

Dual Class Share Structure：種類株式ごとに、単元株式の数を変えることにより、議決権の数を実質的に異なるものにすることです。

条文

会社法188条 （単元株式数）
1 株式会社は、その発行する株式について、一定の数の株式をもって株主が株主総会又は種類株主総会において1個の議決権を行使することができる1単元の株式とする旨を定款で定めることができる。
2 前項の一定の数は、法務省令で定める数を超えることはできない。
3 種類株式発行会社においては、単元株式数は、株式の種類ごとに定めなければならない。

会社法189条 （単元未満株式についての権利の制限等）
1 単元株式数に満たない数の株式（以下「単元未満株式」という。）を有する株主（以下「単元未満株主」という。）は、その有する単元未満株式について、株主総会及び種類株主総会において議決権を行使することができない。
2 株式会社は、単元未満株主が当該単元未満株式について次に掲げる権利以外の権利の全部又は一部を行使することができない旨を定款で定めることができる。
　1 第171条第1項第1号に規定する取得対価の交付を受ける権利
　2 株式会社による取得条項付株式の取得と引換えに金銭等の交付を受ける権利
　3 第185条に規定する株式無償割当てを受ける権利
　4 第192条第1項の規定により単元未満株式を買い取ることを請求する権利
　5 残余財産の分配を受ける権利
　6 前各号に掲げるもののほか、法務省令で定める権利
3 株券発行会社は、単元未満株式に係る株券を発行しないことができる旨を定款で定めることができる。

9 上場企業における
計算書類の承認方法は？

上場企業だったら常に定時株主総会の承認決議が不要なの？

一定の条件があるみたいだよ

上場会社は、概ね報告形式

　原則として、どの規模の会社であっても、1年に1回定時株主総会を開催し、当該事業年度に係る計算書類の承認を得る必要があります。

　但し、会計監査人設置会社においては、会計監査人が計算書類の監査を行うので、報告で足りるとの特則があります。

4

　したがって、多くの上場企業は、計算書類を報告事項としているため、それに倣って中小企業の場合でも報告事項としないよう、ご注意ください。

　なお、上場企業の場合、報告事項か決議事項かということよりも大事なのは、その中身です。

　いずれにしろ開示事項となりますので、株主等が閲覧しても問題が無い内容にする必要があります。

会社法のツボ

● 1. 計算書類の内容と監査

　計算書類とは、**貸借対照表・損益計算書・株主資本等変動計算書・個別注記表**の4つから構成される点は、上場企業・中小ベンチャー企業に違いはなく、2-12節記載のとおりです。

　他方で、上場企業の場合、連結子会社がいることが多いため、連結計算書類も併せて作成する必要があることが多いです。

　また、上場企業は会計監査人設置会社であるため、以下の要件を全て満たす場合

には、定時株主総会での承認が不要となり、報告事項で足ります（会社法439条、会社計算規則135条）。

　平常時は満たすことが多いので、上場会社によっては、定時株主総会で決議事項が一切ないというケースも見受けられます。

①会計監査報告の内容として無限定適正意見等が出されていること。
②監査報告に、会計監査人の監査方法又は結果を相当でないと認める意見がないこと。
③監査報告に会計監査人の監査の方法又は結果を相当でないと認める意見の付記がないこと。
④特定監査役が通知すべき日までに監査報告の内容の通知を行わないことにより監査を受けたものとみなされたものではないこと。
⑤当該株式会社が取締役会を設置していること。

● 2. 事業報告とは

　上場企業の場合、特色が出るのはこの事業報告でしょう。

　会社ごとにカラーにしたり、パワーポイントで作成したりと、様々な工夫がほどこされているようです。

　詳細な解説は避けますが、会社法施行規則上、必要となる事項は原則として以下のとおりです。

①当該株式会社の状況に関する事項
②内部統制システムの整備に係る決定または決議の内容の概要及び当該体制の運用状況の概要
③株式会社の現況に関する事項
④株式会社の会社役員に関する事項
⑤株式会社の株式に関する事項
⑥株式会社の新株予約権等に関する事項

問題解決のコツ

● インターネット開示が当たり前に〜株主総会資料の電子提供制度の創設〜

　令和3年改正と同じタイミングで改正されたものの、令和4年度中の施行（本書執筆時点では具体的な施行日が未定）が予定されている改正（以下「令和4年改正」といいます）の1つに、株主総会資料の電子提供制度（以下「電子提供制度」といいます）の新設があります。

　電子提供制度は、会社が株主総会を招集する際に、株主総会参考書類・計算書類・事業報告等、取締役が株主に対して提供しなければならない資料（以下「株主総会関係資料」といいます）を、自社のホームページ等に掲載し、株主にはそのアドレス等を書面により通知した場合には、株主の個別の承諾が無くとも（これまでは株主総会関係資料の全てを電子提供するためには、株主総会参考書類等一部の書類を除き、株主の個別の承諾が必要でした）、適法に提供したと扱うことが可能になる制度です（会社法325条の2〜7）。

　電子提供制度を採用するためには、定款にその旨を定めるだけなので、便利な手法です。

　また、上場企業の場合には、電子提供制度の採用が強制されており、令和4年改正の施行日において、電子提供制度を採用する旨の定款変更をしたものとみなされます（但し、上場企業の場合も、施行後最初の定時株主総会で、電子提供制度の定款変更決議をすることが想定されています。）。

　非上場企業の場合には、電子提供制度の採用は任意なので、採用する場合には、定款変更をすることが必要になります。バーチャル株主総会をより柔軟に活用するためには、電子提供制度の活用も必須と言えますから、非上場企業の場合であっても、定款変更をして電子提供制度を採用する会社が多くなるのではと思われます。

　なお、電子提供制度を採用する場合の定款例は以下のとおりです。

4

▼定款例

> 第●条　当会社は、株主総会の招集に際し、会社法第325条の2の規定による電子提供措置をとるものとする。

　他方で、電子提供制度を採用する旨を定款に定めた場合は、その旨の登記もする必要があります（会社法911条3項12の2号）。本登記は、令和4年改正で新たにすることが必要になった登記なので、登記することを失念しないよう、ご注意ください。

用語の解説

会計監査人設置会社：会計監査人を設置している会社のことです。

計算書類：貸借対照表・損益計算書・株主資本等変動計算書・個別注記表の総称です。

貸借対照表：計算書類の一つであり、資産・負債・純資産から構成される表です。

損益計算書：計算書類の一つであり、収益と費用から構成される表です。

株主資本等変動計画書：計算書類の一つであり、貸借対照表の純資産の変動状況の表です。

個別注記表：計算書類の一つであり、他の計算書類等に関する注記事項をまとめた表です。

事業報告：会社が会社法施行規則に定めた事項をベースに作成する年次報告書です。

条文

会社法325条の2　（電子提供措置をとる旨の定款の定め）

株式会社は、取締役が株主総会（種類株主総会を含む。）の招集の手続を行うときは、次に掲げる資料（以下この款において「株主総会参考書類等」という。）の内容である情報について、電子提供措置（電磁的方法により株主（種類株主総会を招集する場合にあっては、ある種類の株主に限る。）が情報の提供を受けることができる状態に置く措置であって、法務省令で定めるものをいう。以下この款、第911条第3項第12号の2及び第976条第19号において同じ。）をとる旨を定款で定めることができる。この場合において、その定款には、電子提供措置をとる旨を定めれば足りる。

　　1　株主総会参考書類
　　2　議決権行使書面
　　3　第437条の計算書類及び事業報告
　　4　第444条第6項の連結計算書類

会社法439条　（会計監査人設置会社の特則）

会計監査人設置会社については、第436条第3項の承認を受けた計算書類が法令及び定款に従い株式会社の財産及び損益の状況を正しく表示しているものとして法務省令で定める要件に該当する場合には、前条第2項の規定は、適用しない。この場合においては、取締役は、当該計算書類の内容を定時株主総会に報告しなければならない。

会社法911条3項12の2　（株式会社の設立の登記）

　1　株式会社の設立の登記は、その本店の所在地において、次に掲げる日のいずれか遅い日から2週間以内にしなければならない。

　（省略）

　3　第1項の登記においては、次に掲げる事項を登記しなければならない。

　　（省略）

　　　12の2　第325条の2の規定による電子提供措置をとる旨の定款の定めがあるときは、その定め

10 いくらまで配当していいの？

配当金って毎年もらえるの？

そうとも限らないよ

上場会社でも多くない配当金

　配当とは、剰余金を株主に分配することであり、営利目的である会社の主目的ともいえます。

　但し、無制限に配当していては、会社に財産が残らず、会社の取引債権者が弊害を受けるケースが多いので、実際には分配可能額の範囲内で行う必要があります。

　そのため、上場企業であっても、業績によっては、配当を控える会社もあります。

　また、配当をする財産にも制限はなく、金銭だけでなく、不動産や他社の株式を配当しても構いません。但し、自社株式を配当することは、募集株式発行手続の潜脱となるので許されません。

会社法のツボ

● 1. 剰余金配当の決定方法

　剰余金の配当をする場合、原則として株主総会の普通決議が必要です。

　但し、一定要件を満たす会社において、取締役会で配当を行う旨を定款 (以下本節において「本定款」といいます) で定めた場合には、取締役会の決議で行うことも可能です (3-16節参照、会社法459条1項)。

　上場企業の場合は、任期を1年にするなどの要件を満たして、取締役会決議で剰余金の配当を行う企業が少なくありません。

　なお、本定款の定めが効力を発生するためには、以下の要件を全て満たす必要があります (会社計算規則155条)。

①計算書類についての会計監査報告の内容に無限定適正意見が含まれていること。

②会計監査報告に係る監査役会等の監査報告に、会計監査人の監査の方法又は結果を相当ではないと認める意見がないこと。

③会計監査報告に係る監査役会等の監査報告に会計監査人の監査方法又は結果を相当でないと認める旨の意見の付記がないこと。

④特定監査役が通知をすべき日までに監査報告の内容の通知を行わないことにより監査を受けたものとみなされたものでないこと。

また、本定款の定めがある場合には、事業報告に「取締役会に与えられた権限の行使に関する方針」として、本定款規定による配当の対応を記載する必要があります。

● 2. 現物配当の方法

現物配当をする場合には、金銭による配当と同様に株主の有する株式の種類及び数に応じて、配当財産を割当てなければいけませんが、以下のいずれかの対応をすることもできます。

①現物による配当を望まない株主の請求により、配当財産に代えて金銭を交付すること。

②一定の数以上の株式を有する株主に対しては現物を配当財産とし、一定の数未満の株式を有する株主に対しては金銭を支払うものとすること。

現物配当を行う場合には、原則として株主総会の特別決議が必要ですが、①の金銭分配請求権を与える場合には、普通決議でできるほか、定款の定めがあれば、取締役会の決議で行うことも可能です。

問題解決のコツ

● ホールディングス化における活用場面

　配当財産は金銭に限らないため、グループ再編手続の一環として、配当を活用することがあります。

　例えば、株式移転によってホールディングカンパニーを設立する場合、完全子会社となる会社に子会社（以下「孫会社」といいます）が既にあった場合、株式移転と同時に、完全子会社が有する孫会社株式を完全親会社に交付する旨の剰余金の配当決議をします。

　そうすることにより、孫会社も親会社の子会社となり、ホールディングス化が簡便に実現することができます。

● 税務リスクに注意

　会社法上の配当とは異なりますが、有利価格で自己株式を取得する場合に、みなし配当とされ、課税されるケースもあります。法律上の手続も重要ですが、株式を移動する際には税務リスクがないか、実行前に顧問税理士にも相談することをお勧めします。

4

用語の解説

配当：会社が株主に分配する金銭等財産のことです。
剰余金：会社の純資産から資本金・準備金を控除した額で、分配可能額算定の基礎となる数字です。
普通決議：株主総会の決議要件の一類型です。原則として、普通決議が必要な決議事項については、議決権を行使することができる株主の議決権の過半数を有する株主が株主総会に出席した上で、その過半数の賛成が必要となります。
取締役会決議：取締役会での承認決議が必要ということです。原則として、取締役の過半数が出席の上、その過半数の賛成が必要です。
現物配当：配当を金銭以外の会社財産で行うことです。
特別決議：株主総会の決議要件の一類型です。原則として、特別決議が必要な決議事項については、議決権を行使することができる株主の議決権の過半数を有する株主が株主総会に出席した上で、その3分の2以上の賛成が必要となります。
みなし配当：会社法上は剰余金の配当をしていないにも関わらず、税務上は配当したかのように扱われることです。

11 減資のメリットは?

減資ってイメージ悪いよね?

会社にとっては、メリットも大きいけどね。対外的なイメージ
は悪いよね

イメージが悪く、手続きに時間もかかる減資

減資は、大会社となるのを避けるためや配当可能利益を増やすためなど、必ずしも経営状況が芳しくない場合であっても、税務・会計上の理由から、中小企業では良く活用されます。

但し、上場企業の場合には、次に第三者割当増資が決まっているようなケースでない限り、株主へのイメージが決して良くないため、それほど多くの事例は見受けられません。

また、増資と同じ感覚でいると大きな勘違いとなるのですが、**債権者保護手続**が必要なため、減資の手続には時間がかかることも注意です。

減資の多くは、事業年度末の直前に行う必要があることが多いため、スケジュールには気をつけましょう。

会社法のツボ

1. 減資とは

株式会社の資本金の額は、貸借対照表上資本の部に記載し、かつ登記簿上公示されています。資本金の額を減少することを一般的に減資といいます。

減資をした場合、欠損填補等をすることにより分配可能額が増加するため、終局的には剰余金の配当によって会社財産が流出する可能性があります。

したがって、増資と違い、株主だけでなく会社債権者に与える影響も大きいため、株主総会の承認では足りず、債権者保護手続が必要です。

後述のとおり、債権者保護手続は法定期間を短縮することができないため、増資のように最短1日で行うスケジュールは物理的に不可能なので注意しましょう（増資手続のスケジュール短縮方法については3-7節参照）。

　通常、減資は、前述のとおり欠損填補をして将来の剰余金配当を容易にした上で、同時に募集株式の発行を行い会社経営の再建を図ることを目的として行うケースが多いです。

　会社としては、減資をせずに募集株式の発行だけをしたい場合であっても、欠損が生じていると株式の引き受け手が見つからないからです。出資者側から、出資の条件として、減資により欠損填補をすることを提示されることもあります。

　なお、会社再建のために減資と増資を同時に行う場合、新たな出資者が経営権を取得することが通常であり、既存の株主の持株比率を下げるために株式併合又は自己株式の取得も併せて行います。

　一旦資本金額をゼロにする100％減資を行う場合には、株主を総入れ替えするため、反対株主も含め全ての既存株式の買取りを可能にするために、**全部取得条項付種類株式**を利用するケースが増えてきています（全部取得条項付種類株式については3-14節参照）。

　ちなみに、会社法下では、資本金と株式の関係は完全に分離されたため、減資をしても当然には株式が消却されず、別途上記のように自己株式の取得等の手続が必要になるので、注意しましょう。

● 2. 減資のスケジュールと手続

　減資の一般的スケジュールは以下のとおりです（会社法447条、449条）。

▼減資スケジュール

①株主総会の特別決議

↓

②債権者に対する官報公告
（減資の内容・一定の期間内異議を述べられる旨・最終の貸借対照表の開示場所）

↓

③会社が把握している債権者に対する個別催告通知
（公告と通知内容は原則として同一）

↓

④異議を述べた債権者に対する対応（弁済等）

↓

⑤減資の効力発生

↓

⑥管轄登記所にて登記申請

　上記②～④が債権者保護手続です。会社は、減資をする旨の公告及び個別催告通知をしてから1ヶ月間、債権者に対して異議を述べる期間を与える必要があります。

　そして、減資は会社が定めた効力発生日に効力が生じますが、債権者保護手続が終了していない場合には、その効力が生じません。

　また、公告を官報に掲載する場合、申込から掲載まで2週間（決算公告を毎年している会社の場合には1週間。決算公告については3-17節参照）かかります。

　したがって、準備期間等も鑑みると、最低でも手続開始から減資の効力発生までに2ヶ月間は必要です。

　会社債権者も含め関係当事者全員が同意している又は会社債権者が存在しなかったとしても、官報公告を省略することはできないため、手続の短縮をすることは不可能です。

　他方で、③個別催告通知は、電子公告等と官報公告を併せて行うことにより省略することが可能です（5-12節参照）。

問題解決のコツ

● 減資には時間がかかる

中小企業の場合、分配可能額の増加・経営権の交代目的だけでなく、会社法上の機関設計又は税務上の問題、若しくは助成金取得のための資本金額要件をクリアするために減資を行うこともあります。

同じ資本金額の変更だからと、減資と増資を等しく考え、事業年度末日の直前など、短期間で減資を実行することを希望する方が少なくありません。

ですが、債権者保護手続が必要な減資は、手間はともかく時間は組織再編手続と同程度要する手続であることを日ごろから意識する必要があるでしょう。

用語の解説

減資：会社の資本金額を減少することです。
第三者割当増資：特定の第三者に株式を割り当てる方法で行う募集株式発行です。
債権者保護手続：合併等の当事会社の債権者に対し、異議等を述べる機会を与えることです。
全部取得条項付種類株式：会社が株主総会の決議によってその全部を取得することを可能とする内容の株式です。

条文

会社法447条　（資本金の額の減少）
1　株式会社は、資本金の額を減少することができる。この場合においては、株主総会の決議によって、次に掲げる事項を定めなければならない。
　　1　減少する資本金の額
　　2　減少する資本金の額の全部又は一部を準備金とするときは、その旨及び準備金とする額
　　3　資本金の額の減少がその効力を生ずる日
2　前項第1号の額は、同項第3号の日における資本金の額を超えてはならない。
3　株式会社が株式の発行と同時に資本金の額を減少する場合において、当該資本金の額の減少の効力が生ずる日後の資本金の額が当該日前の資本金の額を下回らないときにおける第1項の規定の適用については、同項中「株主総会の決議」とあるのは、「取締役の決定（取締役会設置会社にあっては、取締役会の決議）」とする。

12 多重代表訴訟制度って何?

多重代表訴訟で何ができるの?

子会社役員にも責任追及できるらしいよ

多重代表訴訟が可能に

平成27年改正により、**多重代表訴訟**が認められるようになりました。

平成27年改正前は、株式会社の株主は、当該株式会社の子会社の役員に対して、代表訴訟を提起することができませんでした。

しかし、今般においては、企業グループが多数形成されるようになり、ホールディングスカンパニー化が進んだため、子会社の企業価値が、持株会社である親会社の企業価値に多大な影響を与えるようになりました。

そこで、平成27年改正では、親会社株主を保護するために、多重代表訴訟制度を創設したのです。

会社法のツボ

● 1. 多重代表訴訟とは?

多重代表訴訟とは、親会社の株主が当該親会社を代位して行う子会社の役員等に対する株主代表訴訟のことです。

平成27年改正前は、株主代表訴訟を提起できるのは、あくまで対象会社の株主であり、子会社に対して、親会社株主が提起することができませんでした。

しかし、各企業のホールディングカンパニー化が進み、実際に事業を行っているのは、子会社であるところ、子会社に対して責任追及ができないのは、親会社株主にとって、利益が害されるおそれがあるところから、平成27年改正によって、多重代表訴訟が認められるようになりました。

多重代表訴訟が認められるためには、以下の要件を満たす必要があります。

①特定責任

多重代表訴訟の対象となるのは、特定責任に限られます（会社法847条の3）。

特定責任とは、会社法847条の3第4項で定義されており、取締役等が任務懈怠等により損害を与えた際に、親子関係になっている必要があります。

②少数株主権

多重代表訴訟を提起できる株主は、親会社の株式を1%以上有している必要があります。

③最終完全親会社

子会社に少数株主がいる場合は、当該少数株主に責任追及をゆだねれば足りるため、多重代表訴訟をすることはできません。完全親子会社関係にある場合に限り、多重代表訴訟は可能になります。

④継続保有要件

6ヶ月以上前から、1%以上、完全親会社の株式を保有し続けている必要があります。

⑤重要子会社

子会社の中でも、親会社の中で重要性がある必要があります。

具体的には、子会社の株式の価値が、親会社の総資産額の20%以上である必要があります。

問題解決のコツ

●重要子会社の要件を満たすかどうか、子会社管理に注意

重要子会社の要件を満たす必要があるため、企業グループ内では、常に対象となる子会社が存在するかどうか、把握しておく必要があるかと考えます。

用語の解説

多重代表訴訟：親会社の株主が当該親会社を代位して行う子会社の役員等に対する株主代表訴訟のことです。
任務懈怠：取締役等が職務上行うべき任務を怠ることです。

4

第5章

グループ会社の場合・M&Aをする会社の場合

1 M&A って何？

海外や大企業だけの話じゃないの？

最近は、中小企業でも活用事例が増えているよ！

中小企業・ベンチャー企業でも増えている M&A

　M&Aという言葉をニュースで耳にしたことはあっても、自社には関係ないなぁという経営者は少なくないと思います。

　今でこそ日本でもM&Aが浸透し、上場企業を中心に積極的なM&Aを仕掛ける企業が増えてきています。

　また、ベンチャー企業の場合であれば経営者が欧米の企業事情に明るい人も少なくありませんので、イグジットが上場ではなく、M&Aで大企業等に売却することを設立当初から考えている経営者も少なくありません。

　他方で、中小企業、特に同族企業ですとどうでしょうか。まだまだM&Aは自社とは関係ない、M&Aして自社を売却するなんて考えたくもないという経営者の方が少なくない印象です。

　しかし、筆者としては中小企業こそ、M&Aによる**事業承継**など、積極的に行うことを検討すべきかと考えますし、お勧めします。

会社法のツボ

● 1. M&A とは、Mergers & Acquisitions の略称で、企業の合併・買収

　合併と買収により企業の経営支配権を移転することが目的です。

　その手法は、合併・会社分割・株式交換・株式移転・事業譲渡・株式譲渡などが考えられますが、どの手法を採用するかは、ケースバイケースです。

　筆者の実務上の感覚として、近年は、M&Aの場合には、株式譲渡や事業譲渡と「登

記」が必要でない手法が選択されることが多いように思われます（5-4節参照）。

　これは、スキーム選択の段階で、会社分割等も検討の一要素には上がりますが、コンサルタント会社やM&A仲介会社などのアドバイスに基づき、債権者保護手続や登記手続が必要で、コストや時間のかかる会社分割・合併などが敬遠されがちであり、5-3節のグループ再編の場合と異なり、M&Aの場合は、株式譲渡や事業譲渡でも目的を達せられることが多いからであると考えます。

● 2. 中小企業のM&Aの活用手法

　中小企業のM&A活用手法としては、大きく分けて以下の3つが考えられます。

(1) 他社経営資源の活用

　特定地域において十分な顧客を有する会社が、今まで馴染みのない地域へ進出する際には、新店舗を進出させてゼロから販路を開拓するのが基本でしょうが、それでは時間とコストがかかるのはもちろん、既存のライバル店に勝てる保障はありません。

　そうであれば、既にその地域に販路を有している他社の経営権を取得する方が、自ら販売拠点を構築しているよりも目的を達することができます。

　もちろん、M&Aにもリスクはありますが、経営の多角化や許認可事業への進出を検討している場合には、短期間で目的を達することができる場合が少なくありません。

　筆者のクライアントでも、一時期、同業種で特定地域に強みを持つ企業に対しM&Aをして経営権を取得（株式譲渡の手法でした）し、今まで馴染みのなかった地域にも進出することに成功しました。

　企業風土の違いなど、M&A後もクリアしなければならない問題は多いですが、今はM&Aは中小企業でも活用できる手法として、選択肢に入れることができると考えます。

(2) 不採算部門の売却

　上記（1）とは別に、自分の経営権や事業を手放し、不採算な会社や部門を整理したい場合に、M&Aを活用することが有効なことも少なくありません。

　自社では不採算にしかならない事業であっても、他社に買収されることにより、シナジー効果を得られることもあるでしょう。

5

(3) 後継者不在の場合の事業承継

　中小企業においては、オーナー社長も多く、息子等の親族を後継者とするケースが少なくありません。

　しかし、昨今の少子化社会では、満足のいく後継者が育たない場合も少なくありません。

　その場合には、M&Aによって、既存の役員や第三者に会社を売却することもあり得ます。

　また、ベンチャー企業の社長は、次なるアイディアで起業するため、さしあたって、既存の企業をM&Aで売却し、資金を得るという手法もあります。

● 3. M&Aにおける留意点

　次に、M&Aにおける売り手側と買い手側のそれぞれの一般的な留意点をおさえておきましょう。

　まず、M&Aが実施される場合の大まかなプロセスは、以下のとおりです。

▼ M&Aのプロセス

①当事会社の意向の発生

②秘密保持契約書の締結

③初期情報の取得・情報の提供

④当事会社の意思決定

⑤基本合意書の締結

⑥デュー・ディリジェンス（以下「DD」という）の実施

⑦最終契約（事業譲渡契約や株式譲渡契約）の締結

⑧クロージング手続・クロージングの実施

⑨管轄登記所へ役員変更等必要となる変更登記申請

　細かい部分を挙げればキリがありませんが、売り手側の重要な留意点としては、いつでも売れるわけではありませんので、タイミングと情報収集・事前準備が大事だということです。

　売りたいときに望ましい買い手が現れることはむしろ稀ですので、情報収集を怠ってはいけません。その時役に立つのがM&A仲介業者ですが、玉石混交なので、

安易にアドバイザリー契約などを締結するのは、ご注意ください。特に、アドバイザリーに対して、費用を払うタイミングなど、契約書でどのように定めているのかを、よく理解してから契約すべきです。

　また、いつでも売れるよう、労務問題や知的財産の保全、株主の整理など、目をつぶりがちな法務リスクも事前に対処しておく必要があります。

　他方で、買い手側の重要な留意点としては、M&Aありきで考えるのではないということと、買わない勇気を持つことです。

　M&AがしたいからM&Aをしたり、DDなど費用をかけたから今さら買わないという選択はないなどの思考はかなり危険です。

　筆者が相談を受けたケース（買い手側）でも、コンサルタント（もちろん筆者の知人ではない）に唆され、社長同士の口約束的な状況から始まったM&Aがありましたが、タイトなスケジュールでDD等も軽視しながら実施したところ、買い手側が想定していなかった負債や契約トラブルなどが売り手側にあることがクロージング直前に発覚したものの、買い手側ではプレスリリースなども行っていたため、引くに引けず、結果としてシナジー効果の薄いM&Aを実施してしまった例などがあります。

　このような事が無いよう、M&Aの実施もそうですが、仲介会社などの選定には慎重になるべきです。

5

問題解決のコツ

● DDの重要性と専門家の活用

　M&Aが活発的になっているとしても、他社買収・他社に売却というのは、リスクが高いことは事実です。

　可能な限りリスクを減らすために必要となるのが、財務・法務・知財・労務・事業など様々な分野でのDDです。

　また、DDをした上で、法令を遵守かつ適切なスキームを検討し、また実行していく必要があります。

　これらは自社だけで行うのは難しく、それぞれの専門家に依頼すべきです。

　専門家コストは決して安いものではないでしょうが、安かろう悪かろうで選ぶのではなく、M&Aに精通した各種専門家に依頼することが、M&Aリスクを最も軽減する手軽な方法です。

　筆者の場合も、M&Aスキームの中で、会社分割や株式交換など、会社法の中でも複雑な部類に入る各種手続を得意分野としているため、他士業や企業の法務担当者

から相談を受けることがよくあります。

　その理由の一つに、M&Aに精通している司法書士の数は、公認会計士や弁護士など他士業の中でも非常に少ないことがあげられると思います。

用語の解説

M&A：企業の合併、買収のことです。
事業承継：会社の経営を後継者に引き継ぐことです。
株式譲渡：所有株式を他者に譲渡することです。
クロージング：M&Aにおいては、最終契約を締結し、代金決済が終了することを指します。
イグジット：ベンチャービジネスや企業再生などにおいて、創業オーナーやVCなどのファンドが株式を売却して、利益を手にすることです。
デュー・ディリジェンス：買主側が、買収対象会社の資産・事業リスク等を調査することです。

表明保証とデュー・ディリジェンスって何？

DDや表明保証って具体的に何をするの？

ケースバイケースだね

DD・表明保証の意義

　会社法上の直接の規定ではありませんが、M&Aに関する契約書を締結する際に、当事者を拘束する契約条項の代表的なものに、**表明保証条項**があります。

　また、M&Aにおける最も重要なファクターである買収価格を決定するために、買主側の要求により、買収対象会社の資産・事業リスク等を調査するものであり、買主側の権利として**デュー・ディリジェンス**（以下「DD」といいます）を行います。

5

会社法のツボ

● 1. 表明保証とは？

　表明保証とは、M&Aに関する契約の当事者が、当該契約における価格決定や決済の前提条件として、一定の事項・事情・事実又は状態につき、相手方に対し陳述又は断言し、この陳述等に違反する事項等が存在したときは、それにより相手方が被る損害を補償することを約することをいいます。

　表明保証をすることの意義・機能としては、リスクの公平な分担と買収価格の調整があげられます。

● 2. 表明保証違反の効果

　表明保証違反の効果としては、損害賠償・買収価格の減額・決済の拒絶・買収契約の解除・期限の利益喪失等が考えられます。

　債務不履行責任と性質を似たものと捉える考え方もありますが、表明者が無過失

責任を負うため、厳密にはこれと性質を異にするでしょう。

● 3. 表明保証の対象条項とDD

　表明保証の対象条項として考えられるものは、当事者・財務・保有資産・契約関係・労務、役員関係・法令遵守事項などがあり、これを精査するのがDDです。

　そして、表明保証はDDでは調査しきれなかった事項や予測できないリスクなどを補完するという位置関係に立ちます。

問題解決のコツ

● M＆Aの契約書は表明保証などの特約条項が大事

　5-1節でも記載のとおり、DDをしないM&Aは非常にリスクがあります。

　専門家コストを支払っても可能な限り様々角度からDDをすべきです。

　また、自社だけの話ではないので、DDをしたとしても相手の会社のことを短期間で知ることができる範囲には限度があります。

　したがって、事後的なトラブルに備え、M&Aの契約書に表明保証条項など各種特約条項を入れることは非常にメリットがありますし、契約交渉のキモです。

用語の解説

表明保証条項：M＆Aに関する契約書に記載する、契約当事者が一定の事項・事実等を相手方に断言等をし、その事実等に違反があった場合には、相手方が被った損害を補償する内容の条項のことです。
デュー・ディリジェンス：買主側が、買収対象会社の資産・事業リスク等を調査することです。

3 組織再編って何？

組織再編ってM&Aと違うの？

対外的なM&Aと違い、組織再編は自社グループ内の整理って
感じだね

組織再編の意義

　会社法上の**組織再編**は、いわゆるグループ内再編をイメージするとわかりやすい
と思います。

　以前は、全国規模の会社であれば営業所ごとに子会社を作ったり、事業部門ごと
に子会社を作ったり、役員ポストを増やすためなど、グループ内でたくさんの子会社
を有することがある種のステータスであった時代もありました。

　ですが、インターネット環境が整備され、管理部門であれば本社の総務等に一任
しても体制としては問題なかったり、不採算部門を特定の会社に統合させることに
より管理コストを減らしたりするなどの見直しが近年は行われています。

　一方で、**持株会社化**をするために、管理部門を持株会社に集約し、各子会社の事業
部門の整理を行った上で、事業部門ごとに子会社を設け、乱立している子会社を一
元管理するなどもよく行われるようになりました。

　その手法は様々で、スキームごとに妥当性を検討していく必要があります。

会社法のツボ

● 1. 組織再編とは？

　組織再編とは、合併・会社分割・株式交換・株式移転のことです。

　広い意味では、事業譲渡・事業の譲受けも入りますが、会社法の組織再編分野と
いうことで、割愛させていただきます。

　組織再編は、その形態により、既存の会社と契約を締結する**吸収型再編**と、新会社

5

を設立する**新設型再編**に分かれます。

そして、吸収型再編は、**吸収合併・吸収分割・株式交換・株式交付**（会社計算規則2条3項37号）、新設型再編は、**新設合併・新設分割・株式移転**があります（会社計算規則2条3項45号）。

● 2. 組織再編の目的とは？

大企業の場合、事業の採算性・将来性・本業とのシナジー効果等をベースにし、投資効率を図るために、事業を選択し、かつ選択した事業に経営資源を投入し集中させることなどを目的として行うとされています。

具体的には、以下の3つの目的として行うとされています。

①**グループ内再編**
②**既存事業の強化**
③**経営統合**

さらには、中小企業の場合には、後継者問題の解決や経営の安定化のために上場会社と株式交換をすることも考えられます。

問題解決のコツ
● 組織再編をするときは慎重に

法的にはどのようなスキームをとったとしても、時間とコストをかければ可能になることが多いです。

しかし、実際にその組織再編をやる必要があるのか？　ということを事業や財務などの観点から慎重に検討する必要があります。

筆者が相談を受けたケースでも、将来的に事業の売却なども視野にいれ、見切り発車で会社分割で子会社をたくさん作ったのですが、結果いずれもうまくいかず、翌年には全て合併をして元の1社だけに戻したという企業もあります。

組織再編をする場合、どのスキームをとったとしても、それなりの時間とコストがかかりますので、経営者の思い付きだけで実行するのは避けましょう。

用語の解説

組織再編：合併・会社分割・株式移転・株式交換・組織変更の総称です。

持株会社化：他の会社の株式を保有し、自社では原則として事業活動をせず、子会社の管理等のみを行う親会社を作ることです。

合併：吸収合併と新設合併の総称です。

会社分割：吸収分割と新設分割の総称です。

株式交換：株式会社が発行済株式の全部を他の株式会社又は合同会社に取得させる手続のことです。

株式移転：既存の会社を完全子会社として、完全親会社を設立する手続のことです。

吸収型再編：吸収合併、吸収分割、株式交換の総称です。

新設型再編：新設合併、新設分割、株式移転の総称です。

吸収合併：会社の権利義務全てを包括的に既存の別会社に承継させる手続のことです。

吸収分割：会社がある事業に関して有する権利義務の全部又は一部を既存の別会社に承継させる手続のことです。

株式交換：株式会社が発行済株式の全部を他の株式会社又は合同会社に取得させる手続のことです。

新設合併：会社の権利義務全てを包括的に新設合併と同時に設立する新会社に承継させる手続のことです。

新設分割：会社がある事業に関して有する権利義務の全部又は一部を新設分割と同時に設立する新会社に承継させる手続のことです。

5

条文

会社計算規則2条3項37号、45号 （定義）

1～2　省略

3　この省令において、次の各号に掲げる用語の意義は、当該各号に定めるところによる。

　　1～36　省略

　　37　吸収型再編　次に掲げる行為をいう。

　　　　イ　吸収合併
　　　　ロ　吸収分割
　　　　ハ　株式交換
　　　　ニ　株式交付

　　38～44　省略

　　45　新設型再編　次に掲げる行為をいう。

　　　　イ　新設合併
　　　　ロ　新設分割
　　　　ハ　株式移転

4 M&Aといえば
事業譲渡？

登記いらないし、事業譲渡なら楽じゃない？

事業譲渡でも登記が必要なケースがあるよ！

事業譲渡とM&A

　M&Aのスキームを検討する場合、合併・会社分割・株式交換 (以下「合併等」といいます) なども候補の一つに挙がりますが、近年は、株式譲渡又は事業譲渡で実行するケースが増えてきています。

　これは、株式譲渡・事業譲渡の方が会社法上必要となる手続がシンプルであるため、株主全員の同意が得られる場合など、友好的なM&Aの場合には、簡便だからです。

　また、実行段階では対外的な手続が少ないため、秘密裏にM&Aを進められることもメリットになると考えられます。

　株式譲渡に関しては、会社法上の手続としては単なる株式の譲渡であるため、会社法で定める株式譲渡の手続を行えば足ります (2-8節参照)。

　本節では事業譲渡について解説します。

会社法のツボ

● 1. M&Aにおける事業譲渡の選択肢

　現在、企業の価値を高める手段として、事業再編やM&Aが活用されることが多々あります。

　その手法としては、合併・会社分割・株式交換・株式移転・事業譲渡・株式譲渡などが考えられますが、どの手法を採用するかは、ケースバイケースです。

　しかし、筆者の実務上の感覚として、近年は、グループ内での組織再編であればと

もかく、M&Aの場合には、株式譲渡や事業譲渡と原則として「登記」が必要ではない手法が選択されることが多いように感じています。

これは、スキーム選択の段階で、合併等も検討の一候補にはあがりますが、コンサルタント会社やM&A仲介会社などのアドバイスに基づき、債権者保護手続や登記手続が必要で、コストや時間のかかる合併等が敬遠されがちであり、M&Aの場合は、株式譲渡や事業譲渡でも目的を達せられることが多いからであると考えます。

● 2. 会社分割と事業譲渡

筆者が、M&Aに関する相談を受ける場合、その依頼先は、当事会社・コンサルタント会社・M&A仲介会社・弁護士・公認会計士と様々です。

但し、いずれの場合も、既にスキーム（手続手法）は固まっており、その具体的な手続や書面の中身を相談されるケースが多いように感じます。その場合には、当該手続についてアドバイス・書面作成等を行えば足りるため、さほど筆者が悩むことはありません。

一方で、いくつかの事案では、スキームの検討段階やキックオフミーティング（会社担当者と士業等の専門家の初回顔合わせのためのミーティング）の段階からの参加を要請されるケースもあります。

その経験から感じる、よくスキームの比較検討の材料となる会社分割と事業譲渡において、メリット・デメリットのポイントは以下のとおりと考えます。

▼事業譲渡のメリット

①債権者保護手続が不要であること。
②会社分割に伴う労働契約の承継等に関する法律（以下「労働契約承継法」という）に基づく手続が不要であること。
③原則として登記手続が不要であること。
　会社分割の場合は、原則として債権者保護手続が必要（会社法789条・799条・810条）であるため、手続着手から実行まで最低でも2ヶ月弱（1ヶ月の法定期間＋官報への申込から掲載までの期間）程度の期間を要します。
　新設分割の場合には、分割会社の債務を新設会社が併存的に債務引受けをする場合には、債権者保護手続を省略することが可能です。
　但し、M&Aを前提とする場合には、吸収分割スキームで行われることが多い

ので、いずれにしろ承継会社では債権者保護手続が必要です。

また、新設分割＋株式譲渡スキームで行うとしても、M&Aの場合には、余程の事情がない限り、新設会社に承継させた分割会社の債務を分割会社が併存的に引き受けることはないので、この観点からも債権者保護手続が省略されるケースは稀です。

会社分割の場合は、労働者が反対しなかったとしても、労働者との協議や異議を述べる機会を与える必要があります。

会社分割の場合には、分割会社・承継会社（新設会社）双方で登記申請が必要。新設分割であれば、設立登記申請の日が効力発生日であるため、土日祝日を実行日とすることができません。

▼事業譲渡のデメリット

①債権、債務、労働者の承継には個別の同意が必要なこと。

会社分割の場合には、事業に関する権利義務については包括承継であるため、個別の同意が不要です。

他方で、事業再編・M&Aの手法が事業譲渡又は分割会社において債権者保護手続をしない会社分割であった場合には、濫用的か否かという観点の検討も重要なポイントの1つです。濫用的か否かを全く意識せずに、安易に手続を実行すると、事後的に詐害行為取消権等により当該事業譲渡等が取り消される可能性があるからです（5-13節参照）。

● 3. 事業譲渡の手続

事業譲渡において必要となる一般的な会社法の手続は以下のとおりです。

▼事業譲渡の手続の流れ

①事業譲渡契約承認・株主総会招集のための取締役会
（会社法298条、362条4項1号）

⬇

②事業譲渡契約締結

⬇

③基準日設定公告（会社法124条3項）

⬇

④株主総会の2週間前までに招集通知発送（会社法299条1項）

⬇

⑤株主総会の特別決議（会社法309条2項11号、467条）

⬇

⑥事業譲渡をする旨の株主に対する通知又は公告（会社法469条3項・4項）

⬇

⑦反対株主の株式買取請求の対応

⬇

⑧効力発生日・対価の交付等のクロージング

● 4. スケジューリングの重要性

事業譲渡の場合は、会社分割の場合と異なり、労働者契約承継法の手続や債権者保護手続が必要ではない（譲渡の際に個別の同意は必要です）ため、スケジュールとしてはシンプルとなることが多いです。事業規模等に応じて公正取引委員会への届出や許認可などもスケジュールに加味する必要がありますが、多くの場合は不要なことが多いです。

なぜなら公正取引委員会への届出が必要となるのは、本当に規模が大きなものに限られること・許認可に関しては常に検討が必要ですが、許認可取得に時間と手間（許認可の種類によっては新規取得が難しいものもあります）がかかるため、許認可が影響する事業を有している会社をいじらないようにする（当該会社を譲渡会社と

5

し、許認可事業を譲渡しない)ことが多いからです。

　とはいえ、事業譲渡に関しても会社法上要求されている手続があり、スケジューリングは重要です。

　これは事業譲渡に限りませんが、スケジュールを作成する際には、単に必要な手続を並べるだけでなく、その作業において作成が必要となる書類及び作成の役割分担も明記すると、作業漏れが社内でなくなるので、お勧めします。

　筆者がスケジューリングの依頼も受けた場合には、専門家である筆者が行うべき作業と会社で行うべき作業の役割分担を明記するようにしています。

　例えば、次のような感じです。

日程	内容	期限又は根拠条文	作業分担
10/15	臨時株主総会 ①事業譲渡契約書承認	効力発生日の前日 会社法467	株主総会の開催・運営：会社 株主総会議事録の作成：司法書士大越

問題解決のコツ

●社内にM&Aに詳しい法務担当者がいないときにはどうすれば?

　M&Aを実施する場合には、その実施手法に応じた会社法上の手続が必要となり、議事録等の各種法務書面を作成する必要があります。

　メインの契約書はともかく、弁護士に細々とした法務書面までチェックしてもらうのはタイムチャージの予算上厳しいという場合も少なくないという印象です。

　とはいえ、法務担当者だけでは、ないしは社内に法務担当者がいない場合には、専門家の目は入れておきたいという需要は少なくないのではと思います。

　そのような時、M&Aに慣れている司法書士であれば、その役目を担うことができると筆者は考えています。

　しかし、現在は、企業側に、司法書士がその役目を担えるという認識が無いことが少なくないと感じています。

　中小企業のM&Aも増えている昨今、法務事務のアウトソースとして、M&Aについて司法書士にも気軽に相談してみては、いかがでしょうか。

用語の解説

合併：吸収合併と新設合併の総称です。

会社分割：吸収分割と新設分割の総称です。

株式交換：株式会社が発行済株式の全部を他の株式会社又は合同会社に取得させる手続のことです。

株式譲渡：所有株式を他者に譲渡することです。

事業譲渡：会社の事業の全部又は一部を既存の別会社に譲渡する手続のことです。

M&A：企業の合併、買収のことです。

債権者保護手続：合併等の当事会社の債権者に対し、異議等を述べる機会を与えることです。

分割会社：会社分割において、事業に関する権利義務を他社に承継させる側の会社です。

承継会社：吸収分割において、事業に関する権利義務を承継する側の会社です。

新設分割：会社がある事業に関して有する権利義務の全部又は一部を新設分割と同時に設立する新会社に承継させる手続のことです。

詐害行為取消権：債権者が債務者の法律行為を民法424条に定める要件の下に取消してしまうことができる権利のことです。

労働者契約承継法：労働者保護の観点から、会社分割において、会社が行うべき手続・労働者が主張できる権利の内容を定めた法律です。正式名称は、「会社分割に伴う労働契約の承継等に関する法律」です。

公正取引委員会：日本の行政機関の一つであり、内閣府の外局として、内閣総理大臣の所轄の下に設置される、合議制の行政委員会です。

5

条文

会社法309条2項11号　（株主総会の決議）

1　省略

2　前項の規定にかかわらず、次に掲げる株主総会の決議は、当該株主総会において議決権を行使することができる株主の議決権の過半数（3分の1以上の割合を定款で定めた場合にあっては、その割合以上）を有する株主が出席し、出席した当該株主の議決権の3分の2（これを上回る割合を定款で定めた場合にあっては、その割合）以上に当たる多数をもって行わなければならない。この場合においては、当該決議の要件に加えて、一定の数以上の株主の賛成を要する旨その他の要件を定款で定めることを妨げない。

1～10省略

11　第6章から第8章までの規定により株主総会の決議を要する場合における当該株主総会

会社法467条1項　（事業譲渡等の承認等）

1　株式会社は、次に掲げる行為をする場合には、当該行為がその効力を生ずる日（以下この章において「効力発生日」という。）の前日までに、株主総会の決議によって、当該行為に係る契約の承認を受けなければならない。

1　事業の全部の譲渡

5 親会社による子会社株式の譲渡の注意点って?

親会社なんだから子会社株式のことは自由じゃないの?

取締役会だけでは決められないみたいだね

親会社とはいえ、子会社は別会社

　親会社は、子会社のことは自社と同様に自由にできるというイメージがあります。

　それが子会社の株式を100%保有している100%子会社ならなおさらだと思います。

　しかし、会社法上は、親会社と子会社は別会社であり、仮に子会社が第三者等に損害を与えた場合、必ずしも親会社はその責任を負う必要はありません。

　一方で、親会社はホールディングスカンパニーであるため、親会社自体では事業を行っていないことも多く、その場合利益は子会社の事業収益に依存していることが多いです。

　となると、親会社株主にとっては、自分の株式価値は子会社次第のところもあり、子会社や親会社の取締役の判断のみで、子会社を売却されては、損害を受ける可能性があります。

　そこで、平成27年改正では、この点の株主保護をする制度を設けました。

会社法のツボ

●親会社による子会社株式の譲渡規制

　平成27年改正前は、株式会社が、子会社の株式を譲渡しようとする場合に、株主総会の承認は不要でした。

　しかし、株式会社が、その子会社の株式を譲渡することにより、当該子会社の支配権を失うことは、事業譲渡と実質的には変わらないと考えます。

とはいえ、子会社の株式価値が親会社の資産価値全体から鑑みれば些少である場合にまで、常に株主総会を必要としていては、迅速な意思決定もメリットの1つとなるグループ企業経営を損なうことも考えられます。

そこで、平成27年改正では、子会社の株式を譲渡する場合に、当該譲渡する子会社株式の帳簿価額が、親会社の総資産額の20%を超える場合で、かつ株式譲渡後は50%未満の支配権となる場合には、効力発生日の前日までに株主総会の特別決議を要するとされています（会社法467条1項2号の2）。

問題解決のコツ

● 総資産額の算定方法は、事業譲渡と同じ

総資産額の算定方法は、事業譲渡の場合の株主総会の決議の要否と同様の算定方法によることとしています（会社法施行規則134条）。

つまり、原則として、当該株式会社の最終事業年度に係る貸借対照表の資産の部に計上された額をもって総資産額とし、その後剰余金の配当等がなされ、資産の部の額に変動が生じた場合には、その変動を反映することとしています。

用語の解説

親会社：2社以上の会社が支配従属関係にあるとき、他の会社（＝子会社）を支配している会社のことを親会社といいます。具体的には、子会社の議決権の過半数を所有していることなどの要件を満たす必要があります。

子会社：親会社に支配されている会社のことです。

特別決議：株主総会の決議要件の一類型です。原則として、特別決議が必要な決議事項については、議決権を行使することができる株主の議決権の過半数を有する株主が株主総会に出席した上で、その3分の2以上の賛成が必要となります。

6 グループ再編における合併とは？

吸収合併と新設合併って、どっちがよく使われるの？

吸収合併がグループ再編でよく使われるね

合併の意義

会社法を勉強する場合、組織再編といえば、合併が基本であり、文献等の記載についても合併の記述が中心です。

他の会社分割等については、合併と違うポイントを比較して記載されていることが多いかと思います。

しかし、実務上は、合併が行われることはそこまで多くなく、会社分割の方が利用頻度としては多いのではと考えます。

その中でも吸収合併は未だグループ再編で利用されることは少なくありませんが、新設合併にいたっては、筆者もほとんど経験が無いくらい、スキームの選択肢としては入って来ません。

同じ新設制度でも、新設分割の場合は債権者保護手続を不要にすることがケースによっては可能ですので、かなりの頻度で活用されますが、それができない新設合併をするケースというのは、非常に限られるのでしょう。

会社法のツボ

● 1. 合併とは

合併とは、ある会社の資産・負債を問わず権利義務の全てを包括的に他の会社へ承継させる手続のことです。

権利義務を承継する会社が既存の会社の場合は「**吸収合併**」、同会社を新設する場合は「**新設合併**」の手続によることになります。

他の会社へ権利義務を承継させる会社のことを「**消滅会社**」（これに対し、権利義務を承継する会社は、吸収合併の場合「**存続会社**」、新設合併の場合は「**新設会社**」といいます）といいますが、その名のとおり、消滅会社は合併と同時に消滅します。

　通常、会社を消滅させるためには、**解散・清算手続**（6-6節、6-8節参照）を行う必要がありますが、合併の場合には合併手続により当然に消滅するので、別途これらの手続を行う必要はありません。

　また、消滅会社は1社に限りません。消滅会社が多くなればそれだけ手続に手間を要しますが、10社でも100社でも同時に合併することが会社法上可能です。

　他方で、合併の対価として消滅会社の株主に交付する財産が柔軟化されたので、**三角合併**等いろんなパターンの合併を状況に応じて使い分けることが可能になりました。

　合併は、組織再編行為の中で、最も周知されている手続です。誰しもニュース等で合併という用語自体は耳にしたことがあろうかと思われます。

　しかし、その具体的手続の中身まで正確に把握されている方は少ないと思います。株式会社以外でも合併は可能ですが、基本パターンである株式会社同士の合併を前提に解説します。

　ちなみに、**特例有限会社**は、存続会社となること（設立もできないので、もちろん新設会社にもなれない）はできないので、ご注意ください（整備法37条）。

　なお、一般的に、合併はグループ会社間の整理又はM&Aに利用されることが多いです。

　とはいえ、M&Aをするからといって常に合併を利用するとも限りません。

　むしろ、近年は、持株会社の利用も恒常化されてきましたので、資産だけでなく負債も当然に承継してしまう合併よりも、株式譲渡で支配権を確保する手法の方が手続も簡便ですし、広く利用されていると思われます。

　合併もあくまで手続の1つにすぎず、状況に応じた組織再編行為や株式譲渡を選択することが必要なので注意しましょう。

5

吸収合併の一般的スケジュールは以下のとおりです（会社法749条等）。

▼吸収合併スケジュール

①吸収合併契約の締結

↓

②事前開示書面の備置

↓

③株主総会の承認

↓

④株主・登録株式質権者・新株予約権者への通知又は公告

↓

⑤消滅会社での株券提出手続

株券不発行会社等不要な場合があります。

↓

⑥債権者に対する官報公告

（合併の内容・一定の期間内異議を述べられる旨・最終の貸借対照表の開示場所）

↓

⑦会社が把握している債権者に対する個別催告通知（公告と通知内容は同一）

↓

⑧異議を述べた債権者又は反対株主等に対する対応（弁済、株式買取等）

↓

⑨合併の効力発生

↓

⑩管轄登記所にて、存続会社の変更登記及び消滅会社の解散登記申請

いずれも存続会社の管轄登記所を経由して一括して申請します。

↓

⑪事後開示書面の備置

減資と同様、官報公告等の債権者保護手続が必要です。

債権者保護手続が完了していないと合併の効力は生じませんので、ご注意ください。

● 3. 新設合併手続

次に、新設合併手続の一般的スケジュールは以下のとおりです（会社法753条等）。

▼新設合併スケジュール

①新設合併契約の締結

↓

②事前開示書面の備置

↓

③株主総会の承認

↓

④株主・登録株式質権者・新株予約権者への通知又は公告

↓

⑤消滅会社での株券提出手続
株券不発行会社等不要な場合があります。

↓

⑥債権者に対する官報公告
（合併の内容・一定の期間内異議を述べられる旨・最終の貸借対照表の開示場所）

↓

⑦会社が把握している債権者に対する個別催告通知（公告と通知内容は同一）

↓

⑧異議を述べた債権者又は反対株主等に対する対応（弁済、株式買取等）

↓

⑨管轄登記所にて、新設会社の設立登記及び消滅会社の解散登記申請
いずれも新設会社の管轄登記所を経由して一括して申請します。

↓

⑩事後開示書面の備置

5

スケジュールにすると、ほぼ吸収合併と同じ手続ですが、新設会社は合併に際して会社を設立するため、新設会社では債権者保護手続や株主への通知等が不要です。
また、新会社の設立なので、設立登記の申請の日に合併の効力が生じます（会社法754条）。

他方で、設立の登記には設立会社の定款を添付しますが、通常の設立と違い、定款に公証人の認証は不要です（会社法814条）。

● 4. 合併契約書と印紙税

合併契約書には、印紙税として収入印紙4万円を貼付する必要があります。これは契約書毎に必要です。

通常、契約書は当事者の分だけ作成しますので、数社合併の場合には、相当数の印紙税が必要になります。

しかし、例えばグループ間の合併の場合には、同じ部署で書類を一律管理することもありえますので、契約書原本は1通あれば足りることも多々あるかと思われます。

その場合には、契約書の末尾を「本書1通を作成し、甲（存続会社）が保有し、乙及び丙（いずれも消滅会社）は原本の写しを保有する」とした上で、作成する原本を1通だけにすれば、収入印紙は4万円で足りますので、節税になるかと考えます。

問題解決のコツ

● 就業規則の整備など合併後の処理が大事

前述のとおり、合併でよく利用されるのは吸収合併です。

合併契約書の記載内容も含め、他の組織再編手続に比べると、比較的わかりやすい手続だと考えます。

むしろ合併で大事なのは、会社同士が一つになったことによる事後処理です。

就業規則の整備や会社風土の違い、人間関係など、会社が注力しなければいけないことは、合併前よりも合併後の方が多く、合併の後にあわててやっていては、準備不足になり、合併のシナジーが得られないケースも少なくありません。

合併前の会社法の手続や税務・会計問題・社会保険など、専門家に外注できるところは、極力外注して会社担当者の負担を減らし、会社担当者は極力合併後の規程整備など、合併後の手続に注力できるような作業分担が、合併をスムーズに実行するコツと考えます。

組織再編：合併・会社分割・株式移転・株式交換・組織変更の総称です。

合併：吸収合併と新設合併の総称です。

会社分割：吸収分割と新設分割の総称です。

吸収合併：会社の権利義務全てを包括的に既存の別会社に承継させる手続のことです。

新設合併：会社の権利義務全てを包括的に新設合併と同時に設立する新会社に承継させる手続のことです。

新設分割：会社がある事業に関して有する権利義務の全部又は一部を新設分割と同時に設立する新会社に承継させる手続のことです。

債権者保護手続：合併等の当事会社の債権者に対し、異議等を述べる機会を与えることです。

消滅会社：合併において、他の会社に権利義務を承継させる会社のことです。

存続会社：吸収合併において、権利義務を承継する会社のことです。

新設会社：新設合併において、権利義務を承継する会社のことです。

解散・清算手続：会社を解散・清算させる手続のことです。

三角合併：存続会社の親会社株式を合併の対価とする吸収合併のことです。

特例有限会社：会社法施行前からある有限会社のことです。

持株会社：他の会社の株式を保有し、自社では原則として事業活動をせず、子会社の管理等のみを行う親会社のことです。

株式譲渡：所有株式を他者に譲渡することです。

株主への通知：合併等組織再編の当事会社の株主に対し、合併等をする旨等会社法所定の事項を通知することです。

合併契約書：合併の当事会社間で締結する合併事項を定めた契約書です。

印紙税：印紙税法に基づき、課税物件に該当する一定の文書（課税文書）に対して課される税金のことです。

5

条文

会社法814条　（株式会社の設立の特則）

1　第2編第1章（第27条（第4号及び第5号を除く。）、第29条、第31条、第37条第3項、第39条、第6節及び第49条を除く。）の規定は、新設合併設立株式会社、新設分割設立株式会社又は株式移転設立完全親会社（以下この目において「設立株式会社」という。）の設立については、適用しない。

2　設立株式会社の定款は、消滅会社等が作成する。

会社法の施行に伴う関係法律の整備等に関する法律37条　（合併等の制限）

特例有限会社は、会社法第749条第1項に規定する吸収合併存続会社又は同法第757条に規定する吸収分割承継会社となることができない。

グループ再編における会社分割とは？

合併よりも会社分割の方がよく使われるの？

実務では、会社分割の方が多いね！！　便利だからさ

会社分割の意義

　合併の場合と異なり、グループ再編においては吸収分割と新設分割はいずれも良く利用されるという印象です。

　会社分割は、組織再編の中で一番活用しやすく、利用される制度だと考えます。

　事業部門を切出して子会社化したり、他の組織再編スキームと併用されることも良くあります。

　そういう意味では、組織再編の中でも最もおさえておくべき制度と言えるでしょう。

会社法のツボ

1. 会社分割とは

　会社分割とは、ある会社がその事業に関して有する権利義務の全部又は一部を分割して他の会社に承継させる手続のことです。

　権利義務を承継する会社が既存の会社の場合は「**吸収分割**」、同会社を新設する場合は「**新設分割**」の手続によることになります。

　そして、他の会社へ権利義務を承継させる会社のことを「**分割会社**」といい、権利を承継する会社は、「**承継会社**」又は「**新設会社**」といいます。

　なお、以下は、吸収分割を前提に解説していますが、新設分割の場合もほぼ同様です。

　権利義務の承継という点では、吸収合併と同様ですが、吸収分割では、吸収分割会社は解散・消滅しません。全事業に関して有する権利義務の全部を承継させる吸収

分割であっても、分割会社は存続します。

　したがって、吸収分割によって、親会社が行っていた事業は全て子会社に承継させ、親会社はホールディングカンパニーとして以後は存続する等、グループ内の組織再編を行うのに適した手続といえるでしょう。

　他方で、吸収分割の対価は、吸収合併の場合と違い、分割会社自身に交付されます。これを**分社型吸収分割**といいます。

　会社法施行前は、分割の対価を分割会社又は分割会社の株主に交付するかどうかも含め、一連の会社分割手続の対象（分割会社に対価を交付することを物的分割、分割会社の株主に対価を交付することを人的分割と呼んでいた）でしたが、会社法施行後は原則として分割会社に対価が交付されます。

　但し、分割に際して、分割会社が対価である承継会社株式につき剰余金の配当又は全部取得条項付種類株式の対価として利用することにより、従来の人的分割と同様の効果をもたらすことが可能です。これを**分割型吸収分割**といいます。

　一方で、吸収分割のメリットとしては、他の類似手法と比べ、以下の点が考えられます。もちろん他の手法にもメリットがあるので、それらもふまえて最適な組織再編手法を選択する必要があるでしょう。

5

▼吸収分割のメリット

①現物出資の場合と異なり、承継する事業の評価に関し、裁判所の選任する検査役の調査手続を要しないため、事業承継のスケジュールが立てやすいこと。

②吸収分割によって、当該事業に関する権利義務が包括的に承継されるため、承継会社が免責的に引き受ける債務につき、現物出資の場合と異なり、債権者の個別の承諾が不要なこと。

　この点は、合併同様、債権者保護手続でフォローしていくことになります。

③事業譲渡の場合と異なり、対価として承継会社の株式を交付すれば足り、原則として多額の資金準備は不要であること。

④吸収合併の場合と異なり、分割会社の一部を承継会社に承継させることが可能であること。

　これにより、利益の上がっている部門又は不採算部門のみを切り離すことも理論的には可能です。

⑤吸収合併の場合と異なり、吸収分割会社は消滅しないので、事業を空にして
　も、引き続き持株会社として存続させることが可能なこと。
　前述のとおり、ホールディングスカンパニー作成に適していると考えます。

● 2. 会社分割手続

　吸収分割手続及び新設分割手続の一般的スケジュールはそれぞれ以下のとおりで
す（会社法757条、762条等）。

▼吸収分割スケジュール

①吸収分割契約の締結

↓

②労働契約承継法に基づく労働者への吸収分割に伴う通知

↓

③事前開示書面の備置

↓

④株主総会の承認

↓

⑤株主・登録株式質権者・新株予約権者への通知又は公告

↓

⑥債権者に対する官報公告
（分割の内容・一定の期間内異議を述べられる旨・最終の貸借対照表の開示場所）

↓

⑦会社が把握している債権者に対する個別催告通知（公告と通知内容は同一）

↓

⑧異議を述べた債権者又は反対株主等に対する対応（弁済、株式買取等）

↓

⑨分割の効力発生

↓

⑩管轄登記所にて、分割会社及び承継会社の変更登記
いずれも承継会社の管轄登記所を経由して一括して申請します。

↓

⑪事後開示書面の備置

▼新設分割スケジュール

①新設分割計画の作成

↓

②労働契約承継法に基づく労働者への吸収分割に伴う通知

↓

③事前開示書面の備置

↓

④株主総会の承認

↓

⑤株主・登録株式質権者・新株予約権者への通知又は公告

↓

⑥債権者に対する官報公告

（分割の内容・一定の期間内異議を述べられる旨・最終の貸借対照表の開示場所）

↓

⑦会社が把握している債権者に対する個別催告通知（公告と通知内容は同一）

↓

⑧異議を述べた債権者又は反対株主等に対する対応（弁済、株式買取等）

↓

⑨管轄登記所にて、新設会社の設立登記及び分割会社の変更登記申請

いずれも新設会社の管轄登記所を経由して一括して申請します。

↓

⑩事後開示書面の備置

　スケジュールにすると、吸収分割と新設分割とでは、ほとんど違いがなく、また合併で必要となる手続とほぼ同様です。設立登記に関する論点は合併の場合と同様です。

　但し、分割会社にて債権者保護手続が不要になる場合や、労働者への通知等が必要な点など、会社分割固有の問題がありますので、その点には注意しましょう。

問題解決のコツ

● スキームの初期段階から専門家を活用しよう

　会社分割は、スキームの内容や会社の状態によって、必要な手続が大分変わります。

　それだけに債権者保護手続の必要性や新株予約権の処理などミスも多い制度です。

　スキームの初期段階から司法書士等の専門家とタッグを組み、対応していくことをお勧めします。

用語の解説

吸収分割：会社がある事業に関して有する権利義務の全部又は一部を既存の別会社に承継させる手続のことです。

新設分割：会社がある事業に関して有する権利義務の全部又は一部を新設分割と同時に設立する新会社に承継させる手続のことです。

会社分割：吸収分割と新設分割の総称です。

組織再編：合併・会社分割・株式移転・株式交換・組織変更の総称です。

分割会社：会社分割において、事業に関する権利義務を他社に承継させる側の会社です。

承継会社：吸収分割において、事業に関する権利義務を承継する側の会社です。

分社型吸収分割：吸収分割の対価を分割会社に交付する吸収分割のことです。

全部取得条項付種類株式：会社が株主総会の決議によってその全部を取得することを可能とする内容の株式です。

分割型吸収分割：分割会社が吸収分割の対価である承継会社株式につき、剰余金の配当又は全部取得条項付種類株式の対価として利用することにより、吸収分割の効力発生と同時に承継会社株式を分割会社の株主に交付する吸収分割のことです。

債権者保護手続：合併等の当事会社の債権者に対し、異議等を述べる機会を与えることです。

労働者への通知：分割会社が、労働契約承継法に定める要件を満たした労働者に対し、同法の所定事項を通知することです。

新株予約権：会社に対して行使することにより当該会社の株式の交付をうけることができる権利です。

8 グループ再編における株式交換とは?

そもそも誰と誰の株式を交換するの?

今持っている株式と親会社の株式だよ

株式交換の意義

株式交換は、合併や会社分割と違い、あくまで株式のみの交換で、事業や会社資産には何ら影響を与えません。

そのため、株式のみを移動する株式交換は、M&Aには非常に便利です。

株式の譲渡・交換をするのであれば、株式譲渡が一番シンプルな手続になります。

しかし、株式譲渡はあくまで譲渡人である株主の同意が必要であり、M&Aに協力的な大株主はともかく、少数株主が反対をする可能性があります。

その際、大株主の意向のみで実行できる株式交換が、次善の策として利用されるケースは非常に多いです。

会社法のツボ

● 1. 株式交換とは

株式交換とは、株式会社がその発行済株式の全部を他の株式会社又は合同会社に取得させる手続のことです(会社法2条31号)。通常は、株式会社同士で行われることが多いので、以下はそれを前提に解説します。

ある会社が、株式交換をすることによって、当該株式を全て他の会社に取得させることになりますので、当事会社は完全な親子会社関係になります。

株式交換をする会社を「**(株式交換)完全子会社**」、株式交換によって発行済株式の全部を取得する会社を「**(株式交換)完全親会社**」といいます(会社法767条、768条1項1号)。完全子会社の株主は、株式交換によって、完全親会社の株式等の対価を

5

取得することになります。

　会社分割が事業を承継するのに対し、株式交換で取得するのはあくまで株式のみですので、厳密にはその性質を異にしますが、いずれも組織再編手法の1つとして選択肢に挙げられる点では共通しています。

　具体的には、上場企業での利用が多く見られ、グループ再編の一環として子会社を完全子会社化する方策として利用する方法や、買収資金不要のM&Aとして企業グループの拡大の方策として利用することが考えられます。

　完全子会社側でも、対価が上場株式であれば、いつでも換金できるメリットがあり、換金しない限りは株主に譲渡益が発生しないとされているため、税制面でも優遇されています。

　また、吸収合併の場合と違い、株式交換では、当事会社は株式交換後も別会社として存続し続けるため、社内の軋轢やグループ間の対立を回避することが可能でしょう。また、仮に軋轢等が生じたとしても、完全子会社の経営陣が、MBOすることによって、親子関係を解消できるというメリットもあります。

　他方で、会社法下では、対価は完全親会社の株式に限られず、金銭や完全親会社のさらに親会社の株式を対価とすることも可能です（いわゆる「**三角株式交換**」といいます。5-10節参照）。

　金銭を対価とする株式交換は、少数株主の保有する株式を現金化するキャッシュ・アウトとして利用されます。

　一方で、三角株式交換は、外国企業が、日本の上場企業を買収するためや他の上場会社を完全子会社化するために利用された例があり、今後も増えていくのではと考えます。

● 2. 株式交換手続

　株式交換手続の一般的スケジュールはそれぞれ以下のとおりです（会社法767条等）。

▼株式交換スケジュール

①株式交換契約の締結

⬇

②事前開示書面の備置

⬇

③株主総会の承認

⬇

④株主・登録株式質権者・新株予約権者への通知又は公告

⬇

⑤完全子会社での株券提出手続

株券不発行会社等不要な場合があります。

⬇

⑥官報公告及び会社が把握している債権者に対する個別催告通知

（交換の内容・一定の期間内異議を述べられる旨・最終の貸借対照表の開示場所）

新株予約権付社債を完全親会社に承継する場合及び完全親会社の対価が

株式以外である場合を除き、債権者保護手続は不要です。

⬇

⑦異議を述べた債権者又は反対株主等に対する対応（弁済、株式買取等）

⬇

⑧交換の効力発生

⬇

⑨必要であれば、管轄登記所にて、株式交換の変更登記

合併・会社分割と異なり、完全親会社の株式・資本金が増加したり、完全子会社の

新株予約権を完全親会社が承継しない限り、原則として変更登記は不要です。

⬇

⑩事後開示書面の備置

5

合併や分割の場合と同様、簡易・略式の手続も一定の場合に認められています。

他の組織再編手続と最も大きく異なるのは、債権者保護手続が必要になるケースがほとんど無いという点です。

したがって、これが省略できるのであれば、スケジュールを短期間で行うことも可能です。

問題解決のコツ

● 完全子会社が新株予約権を発行している場合には、対応を早めに決めよう

株式交換で手続上問題になりがちなのは、完全子会社が新株予約権を発行している場合です。特に旧商法の新株引受権が残存している場合には、会社法上の新株予約権として取り扱うことができないため、事前の放棄等別途の措置が必要になり、その対応は原則として株式交換契約作成時には決定している必要がありますので、ご注意ください。

用語の解説

株式交換：株式会社が発行済株式の全部を他の株式会社又は合同会社に取得させる手続のことです。

M&A：企業の合併、買収のことです。

株式譲渡：所有株式を他者に譲渡することです。

（株式交換）完全子会社：株式交換において、完全親会社に株式を取得させる側の会社です。

（株式交換）完全親会社：株式交換において、完全子会社の株主から株式を取得する側の会社です。

吸収合併：会社の権利義務全てを包括的に既存の別会社に承継させる手続のことです。

MBO：会社の取締役や経営幹部が、親会社又はオーナー株主から株式を買い取る又は事業承継を受けることです。

三角株式交換：完全親会社の親会社株式を株式交換の対価とする株式交換のことです。

キャッシュ・アウト：現金を対価として、少数株主を排除することです。

株式交換契約：株式交換の当事会社間で締結する株式交換事項を定めた契約書です。

登録株式質権者：会社法所定の事項が株主名簿に記載され、又は記録された質権者のことです。

簡易・略式の手続：簡易株式交換・略式株式交換のことです。

債権者保護手続：合併等の当事会社の債権者に対し、異議等を述べる機会を与えることです。

完全子会社：株式交換において、完全親会社に株式を取得させる側の会社です。

新株予約権：会社に対して行使することにより当該会社の株式の交付をうけることができる権利です。

新株引受権：会社が発行する株式（新株）を優先的に引き受けることができる権利のことです。会社法の施行により「新株予約権」に統一されました。

条文

会社法2条31号 （定義）

この法律において、次の各号に掲げる用語の意義は、当該各号に定めるところによる。

1～30 省略

31 株式交換 株式会社がその発行済株式（株式会社が発行している株式をいう。以下同じ。）の全部を他の株式会社又は合同会社に取得させることをいう。

会社法767条 （株式交換契約の締結）

株式会社は、株式交換をすることができる。この場合においては、当該株式会社の発行済株式の全部を取得する会社（株式会社又は合同会社に限る。以下この編において「株式交換完全親会社」という。）との間で、株式交換契約を締結しなければならない。

会社法768条1項1号 （株式会社に発行済株式を取得させる株式交換契約）

1 株式会社が株式交換をする場合において、株式交換完全親会社が株式会社であるときは、株式交換契約において、次に掲げる事項を定めなければならない。

1 株式交換をする株式会社（以下この編において「株式交換完全子会社」という。）及び株式会社である株式交換完全親会社（以下この編において「株式交換完全親株式会社」という。）の商号及び住所

5

9 グループ再編における株式移転とは？

株式交換と何が違うの？

新しく持ち株会社を作るところが株式移転の特徴さ

株式移転の意義

　株式交換と**株式移転**は、株式のみを移動する制度としては共通していますが、株式交換に比べると株式移転の利用頻度は多くないという印象です。

　しかし、株式の移動のみで新会社を作ることが可能という理由から、むしろ一から会社を作るよりも便利な場合があります。

　特にホールディングカンパニーを作る場合、基本的には許認可の影響がないことから、よく比較される新設分割よりもメリットが大きいケースも少なくありません。

会社法のツボ

● 1. 株式移転とは

　株式移転とは、既存の株式会社を完全子会社として、その完全親会社を設立する制度です（会社法2条32号）。合同会社等持分会社には認められていない制度です。

　株式移転をする会社を「**（株式移転）完全子会社**」、株式移転によって設立して完全子会社の発行済株式の全部を取得する会社を「**（株式移転）完全親会社**」といいます（会社法773条）。完全子会社の株主は、株式移転によって、完全親会社の株式等の対価を取得することになります。

　前述のとおり、株式移転は、ホールディングカンパニーを作る場合、基本的には許認可の影響がないことから、新設分割よりもメリットがあるケースも多く、特に上場企業においては活用事例が少なくありません。

　上場企業のプレスリリースを見ると、株式移転を活用しているのは、概ねホール

ディングカンパニーの設立事例という印象です。

● 2. 株式移転手続

　株式移転手続の一般的スケジュールはそれぞれ以下のとおりです（会社法773条等）。

▼株式移転スケジュール

①株式移転計画の作成

⬇

②事前開示書面の備置

⬇

③株主総会の承認

⬇

④株主・登録株式質権者・新株予約権者への通知又は公告

⬇

⑤完全子会社での株券提出手続
株券不発行会社等不要な場合があります。

⬇

⑥官報公告及び会社が把握している債権者に対する個別催告通知
（交換の内容・一定の期間内異議を述べられる旨・最終の貸借対照表の開示場所）
新株予約権付社債を完全親会社に承継する場合及び完全親会社の対価が
株式以外である場合を除き、債権者保護手続は不要です。

⬇

⑦異議を述べた債権者又は反対株主等に対する対応（弁済、株式買取等）

⬇

⑧移転の効力発生＋管轄登記所にて株式移転による設立登記
完全子会社においては、完全親会社に新株予約権を承継した場合を除き、
原則として変更登記が不要です。

⬇

⑨事後開示書面の備置

5

簡易手続も一定の場合に認められています (5-11節参照)。

株式交換同様、債権者保護手続が必要になるケースはほとんどありません。

問題解決のコツ

●上場会社ではよく使われる株式移転

筆者も何度か経験・相談対応をしましたが、上場会社がホールディングカンパニーを組成する場合や合弁会社を作る場合には、株式移転のスキームを採用する方がメリットが大きい場合が少なくありません。

その理由として、前述した許認可の問題以外に、ホールディングカンパニーが新規上場することになるので、株主への印象が心機一転といった感じで、良いという理由もあるようです。

用語の解説

株式移転：既存の会社を完全子会社として、完全親会社を設立する手続のことです。

新設分割：会社がある事業に関して有する権利義務の全部又は一部を新設分割と同時に設立する新会社に承継させる手続のことです。

完全子会社：株式移転において、完全親会社に株式を取得させる側の会社です。

完全親会社：株式移転において、完全子会社の株主から株式を取得する側の会社です。

(株式移転) 完全子会社：株式移転において、完全親会社に株式を取得させる側の会社です。

(株式移転) 完全親会社：株式移転において、完全子会社の株主から株式を取得する側の会社です。

簡易手続：簡易株式移転のことです。

債権者保護手続：合併等の当事会社の債権者に対し、異議等を述べる機会を与えることです。

条文

会社法2条32号 （定義）

この法律において、次の各号に掲げる用語の意義は、当該各号に定めるところによる。

1〜31　省略

32　株式移転　1又は2以上の株式会社がその発行済株式の全部を新たに設立する株式会社に取得させることをいう。

10 M&Aの対価って何でもいいの？

対価は株式だけじゃないの？

会社の財産ならなんでもいいらしいよ

対価の柔軟化で広がるスキーム

M&Aの対価が柔軟化され、様々な財産の交付が可能になったことにより、キャッシュ・アウトなど、スキームの選択肢の幅が広がりました。

とはいえ、まだまだ制度の活用という面では、それほど多いという印象は感じません。

しかし、今後外国企業の日本企業買収がより進むようになり、中小企業の事業承継などでも外国企業への買収が当たり前になった場合には、制度の活用が進むかもしれません。

本節では、以下は吸収合併を例にしていますが、他の組織再編の制度の場合もほぼ同様の制度があります。

会社法のツボ

● 1. 合併対価の柔軟化とは？

会社法では、平成19年5月から（会社法自体の施行時期は平成18年5月であることに注意です）、会社が吸収合併をする場合に限り、消滅会社の株主に対して、存続会社の株式だけでなく、金銭その他の財産を交付することが認められました（会社法749条1項2号、751条1項3号）。これを**合併対価の柔軟化**といいます。

この点、会社法施行前では、合併交付金の問題は別としても、合併に際しては合併新株（又は代用として自己株式）しか消滅会社の株主に対して交付することができませんでした。

5

合併対価の柔軟化が認められたことにより、いわゆる交付金合併・三角合併が可能になりました。これは実務界にとって非常に大きな改正と言えます。

　交付金合併とは、対価として金銭のみを交付する合併のことです。交付金合併が可能になったことにより、例えば、買収会社が、被買収会社の支配株式取得後（概ね、3分の2以上の株式を取得するイメージ）に、当該会社を完全子会社化しようとする場合、従来とられてきた株式移転・清算の方式や端株割り当て等の方式に代わり、この交付金の手法を採用することが可能となりました。

　一方で、**三角合併**とは、存続会社の親会社株式を合併の対価とする吸収合併のことです。三角合併が可能になったことで、外国企業が、日本企業を買収する手法として三角合併を利用することが考えられます。例えば、外国企業Ａが、日本に100％子会社Ｂを設立し、次にＢが親会社であるＡの株式を対価として、Ｂと買収対象である日本企業Ｃとの間で吸収合併することが可能になったので、結果として、Ａは、その株式を対価として、Ｃを100％子会社化することが可能になりました。もちろん、外国企業による買収だけでなく、日本の持株会社が、子会社による合併買収を行おうとする際にも利用ができると考えます。

　そもそも、このような改正がなされた背景として、事業再構築・買収等の隆盛に伴う組織再編行為の手法の多様化の要請から、産業活力再生特別措置法（平成15年改正）が、認定計画に従う株式会社の合併につき、吸収合併消滅会社株主に対し「外国会社株式を含む特定金銭等」を交付することができる旨の既定を設けたことに伴い、会社法にもそのような規定を設けることにより、当該手続を一般化することに至ったという事情があります。

● 2. 合併契約書における記載方法

　上記のとおり、交付金合併・三角合併を行う場合、合併対価と割り当てに関する事項につき、合併契約書にその旨を記載することになります。具体的には以下のように記載します。

▼交付金合併の例

> 第●条　甲（存続会社。以下同じ。）は、合併に際して、総額金●●円を交付することとし、効力発生日前日最終の乙（消滅会社。以下同じ。）の株主名簿に記載された乙の株主（甲及び乙を除く）に対して、乙株式1株に対して金●●円の割合で割り当てる。

> 第●条　甲は、合併に際して、甲の完全親会社である●●株式会社の普通株式●●株
> 　　　　を交付することとし、効力発生日前日最終の乙の株主名簿に記載された乙の
> 　　　　株主（甲及び乙を除く）に対して、乙株式１株に対して●●株式会社の普通株
> 　　　　式●●株の割合で割り当てる。

● 3. 株式交付制度の新設

令和３年改正によって、株式交付制度が新設されました（会社法774条の２）。

株式交付とは、株式会社（以下本節において「株式交付親会社」といいます）が、他の株式会社（以下本節において「株式交付子会社」といいます）を株式交付親会社の子会社とするために、株式交付子会社の株主から株式交付子会社の株式を譲り受け、その対価として、株式交付親会社の株式を交付することをいいます（会社法２条32の２号）。この記載だけですと、株式交換の制度とほぼ同様の制度に見えますが、大きな違いは、株式交換が、株式交換子会社の株主の株式全部を対象とするのに対し、株式交付の場合は株式交付子会社の株主の株式を一部のみ対象とすることができる点です。

これまで株式対価である株式交換の場合は100％子会社化に限定され、株式譲渡や事業譲渡では対価が現金となりキャッシュが必要であったため、完全子会社化が不要・現金が不要となる株式交付は、その中間の制度として、利用価値が高いのではと考えます。

株式交付の具体的手続は、会社法上は組織再編行為の一種であるため、株式交換等他の組織再編手続と類似していますで、そちらを参照しつつ、株式交換等と手続の異なる点は、株式交付に係る会社法の条文を参照ください（会社法774条の２～11等）。

問題解決のコツ
● 交付金合併は適格合併にならない

交付金合併の場合は、税務上適格合併とならないこと、またキャッシュ・アウトによって少数株主の持株を大株主に全て移転させてしまうことになるため、その態様・目的によっては、対価に合理性があっても、合併無効又は総会決議取り消しの原因となる可能性が否定できないことに注意が必要です。

5

●三角合併は消滅会社株主の理解が得辛い

　三角合併の場合は、交付する親会社の株式は外国株式や非上場会社の株式であることも少なくなく、その場合は流通性や金額の算定方法に困難が伴うことから、消滅会社の株主が通常の合併に比べ難色を示し易く、株主総会決議の承認が得られ辛いことが予想されます。さらには課税繰延となる要件も厳しいようです。

用語の解説

M&A：企業の合併、買収のことです。
キャッシュ・アウト：現金を対価として、少数株主を排除することです。
吸収合併：会社の権利義務全てを包括的に既存の別会社に承継させる手続のことです。
組織再編：合併・会社分割・株式移転・株式交換・組織変更の総称です。
合併対価の柔軟化：合併において、消滅会社の株主に対し、存続会社の株式だけではなく、金銭その他の財産の交付が可能となったことです。
交付金合併：合併において、対価を金銭のみとすることです。
三角合併：存続会社の親会社株式を合併の対価とする吸収合併のことです。
合併契約書：合併の当事会社間で締結する合併事項を定めた契約書です。

条文

会社法2条　（定義）
　この法律において、次の各号に掲げる用語の意義は、当該各号に定めるところによる。
　（省略）
　　32の2　株式交付　株式会社が他の株式会社をその子会社（法務省令で定めるものに限る。第774条の3第2項において同じ。）とするために当該他の株式会社の株式を譲り受け、当該株式の譲渡人に対して当該株式の対価として当該株式会社の株式を交付することをいう。
　（省略）
会社法774条の2　（株式交付計画の作成）
　株式会社は、株式交付をすることができる。この場合においては、株式交付計画を作成しなければならない。

11 簡易組織再編と略式組織再編の違いって?

簡易、略式って手続きが簡単になるの?

株主総会が不要になるよ

便利な簡易組織再編と使い勝手が悪い略式組織再編

　株式会社が吸収合併等の組織再編手続をする場合、当事会社の株主総会の特別決議が必要です。

　しかし、一定の要件を満たす場合には、当事会社にとって影響が小さいため、株主総会の決議を得るほどではないというケースも少なくありません。

　その需要にこたえるのが、簡易合併・略式合併の制度です。

　特に**簡易合併**に関しては、存続会社や分割会社など、株主総会を開催するのが容易ではない上場企業等株主数が多い会社側の株主総会を省略することが可能であるため、非常に便利な制度と考えます。

　一方で、**略式合併**は、100％子会社など株主総会における株主の同意を得ることが容易な会社で株主総会を省略することが可能になる制度であるため、必ずしも必須な制度とまでは言えないと考えます。

　筆者の私見ですが、略式合併を採用することにより、株主名簿など必要となる登記書類がむしろ増えますので、100％子会社で株主総会の決議が容易なのであれば、株主総会をした方が好ましいケースも少なくないと考えます。会社法下では、実開催をしなくとも書面決議の制度などもあるからです。

　本節では、以下は吸収合併を例にしていますが、他の組織再編の制度の場合もほぼ同様の制度があります。

5

会社法のツボ

● 1. 株主総会決議が不要に

　吸収合併をする場合、原則として、効力発生日の前日までに存続会社及び消滅会社それぞれで株主総会の特別決議での承認が必要です。

　しかし、後述する簡易合併又は略式合併の要件を満たす当事会社（会社毎に要件を判断する必要がありますので、ご注意ください）では、株主総会の特別決議が不要となり、取締役会の承認を得れば足ります。

　上場会社など株主が多数の会社にあっては、株主総会の開催も容易ではないため、小規模企業又は子会社を吸収合併する際などにも常に株主総会の開催が必要だとしたら、機動的な組織再編は困難であり、又株主総会をわざわざ開催する実益も乏しいでしょう。

　そのため、例外措置として簡易合併・略式合併の制度を設け、一定の場合に株主総会を不要とすることを会社法は認めています。

　もちろん、吸収合併の場合に限らず、会社分割等その他の組織再編の場合にも、簡易・略式の組織再編行為が認められています。但し、新設合併・株式移転や当事会社が持分会社である場合には認められていない制度ですので、ご注意ください。

● 2. 簡易合併とは

　簡易合併とは、存続会社が合併で資産・負債を受け入れる際に、合併新株等の対価を消滅会社の株主に交付する場合、この対価の額が存続会社の純資産額の20%以下（無対価を含みます）であるときは、存続会社において株主総会の承認決議が不要になることです（会社法796条2項）。

　資産受け入れの対価に着眼点を置いた制度ですので、もちろん消滅会社では認められていない制度です。

　なお、上記要件を満たす場合であっても、以下の場合には簡易合併が認められないので注意しましょう（会社法796条2項但書）。

　募集株式の発行をする際、非公開会社の場合には株主総会の特別決議が必要なので、脱法行為とならないようにするためです。

　そうすると、非公開会社であることがほぼ常である中小企業同士の合併では、簡易合併がほとんどのケースで認められないでしょう。

　しかし、実務上は、完全子会社を吸収合併する無対価合併であったり、中小企業で

は株主数が多くないため株主総会の開催が容易であることも多く、それほど問題にはならないと考えます。

▼簡易合併が認められないケース

①合併差損が生じる場合（会社法795条2項）。

消滅会社が債務超過会社である場合などです。

②存続会社が非公開会社で合併対価に譲渡制限株式が加わる場合（会社法796条1項但書）。

● 3. 略式合併とは

略式合併とは、一方当事会社が、もう一方当事会社の総株主の議決権の90％以上を支配（直接保有に限りません）している場合、子会社において株主総会の承認決議が不要になることです（会社法784条1項、796条1項）。株主総会を仮に必要としても、当然に承認を得ることができるからです。

なお、親会社が存続会社の場合には、多くの場合は、親会社は簡易合併・子会社は略式合併の要件を満たすことになり、双方で株主総会決議が不要となることも多いです。

また、子会社が存続会社となる場合もありますので、略式合併は存続会社・消滅会社双方に認められている制度です。

他方で、上記要件を満たす場合であっても、以下の場合には略式合併が認められませんので、注意しましょう。

▼吸収合併消滅会社で略式合併が認められないケース

①消滅会社が公開会社で、かつ種類株式発行会社でないとき、合併対価に譲渡制限株式（又はこれに準じる内容の対価）が含まれている場合（会社法784条1項但書）。

特別決議どころか、特殊決議が必要な重要な局面だからです。子会社の少数株主の所有株式が自己の関与なしに、流通性の低い譲渡制限株式に変更されてしまうため、その利益を保護する必要があるからです。

5

①存続会社たる子会社が非公開会社で、かつ合併対価が譲渡制限株式の場合（会社法796条1項但書）。

簡易合併②同様、募集株式発行の脱法とならないようにするためです。

問題解決のコツ

●役員変更等する場合には、別途株主総会決議が必要

　吸収合併に際し、存続会社の役員又は商号等の役員を変更することが多々あります。

　この場合、合併自体は簡易合併又は略式合併が認められたとしても、当該役員変更等については、別途株主総会決議が必要ですので、ご注意ください。

用語の解説

特別決議：株主総会の決議要件の一類型です。原則として、特別決議が必要な決議事項については、議決権を行使することができる株主の議決権の過半数を有する株主が株主総会に出席した上で、その3分の2以上の賛成が必要となります。

簡易合併：合併において、対価の額が存続会社の純資産額の20％以下であるときは、存続会社の株主総会決議が不要になることです。

略式合併：合併において、一方当事会社が、もう一方当事会社の総株主の議決権の90％以上を保有しているときは、子会社の株主総会の承認決議が不要になることです。

書面決議：株主総会又は取締役会を開催せずに、開催したものとみなして決議事項の決定を行うことです。

吸収合併：会社の権利義務全てを包括的に既存の別会社に承継させる手続のことです。

新設合併：会社の権利義務全てを包括的に新設合併と同時に設立する新会社に承継させる手続のことです。

持分会社：合名会社、合資会社、合同会社の総称です。

非公開会社：株式譲渡制限規定が全ての株式に設定されている会社のことです。

譲渡制限株式：株主が株式を譲渡するためには、取締役会等会社が定めた一定の機関の承認を必要とする内容の株式です。

募集株式：第三者割当・株主割当・公募のいずれかの方法で会社が新規に株式を発行することの総称です。

公開会社：株式譲渡制限規定が全部又は一部の株式に設定されていない会社のことです。

特殊決議：株主総会の決議要件の一類型です。原則として、特殊決議が必要な決議事項については、議決権を行使することができる株主の半数以上が株主総会に出席した上で、その議決権の3分の2以上の賛成が必要となります。

条文

会社法784条1項　（吸収合併契約等の承認を要しない場合）

1　前条第1項の規定は、吸収合併存続会社、吸収分割承継会社又は株式交換完全親会社（以下この目において「存続会社等」という。）が消滅株式会社等の特別支配会社である場合には、適用しない。ただし、吸収合併又は株式交換における合併対価等の全部又は一部が譲渡制限株式等である場合であって、消滅株式会社等が公開会社であり、かつ、種類株式発行会社でないときは、この限りでない。

会社法796条　（吸収合併契約等の承認を要しない場合等）

1　前条第1項から第3項までの規定は、吸収合併消滅会社、吸収分割会社又は株式交換完全子会社（以下この目において「消滅会社等」という。）が存続株式会社等の特別支配会社である場合には、適用しない。ただし、吸収合併消滅株式会社若しくは株式交換完全子会社の株主、吸収合併消滅持分会社の社員又は吸収分割会社に対して交付する金銭等の全部又は一部が存続株式会社等の譲渡制限株式である場合であって、存続株式会社等が公開会社でないときは、この限りでない。

2　前条第1項から第3項までの規定は、第1号に掲げる額の第2号に掲げる額に対する割合が5分の1（これを下回る割合を存続株式会社等の定款で定めた場合にあっては、その割合）を超えない場合には、適用しない。ただし、同条第2項各号に掲げる場合又は前項ただし書に規定する場合は、この限りでない。

　　1　次に掲げる額の合計額

　　　イ　吸収合併消滅株式会社若しくは株式交換完全子会社の株主、吸収合併消滅持分会社の社員又は吸収分割会社（以下この号において「消滅会社等の株主等」という。）に対して交付する存続株式会社等の株式の数に1株当たり純資産額を乗じて得た額

　　　ロ　消滅会社等の株主等に対して交付する存続株式会社等の社債、新株予約権又は新株予約権付社債の帳簿価額の合計額

　　　ハ　消滅会社等の株主等に対して交付する存続株式会社等の株式等以外の財産の帳簿価額の合計額

　　2　存続株式会社等の純資産額として法務省令で定める方法により算定される額

3　前項本文に規定する場合において、法務省令で定める数の株式（前条第1項の株主総会において議決権を行使することができるものに限る。）を有する株主が第797条第3項の規定による通知又は同条第4項の公告の日から2週間以内に吸収合併等に反対する旨を存続株式会社等に対し通知したときは、当該存続株式会社等は、効力発生日の前日までに、株主総会の決議によって、吸収合併契約等の承認を受けなければならない。

5

12 ダブル公告で個別催告を省略するって何のこと？

個別催告って面倒じゃない？

ダブル公告なら省略できるよ！

ダブル公告のメリット

　吸収合併等で債権者保護手続が必要な場合、官報公告以外に、当事会社の債権者に対し、個別に催告書を送付する必要があります。

　企業規模が大きい会社であれば、債権者数も多いでしょうから、その手間もさることながら、そもそも債権者が日々変わるため、債権者を特定・管理することが非常に大変です。

　その際、定款で電子公告等官報以外の方法を定めている会社が、官報＋電子公告等ダブルで公告をすること（以下「ダブル公告」といいます）により、個別催告を省略することができれば、非常にメリットがあると考えます。

　本節では、以下は吸収合併を例にしていますが、債権者保護手続が必要な他の組織再編の制度の場合もほぼ同様の制度があります。

会社法のツボ

● 1. 債権者保護手続とは

　吸収合併（5-6節参照）をすると、存続会社は消滅会社の資産だけでなく負債も承継し、消滅会社は解散消滅しますので、両社の株主だけでなく、債権者にも多大な影響や不利益を与える可能性があります。

　したがって、吸収合併をする場合、両社全ての債権者に対し、合併について異議等を述べる機会を与える必要があります（会社法789条、799条）。

　これを「**債権者保護手続**」といいます。

原則として、債権者保護手続は、合併する旨及び両社の最終事業年度に係る決算公告の開示情報を記載した公告文を官報に掲載（以下「官報公告」といいます）し、かつ会社が把握している債権者に対しては、公告と同内容の情報を文書で個別催告する必要があります。

そして、官報公告掲載日及び個別催告日の翌日から1ヶ月以上の異議申述期間を設ける必要があります。

なお、決算公告を毎年行っていない会社については、合併公告と同時に最終事業年度の決算公告も掲載する必要がありますので、ご注意ください。

また、子会社を吸収合併する場合等、略式合併や簡易合併の要件（会社法784条、796条。略式合併及び簡易合併の詳細については5-11節参照）を満たすケースであれば両社の株主総会決議を省略できるのに対し、債権者保護手続については、たとえ債権者が1人もいない場合であっても、省略することができません（債権者が1人もいなければ個別催告は当然不要ですが、1ヶ月の期間を設けた官報公告は必要です）。

上記は吸収合併について述べた記載ですが、新設合併の場合も債権者保護手続は必要です（会社法810条）。但し、新設会社は合併に際して設立するため、実際に手続を行うのは消滅会社のみになります。消滅会社で必要な手続は、吸収合併の場合と同様です。次に述べる省略方法は、新設合併の場合にも利用可能です。

● 2. 個別催告を省略する方法

他方で、上記のとおり債権者保護手続自体は省略することはできませんが、個別催告を省略する方法があります。

それは、定款に公告媒体を「日本経済新聞などの日刊新聞紙」又は「電子公告」（電子公告の詳細及びメリット・デメリットについては、3-17節参照）と規定している会社が、合併公告を官報及び当該公告媒体の双方に掲載するというダブル公告の方法です（会社法789条3項、799条3項）。

債権者が多数いる場合には、債権者の確定作業や発送事務に手間と時間をかなり要しますので、この方法により個別催告を省略することをお勧めします。

実務的には、少額の債権者には個別催告をしない場合もありますが、少額とはいえ債権者の一部に個別催告をしない手法は、合併手続全体に瑕疵が残りますので、原則として好ましくないと考えます。

上記省略方法であれば、会社法で認められた手続ですので瑕疵はなく、かつ個別

催告漏れをするというリスクがなくなります。

　但し、個別催告を省略するためには、定款所定の公告媒体に合併公告を掲載する時点で、公告方法を「電子公告」等とする旨を登記している必要があります。

　したがって、個別催告省略方法の採用を検討している会社の公告方法が「官報」の場合には、合併公告前に公告方法を変更し、かつ変更登記申請をする必要があります。

　公告方法は、株主総会で定款変更決議を行った時点で効力が生じ、登記はあくまで対抗要件ですが、登記実務上は上記取扱いになっており、事前に公告方法変更の登記申請をしておかないと、適法な債権者保護手続を行っていないと判断され、吸収合併登記申請が却下されますので、ご注意ください。

問題解決のコツ

● 異議が出た場合に備え、弁済等の対応ができる期間を

　債権者保護手続は、上記のとおり期間を要するため、中小企業が合併を行う場合、債権者保護手続期間満了日の翌日を合併期日とし、少しでも早く合併の効力を生じさせようとするケースが多々あります。それでも会社法上は合併可能です。

　しかし、債権者から異議が出た場合、弁済等の対処を合併期日までに行う必要があるため、万が一満了日ギリギリに債権者から異議が出た場合には対処する時間がありません。

　したがって、少なくとも2〜3営業日程度は異議申述期間の満了日から合併期日までの期間を空けることが望ましいと考えます。

● 最短でダブル公告をするタイミングは

　前述した公告方法の変更登記については、公告日までに登記申請までしておけば足り、登記手続の完了までしている必要はありません。

　登記申請をした場合に、法務局の審査等があるため、完了までに1週間から10日程度要するものの、会社の登記事項証明書に変更登記日として記載されるのは登記申請日だからです。

　登記申請は完了まで却下のリスクもありますし、公示の観点から鑑みると、公告方法の変更登記完了後に公告をすべきですが、それを待っていてはスケジュール的に間に合わない場合には、登記申請日の翌日を公告日とするというスケジュールも不可能ではありませんので、一考の余地があります。

ダブル公告：定款で電子公告等官報以外の方法を定めている会社が、官報＋電子公告等ダブルで公告することです。

債権者保護手続：合併等の当事会社の債権者に対し、異議等を述べる機会を与えることです。

催告書：会社が債権者に対し、合併等の行為につき異議を述べるかどうかの催告をする文書です。

官報：国が発行する機関紙です。

略式合併：合併において、一方当事会社が、もう一方当事会社の総株主の議決権の90％以上を保有しているときは、子会社の株主総会の承認決議が不要になることです。

簡易合併：合併において、対価の額が存続会社の純資産額の20％以下であるときは、存続会社の株主総会決議が不要になることです。

新設合併：会社の権利義務全てを包括的に新設合併と同時に設立する新会社に承継させる手続のことです。

消滅会社：合併において、他の会社に権利義務を承継させる会社のことです。

条文

5

会社法799条　（債権者の異議）

1　次の各号に掲げる場合には、当該各号に定める債権者は、存続株式会社等に対し、吸収合併等について異議を述べることができる。

　1　吸収合併をする場合　吸収合併存続株式会社の債権者

　2　吸収分割をする場合　吸収分割承継株式会社の債権者

　3　株式交換をする場合において、株式交換完全子会社の株主に対して交付する金銭等が株式交換完全親株式会社の株式その他これに準ずるものとして法務省令で定めるもののみである場合以外の場合又は第768条第1項第4号ハに規定する場合　株式交換完全親株式会社の債権者

2　前項の規定により存続株式会社等の債権者が異議を述べることができる場合には、存続株式会社等は、次に掲げる事項を官報に公告し、かつ、知れている債権者には、各別にこれを催告しなければならない。ただし、第4号の期間は、1箇月を下ることができない。

　1　吸収合併等をする旨

　2　消滅会社等の商号及び住所

　3　存続株式会社等及び消滅会社等（株式会社に限る。）の計算書類に関する事項として法務省令で定めるもの

　4　債権者が一定の期間内に異議を述べることができる旨

3　前項の規定にかかわらず、存続株式会社等が同項の規定による公告を、官報のほか、第939条第1項の規定による定款の定めに従い、同項第2号又は第3号に掲げる公告方法によりするときは、前項の規定による各別の催告は、することを要しない。

4　債権者が第2項第4号の期間内に異議を述べなかったときは、当該債権者は、当該吸収合併等について承認をしたものとみなす。

5　債権者が第2項第4号の期間内に異議を述べたときは、存続株式会社等は、当該債権者に対し、弁済し、若しくは相当の担保を提供し、又は当該債権者に弁済を受けさせることを目的として信託会社等に相当の財産を信託しなければならない。ただし、当該吸収合併等をしても当該債権者を害するおそれがないときは、この限りでない。

13 濫用的会社分割って何?

濫用的会社分割って違法じゃないの?

前は違法じゃなかったけど、会社法が改正されたよ

脱法行為ともいうべき濫用的会社分割

会社分割をする場合、分割会社が分割計画の中で、承継させる事業に関するものとはいえ、承継会社や新設会社に承継させる資産・負債を選択することが可能です。

そして、承継会社・新設会社に承継させる負債に係る債権者に対しては、原則として債権者保護手続が必要ですが、分割会社に残る債権者に対しては何らの保護手続がありません。

これを悪用して、分割会社の良質な事業を承継会社・新設会社に承継させ、金融機関の負債のみ分割会社に残し、債務逃れを図る会社やそれをアドバイスするコンサルタント等がいます。このような目的でなされる会社分割を濫用的会社分割といいます。

濫用的会社分割を防ぐ目的で、詐害行為取消権の行使などの手法が検討されてきましたが、平成27年改正によって債務の履行請求も認められるようになりました。

会社法のツボ

● 1. 会社分割の場合の債権者保護手続

吸収分割をする場合、承継会社の債権者からすれば、債務者である承継会社の資産内容が変化するため、吸収合併の存続会社の債権者と同様に、承継会社の全債権者に対して常に債権者保護手続が必要です(会社法799条1項2号)。会社法上は、債務超過事業を承継することも可能なので、債権者にとって、債権者保護手続は、自己の債権を保全するために、異議を述べる重要な機会となります。

他方で、分割会社の債権者の場合には、特定の事業を承継させても、承継会社から対価を受領するため、事業譲渡と同様に、分割会社の純資産額には影響が無いことが原則であるため、債権者保護手続の対象となる債権者の範囲が限定されています（会社法789条1項2号）。具体的には以下のとおりです。

▼分割会社の債権者保護手続

①分割会社が株式会社であって、分割型吸収分割（分社型又は分割型吸収分割の解説については、5-7節参照）を行う場合には、常に分割会社の全債権者の債権者保護手続が必要

　会社分割の効力発生と同時に、剰余金の配当等により分割の対価を分割会社の株主に交付してしまうため、分割会社の資産内容に変動が生じるからです。

②分社型吸収分割で、承継会社に債務が承継される債権者の内、分割後は分割会社に対して支払を請求できない債権者の債権者保護手続が必要

　資産内容が全く異なる承継会社に対してのみ支払を求めなければならないからです。

5

　なお、債権者保護手続が必要な場合、官報公告等所要の手続が必要ですが、具体的な方法（個別催告の省略方法も含め）・公告内容については、ほぼ合併の場合と同様です（詳細については、5-6節参照）。

　他方で、新設分割による場合、分割会社では同様の措置が必要ですが、承継会社は分割時に新設する（以下「新設会社」といいます）ので、新設会社での債権者保護手続は不要です。そもそも物理的に行うことができません。

● 2. 分割会社にて債権者保護手続を省略する方法

　上記のとおり、分社型吸収分割の分割会社の場合には、会社法上、分割会社に請求できない債権者のみ保護すれば足ります。

　したがって、以下のいずれかの方法によれば、承継会社に債務を承継する場合であっても、分割会社での債権者保護手続を省略することが可能です（会社法789条1項2号）。

　合併と同様に、個別催告を省略したとしても、官報及び電子公告等での分割公告

が必要ですが、この方法によれば手続自体を省略することが可能であるため、官報公告すら不要になります。

具体的には以下のとおりです。

▼債権者保護手続を省略する方法

> ①承継会社が承継する債務を、分割会社が全て併存（重畳）的に債務引き受けする場合
> ②承継会社が承継する債務を、分割会社が全て連帯保証する場合
> いずれの場合も、分割会社の債権者は、分割会社・承継会社双方に対して支払請求が可能であるため、分割の影響がないからです。
> なお、手続上の問題として、連帯保証の方法による場合には、債権者との間で個別に契約を締結する必要があるため、筆者としては併存（重畳）的債務引受の方法によることをお勧めします。併存（重畳）的債務引き受けであれば債権者の関与が不要だからです。

実務的な活用方法として、分割会社が上場会社（親会社）で、承継会社が100％子会社のケースでは、上記方法を利用することにより、債権者数が少ないであろう承継会社のみ債権者保護手続を行えば足りるため、手続をスムーズに進捗させることが可能です。

また、新設分割の場合には、上記のとおり新設会社での債権者保護手続が元々不要であるため、分割会社の債権者保護手続を省略すれば、スケジュールを大幅に短縮することが可能です。

● 3. 詐害行為取消の問題

会社分割を行った場合、事業譲渡と異なり、外形的には正当な対価である承継会社の株式を分割会社に対して交付することによって、対価として現金を交付する必要がありません。

そのため、この点を脱法的に利用し、承継会社に資産のみを承継させ、分割会社に負債のみを残すという濫用的会社分割が行われることが間々あります。登記添付書類が外形上整えば分割登記は可能であり、実際に分割会社の債権者が当該分割によって害されているかどうかについては、管轄登記所の審査権限の範囲外だからで

す。

　会社分割によって分割会社に資産が無くなれば、承継会社に承継されなかった分割会社の債権者は、分割会社に請求しても、実際には債権を回収することができません。会社法の手続上は、債権者として異議を述べる機会もなく、かつ承継会社に支払を請求することができず、八方塞がりです。

　もちろん、分割の対価である承継会社株式については、差押等の手続が可能ですが、承継会社の株式にはそれだけの価値がないケースがほとんどでしょうし、承継会社が非公開会社であれば、株式を換価することも困難です。

　とはいえ、これでは余りにも分割会社の債権者が保護されないため、上記のような脱法行為性が高い会社分割に対しては、民法の原則どおり、詐害行為取消権を行使することができると解されています。

● 4. 履行請求権の活用

　平成27年改正にて、分割会社が承継会社又は新設会社に承継されない債権者を害することを知って会社分割をした場合には、当該債権者は、承継会社又は新設会社に対して、債務の履行を請求することができるようになりました（会社法759条4項、764条4項）。

5

　濫用的会社分割における債権者の保護策として、詐害行為取消権が認められるようになったものの、訴訟手続をすることが必須となりますと時間とコストがかかること、また判例で価格賠償が認められるようになったため、そうであれば、よりシンプルに債務の履行請求を認めてもいいのではという趣旨による改正です。

問題解決のコツ

●詐害行為取消権か履行請求権かの選択

　詐害行為取消権を活用するのか、履行請求権を活用するのかはケースバイケースかと考えます。

　会社分割を実行する企業側は、債権者から濫用的会社分割と事後的に問題視されないよう、金融機関等大口債権者には事前にスキームの説明をして理解を得ておくなどの措置が必要と考えます。

　一方で債権者側の場合には、弁護士に相談をし、今回の場合はどの手法で自己の損害を回復することを求めていくのかを検討していく必要があるでしょう。

用語の解説

承継会社：吸収合併において、権利義務を承継する会社のことです。

新設会社：新設合併において、権利義務を承継する会社のことです。

債権者保護手続：合併等の当事会社の債権者に対し、異議等を述べる機会を与えることです。

吸収合併：会社の権利義務全てを包括的に既存の別会社に承継させる手続のことです。

分割型吸収分割：分割会社が吸収分割の対価である承継会社株式につき、剰余金の配当又は全部取得条項付種類株式の対価として利用することにより、吸収分割の効力発生と同時に承継会社株式を分割会社の株主に交付する吸収分割のことです。

分社型吸収分割：吸収分割の対価を分割会社に交付する吸収分割のことです。

連帯保証：保証人が主たる債務者と連帯して債務を負担する保証類型のことです。

併存(重畳)的債務引受：債務引受とは、ある人が負っている債務を別の人(引受人)が債権者との合意によって引き継ぐことです。重畳的(併存的)債務引受とは、原債務を引受人が原債務者とともに負う連帯債務の引受方式です。

詐害行為取消権：債権者が債務者の法律行為を民法424条に定める要件の下に取消してしまうことができる権利のことです。

濫用的会社分割：分割会社の良質な事業を承継会社又は新設会社に承継させ、金融負債のみ分割会社に残して、債務逃れを図る目的で行われる会社分割のことです。

条文

会社法759条4項　（株式会社に権利義務を承継させる吸収分割の効力の発生等）

　1～3　省略

　4　第1項の規定にかかわらず、吸収分割会社が吸収分割承継株式会社に承継されない債務の債権者（以下この条において「残存債権者」という。）を害することを知って吸収分割をした場合には、残存債権者は、吸収分割承継株式会社に対して、承継した財産の価額を限度として、当該債務の履行を請求することができる。ただし、吸収分割承継株式会社が吸収分割の効力が生じた時において残存債権者を害すべき事実を知らなかったときは、この限りでない。

（省略）

会社法764条4項　（株式会社を設立する新設分割の効力の発生等）

　1～3　省略

　4　第1項の規定にかかわらず、新設分割会社が新設分割設立株式会社に承継されない債務の債権者（以下この条において「残存債権者」という。）を害することを知って新設分割をした場合には、残存債権者は、新設分割設立株式会社に対して、承継した財産の価額を限度として、当該債務の履行を請求することができる。

（省略）

14 会社分割の場合に従業員ってどうなるの？

「明日からおまえはあっちの会社に行け」って言われたけど、拒否することはできないの？

異議は出せるよ！！

見落としがちな労働契約承継法の問題

一つの会社にまとめてしまう合併と異なり、会社分割は事業の承継であるため、事後的なスキームはともかく、会社分割をした後も当事会社はいずれも存続します。

そのため、分割会社で働く従業員は、会社分割の後に、働く会社が変わる可能性があります。

もしくは、自分が担当していた事業が分割会社からなくなり、会社分割の後は、担当していた事業ができなくなるケースもあり得ます。

合併のように会社自体がなくなってしまう場合はともかく、会社の都合だけで、明日から自分の仕事や場所が変わってしまうのは従業員にとって納得がいかないかもしれません。

そこで、会社法ではありませんが、労働者の保護をするための制度があります。

会社法ではないため、会社分割をする企業側にとっては失念しがちの制度であり、スケジュールにも影響を与えますので、ご注意ください。

会社法のツボ

●会社分割における労働契約の承継

会社分割において、事業承継に伴い、当該事業に従事していた従業員を承継会社（本節において新設会社の意味も含みます。以下同じです）に承継させる又は出向で対応するとの判断が分割会社において必要になります。

その際、分割会社のみの判断で、別の会社で勤務することになるのは、従業員に

5

とって影響が大きいので、労働契約承継法において、保護が図られています。

　従業員保護のために、会社法の特例として、労働契約承継法で定める手続は以下のとおりです。

①労働契約を承継会社に承継させるために、分割会社は、分割契約・分割計画の作成段階において、労働者の理解と協力を得る手続が必要です。

②分割会社は、個別の従業員と協議する必要があります。

　労働組合もある会社の場合は、労働組合との協議も必要です。

③分割会社は、所定の条件を満たす労働者に対し、書面で通知をする必要があります。

　労働組合もある会社の場合は、労働組合への通知も必要です。

問題解決のコツ

● 可能な限り各従業員の理解と同意を

　従業員側としては、以下の要件を満たす従業員の場合、通知内容に不服があるときは、会社に対して異議申立をすることができます。

　つまり、今のポジションから大幅な変更がある場合には、従業員には異議を述べる権利があるということです。

　したがって、会社としては、協議の段階で、可能な限り各従業員の理解と同意を得ておくべきです。

①承継される事業に主として従事する従業員を分割会社に残留させる場合。

②承継される事業に主として従事する従業員以外の従業員を承継会社に承継させる場合。

用語の解説

労働契約：会社と従業員との間で締結している雇用・労働に関する契約です。

会社分割：吸収分割と新設分割の総称です。

事業承継：会社の経営を後継者に引き継ぐことです。

異議申立：会社の決定・通知内容に従わず、不服を申し立てることです。

15 ブランドを承継する場合に注意すべきことは？

ブランドを承継したら負債も請求されちゃうの？

請求を回避する方法もあるみたいだよ

ブランドを承継することのリスク

　事業譲渡・会社分割をする場合、事業を承継することになるため、当該事業のブランドや屋号を承継することが少なくありません。

　アパレル系や飲食店などのM&Aの場合には、よく見受けられるケースです。

　その際、ブランドを承継したため、承継した方の会社は、承継したブランドの商品名や屋号などを最大限活用したいところです。

　一方で、譲渡会社・分割会社側の債権者からすれば、ブランドの信用力・収益力を信頼して貸付・取引をしたにもかかわらず、ブランドが譲渡されたのに、自社の債権だけ譲渡会社・分割会社に残されたのでは、支払いに不安が残ります。

　そこで、原則として当該債権者は、ブランドを承継した譲受会社・承継会社にも支払いの請求が可能です。

　とはいえ、譲受会社・承継会社側にとっても、本来承継していない債務の支払いまでするのでは、想定していたM&Aのシナジーが薄まるかもしれません。

　そのため、それを防ぐ手段として免責の登記があります。

　しかし、免責の登記は事業譲渡・会社分割の手続において必須ではないため、忘れがちですから、注意しましょう。

　本節では、以下は事業譲渡を例にしていますが、会社分割でもほぼ同様のリスク等があります。

5

会社法のツボ

●免責の登記とは

　事業譲渡契約において、譲渡会社の債務が譲受会社に移転しないことも多々あります。しかし、会社法22条に基づき、譲受会社が譲渡会社の商号を引き続き使用する場合には、譲渡会社の当該事業によって生じた債務を譲受会社も弁済する責任を負うことが原則です。

　そこで、想定外の債務を負担することを避けるために、上記債務を弁済する責任を負わない旨の登記をすることが可能です（会社法22条2項）。これを**免責の登記**といいます。

　譲受人が免責の登記をするためには、譲渡人の承諾が必要になりますが、債権者等その他第三者の承諾は不要です。

　譲受会社が事業譲渡時に商号を変更して譲渡会社の事業を継続する場合には、念のため免責の登記をしておくべきと考えます。事業譲渡自体の効力とは直接関係がないため、失念しがちな登記ですが、グループ間以外の事業譲渡で、商号（ブランド）を承継する場合には必ず免責の登記の必要性を検討するようにすべきでしょう（負債も全て承継する場合には不要でしょうが）。

　なお、免責の登記は、会社分割の場合にも準用されています。新設分割で設立会社が分割会社の商号を使用する場合に登記可能と解されています。

問題解決のコツ

●事前に法務局に相談を

　登記所によっては、ブランド承継の場合に免責登記を活用することに消極的な場合があります。したがって、事前に管轄登記所には相談・協議をしてから登記申請をすべきと考えます。管轄登記所によっては、事前相談の回答に非常に時間がかかる場合もありますので、ご注意ください。筆者が経験をしたケースでは、最初に相談をしてから登記可能との管轄登記所からの回答が来るまでに、2週間以上待たされたことがあります。

用語の解説

事業譲渡：会社の事業の全部又は一部を既存の別会社に譲渡する手続のことです。
会社分割：吸収分割と新設分割の総称です。

事業譲渡契約：事業譲渡の当事会社間で締結する事業譲渡事項を定めた契約書です。

免責の登記：譲受会社が譲渡会社の商号を継続使用する場合であっても、譲渡会社の当該事業によって生じた債務の支払い義務を譲受会社が負わない旨の登記のことです。

🔲 **条文**

会社法22条　（譲渡会社の商号を使用した譲受会社の責任等）

1　事業を譲り受けた会社（以下この章において「譲受会社」という。）が譲渡会社の商号を引き続き使用する場合には、その譲受会社も、譲渡会社の事業によって生じた債務を弁済する責任を負う。

2　前項の規定は、事業を譲り受けた後、遅滞なく、譲受会社がその本店の所在地において譲渡会社の債務を弁済する責任を負わない旨を登記した場合には、適用しない。事業を譲り受けた後、遅滞なく、譲受会社及び譲渡会社から第三者に対しその旨の通知をした場合において、その通知を受けた第三者についても、同様とする。

3　譲受会社が第1項の規定により譲渡会社の債務を弁済する責任を負う場合には、譲渡会社の責任は、事業を譲渡した日後2年以内に請求又は請求の予告をしない債権者に対しては、その期間を経過した時に消滅する。

4　第1項に規定する場合において、譲渡会社の事業によって生じた債権について、譲受会社にした弁済は、弁済者が善意でかつ重大な過失がないときは、その効力を有する。

5

第6章 会社を解散・清算・事業承継する場合

1 事業承継の 対策って？

社長だし、引退したいときにいつ引退してもいいよね？

残された従業員や取引先のことも考えて、後継者を見つけてからの方がいいよ！

後継者がいない中小企業

何百年と続く老舗企業があるように、会社は、解散等をしない限り消滅はしません。

しかし、経営者は人間ですから、高齢による限界というリミットは誰しもが訪れます。

一代限りということで自分が引退したら会社を閉じる経営者も少なくないですが、順調に継続してきた企業であれば、中小企業であっても働く従業員のためなどもあり、自分の引退を理由に会社を閉じることは困難でしょう。

しかし、後継者を探すことは容易ではありません。

中小企業のこれからの大きな課題の一つが後継者対策ということは間違いないと考えます。

会社法のツボ

● 1. 事業承継対策の重要性

昨今、事業承継（本書において、会社の経営を後継者に引き継ぐことをいいます。以下同じです）が注目されるようになりましたが、昔からある問題ではありました。

近年は高齢化社会の影響により、後継者の確保が困難になるケースが多発し、深刻な問題となっています。

今後も、多くなりこそすれ、少なくは決してならない問題でしょう。

とは言うものの、現経営者にとっては、遠い将来のことと意識をしない方や影響

力を未だ保持していたい気持ちが強いため見ないふりをしている方も少なくありません。

　しかし、オーナー株主が自社株を過半数以上保有した状態で、遺言も無く突然死亡したとしたら、相続問題が会社の経営問題にまで波及し、会社の経営が困難になるどころか、事業の継続すら危ぶまれるケースもあるでしょう。

　そうなれば、会社の役員だけでなく、従業員にとっても大きな問題となり得ると考えます。

　これは、オーナー株主の持株比率が低い上場会社（そうとも限らない上場会社も少なくありませんが）よりも、むしろ中小企業にこそ重要な問題と言えます。

　大きく分けると、**会社の経営資源・経営リスク・経営者自身・後継候補者・相続における納税資金**の5つの現況を踏まえて検討する必要があると考えます。

● 2. 事業承継の方法

　事業承継の方法としては、大きく分けて3つあると考えます。

　それは、**親族内承継・企業内承継・M&A**です。

　どれを選択するかはケースバイケースですので、どれか一つに固執するのではなく、上記5点の現況をふまえ、多角的に判断する必要があるでしょう。

　また、これを実行する手法も、株式譲渡や種類株式等の発行など様々ですから、安易な判断は禁物で、慎重に検討し、関係者の事前の根回しも必要でしょう。

　専門家に相談するとしても、関係者の説得などは、現経営者の役目となるでしょう。そうであるならば、準備が早くて早すぎることはなく、むしろ現経営者の元気なうち（60歳〜65歳が目安でしょうか）に、準備をしておくべき課題と考えます。

問題解決のコツ

● 身の振り方を相談できる専門家・ブレーンを早めに見つけよう

　経営者がギリギリまで頑張り、後継者をろくに探さず倒れてしまうというのが最悪のパターンです。

　経営者の家族ですら会社がどのような状況か把握しておらず、株式など相続問題で揉めてしまい、会社の経営が事実上ストップするような事態は避けたいものです。

　そのために経営者は、日ごろから何でも気軽に相談できる窓口となる専門家・ブレーンを最低一人は見つけておき、自分の引退後の話をなるべく早めに相談し、対策を立てておくことが肝要です。

6

用語の解説

事業承継：会社の経営を後継者に引き継ぐことです。

親族内承継：後継者がオーナー株主の親族である事業承継です。

企業内承継：後継者が会社の取締役又は経営幹部である事業承継です。

M&A：企業の合併、買収のことです。

株式譲渡：所有株式を他者に譲渡することです。

種類株式等の発行：種類株式や新株予約権を発行することです。

2 事業承継における議決権制限株式の使い方って？

～会社法を活用した対策①～

誰の議決権をなくせばいい？

会社を継がない弟たちだね

議決権制限付株式の活用場面

　事業承継対策において、議決権制限付株式を活用することが考えられます。

　議決権制限株式は、株主総会での議決権が制限されているだけでなく、株主としての権利として保障されている株主提案権も認められていないため、非事業承継者が株式を取得したとしても事業承継者への妨害を制限することができるからです。

会社法のツボ

6

● 1. 議決権制限付株式を事業承継対策に使おう

　3-8節でも解説したとおり、**議決権制限付株式**とは、株主総会において議決権を行使することができる事項について他の株式と異なる定めをした内容の株式です（会社法108条1項3号）。

　したがって、経営参加をさせたくない弟側は、議決権制限付株式にする代わりに**優先配当**を付すなど、弟側の理解を得やすくすることも考えられます。

● 2. 定款記載例

　議決権制限付株式を発行する場合、その内容を定款に定め、登記する必要があります。

　定款記載例は以下のとおりです。原則として、3-8節の場合と同様です。但し、事業承継を受ける人の意向をふまえ、適切な内容に設計する必要があります。

▼①議決権制限付株式（無議決権株式の場合）

> 第●条 甲種類株式を有する株主は、株主総会において議決権を行使することができない。

▼②議決権制限付株式（特定事項のみ議決権を与える場合）

> 第●条 甲種類株式を有する株主が、株主総会において議決権を行使することができる事項は次のとおりとする。
>
> ①合併
> ②会社分割
> ③株式交換又は株式移転
> ④解散

● 3. 事業承継対策の具体的な利用例

　生前に議決権を制限した株式を相続財産として用意しておき、遺言によって、事業承継者には議決権のある株式を、非事業承継者には議決権の無い株式を相続させるという方法が考えられます。

　遺言の内容どおりに相続されれば、事業承継者に議決権が集中することになり、しかも非事業承継者には配当請求権及び残余財産分配請求権が残されているため、遺留分の問題が生じにくいというメリットがあります。

問題解決のコツ

● 議決権制限を付与する場合には株式の買取請求がない

　既存株式に議決権制限を付与する定款変更を行う場合には、譲渡制限や全部取得条項と異なり、反対株主に買取請求権が認められていないため、事業承継者側としては、比較的活用しやすい制度と考えます。

● 非公開会社から公開会社になった場合は注意

　議決権制限株式の発行時には非公開会社であっても、その後公開会社となった場合には、議決権制限株式を発行済株式の2分の1しか発行できない規制の適用がありますので、ご注意ください（会社法115条）。

6

3 事業承継における拒否権付株式の使い方って？

～会社法を活用した対策②～

息子に株式の大半を譲るけど、会社の大事には口出したいなぁ

拒否権付株式なら1株でも口出しできるよ

拒否権付株式の活用場面

事業承継対策において、**拒否権付株式**を活用することが考えられます。

いわゆる**黄金株**と呼ばれるくらい強力になり得る株式で、一株だけしか保有していないにも関わらず、会社が行おうとした合併などの行為を反対して実行を阻止することができます。

そのため、親子間の事業承継など活用場面は非常に多いと考えますが、非常に強力でもあるため、制度設計時にはいたずらに拒否事項を増やさないようにしたり、譲渡・相続対策をきちんと行うなどの対応が必要になります。

会社法のツボ

● 1. 拒否権付株式とは

拒否権付株式とは、株主総会（取締役会設置会社においては、取締役会も含みます）において決議すべき事項のうち、当該決議のほか、拒否権付株式を有する株主の種類株主総会の決議を必要とする内容の株式です（会社法108条1項8号）。

いわゆる「黄金株」と呼ばれている株式です。

拒否権を有している事項であれば、株主総会（又は取締役会）でどれだけ多数の賛成を得たとしても、拒否権付株式の種類株主総会で反対すれば、当該決議事項は効力を生じません。

拒否権の内容は、あまりに広範囲に定めると、会社の意思決定を常に拘束されることになりますので、通常はM&A、代表取締役の選解任等会社にとって影響の大き

い事項のみ定めることが多いです。

　そして、拒否権付株式が第三者に譲渡されるのを避けるために、**譲渡制限**付にします。

● 2. 定款記載例

　拒否権付株式を発行する場合、他の種類株式と同様に、その内容を定款に定め、登記する必要があります。

　定款記載例はそれぞれ以下のとおりです。

▼拒否権付株式

> 第●条　当会社が、次に定める事項を法令又は本定款で定める決定機関で決議するときは、当該決議のほか、甲種類株式を有する株主を構成員とする種類株主総会の決議を要する。
>
> 　　　①代表取締役の選定
> 　　　②取締役の解任
> 　　　③当会社の子会社以外との合併

● 3. 事業承継対策の具体的な利用例

6

　前述のとおり、拒否権付株式は1株でも非常に効力が大きい株式です。

　中小企業での効果的な活用方法として考えられるのが事業承継です。

　オーナー株主が経営権を息子・役員等の後継者に譲渡する際に、通常はオーナー所有の株式を全て譲渡します。

　しかし、そうするとオーナーは今後一切、会社の経営に口を出せなくなってしまいます。

　一部だけ譲渡する場合でも、オーナーの発言権は格段に低くなるでしょう。

　事業承継後は経営に興味のないオーナーであればそれでも構わないかもしれません。

　しかし、後継者に完全に任せるのは不安がある場合には、合併・役員選解任等重要な事項のみ拒否権を定めることによって、後継者の暴走を監視することができます。

　但し、この拒否権付株式が相続で他の相続人に承継されないよう、オーナー株主

の遺言で調整するか、拒否権付株式自体が相続を理由に会社取得又は無効となるよう規定しておくことが必要です。

問題解決のコツ

● 意思決定ができない状態を想定して対策を

拒否権付株式を発行する場合、拒否権付種類株式の株主と議決権の過半数を有する株主とが対立した場合、会社としての意思決定ができない、いわゆるデットロックの状態になります。

したがって、それを防ぐためには、事前の対策が必要です。

具体的には、デッドロックのような膠着状態となることを条件とした取得事由を付すなどの対策が考えられます。

用語の解説

事業承継：会社の経営を後継者に引き継ぐことです。

拒否権付株式：株主総会において決議すべき事項のうち、当該決議のほか、拒否権付株式を有する株主の種類株主総会を必要とする内容の株式です。

黄金株：拒否権付株式の俗称です。

種類株主総会：当該種類株主のみで構成された株主総会です。

譲渡制限：株主が株式を譲渡するためには、取締役会等会社が定めた一定の機関の承認を必要とする定款規定です。

条文

会社法108条1項8号　（異なる種類の株式）

1　株式会社は、次に掲げる事項について異なる定めをした内容の異なる2以上の種類の株式を発行することができる。ただし、指名委員会等設置会社及び公開会社は、第9号に掲げる事項についての定めがある種類の株式を発行することができない。

　1　剰余金の配当

　2　残余財産の分配

　3　株主総会において議決権を行使することができる事項

　4　譲渡による当該種類の株式の取得について当該株式会社の承認を要すること。

　5　当該種類の株式について、株主が当該株式会社に対してその取得を請求することができること。

　6　当該種類の株式について、当該株式会社が一定の事由が生じたことを条件としてこれを取得することができること。

　7　当該種類の株式について、当該株式会社が株主総会の決議によってその全部を取得すること。

　8　株主総会（取締役会設置会社にあっては株主総会又は取締役会、清算人会設置会社（第478条第8項に規定する清算人会設置会社をいう。以下この条において同じ。）にあっては株主総会又は清算人会）において決議すべき事項のうち、当該決議のほか、当該種類の株式の種類株主を構成員とする種類株主総会の決議があることを必要とするもの

　（省略）

4 事業承継における株主ごとの異なる定めの使い方って？

～会社法を活用した対策③～

同じ普通株式を持っている株主ごとに、株式の内容変えられるの？

議決権や剰余金については可能だよ

属人的株式の活用場面

属人的株式は、株主ごとに異なる内容を定める株式です。

株主平等原則の極めて例外な規定と考えてもよいでしょう。

種類株式であれば（属人的種類株式も会社法109条3項により種類株式とみなされますが、本節では異なるものとして区別します）、株式単位での違いですので、株主にもわかりやすいと考えますが、属人的株式は株主単位ですから、よりドラスティックな差がでると考えます。

したがって、議決権等、一定の権利に限られるものの、イニシアチブを握りたい株主側にとっては、定めることが可能となれば、かなり強力な株式になると考えます。

会社法のツボ

● 1. 株主ごとの異なる定めとは

非公開会社の場合、種類株式とも異なり、株主ごとに株主の権利に一定の差を設けることも可能とされています。

元々、有限会社に認められていた制度ですが、会社法の施行により有限会社制度が廃止されましたので、会社法において**非公開会社**のみ、認めるようになりました。

具体的には、**剰余金配当請求権・残余財産分配請求権・議決権**に関して、株主毎に異なる取扱いを定款に定めることが可能です（会社法第109条2項）。

当該株主毎の異なる定めの株式は、**属人的株式**といわれています。

6

● 2. 定款記載例

属人的株式にする場合、定款に定める必要はありますが、登記する必要はありません。

定款記載例は以下のとおりです。

▼議決権の取扱い

> 第●条　当会社の株主総会の議決については、所有株式数に関わらず、代表取締役である株主が、議決権の全てを有するものとする。

● 3. 事業承継対策の具体的な利用例

株主のうち、事業承継者である取締役のみが議決権を有すると定款に定めた上で、非事業承継者は取締役にしないといった方法が考えられます。

他方で、取締役に限定せずとも、特定の株主のみ議決権を有するような定めも許されます。

問題解決のコツ

●特別決議ではなく特殊決議が必要

属人的株式の定款変更をする場合、特別決議ではなく、特殊決議が必要です（会社法309条4項）。

したがって、議決権だけでなく、株主の頭数要件が必要であるため、既に事業承継者・非事業承継者に株式が分配された後に定款を定めるのは、非常にハードルが高いと考えますので、ご注意ください。

用語の解説

属人的株式：株主ごとに異なる内容を定める株式のことです。
種類株式等の発行：種類株式や新株予約権を発行することです。
非公開会社：株式譲渡制限規定が全ての株式に設定されている会社のことです。
種類株式：会社が権利の内容が異なる2種類以上の株式を発行した場合における当該各株式のことです。
定款変更：定款の内容を株主総会の承認を得て変更することです。

特別決議：株主総会の決議要件の一類型です。原則として、特別決議が必要な決議事項については、議決権を行使することができる株主の議決権の過半数を有する株主が株主総会に出席した上で、その3分の2以上の賛成が必要となります。

特殊決議：株主総会の決議要件の一類型です。原則として、特殊決議が必要な決議事項については、議決権を行使することができる株主の半数以上が株主総会に出席した上で、その議決権の3分の2以上の賛成が必要となります。

条文

会社法109条 （株主の平等）

1　株式会社は、株主を、その有する株式の内容及び数に応じて、平等に取り扱わなければならない。

2　前項の規定にかかわらず、公開会社でない株式会社は、第105条第1項各号に掲げる権利に関する事項について、株主ごとに異なる取扱いを行う旨を定款で定めることができる。

3　前項の規定による定款の定めがある場合には、同項の株主が有する株式を同項の権利に関する事項について内容の異なる種類の株式とみなして、この編及び第5編の規定を適用する。

会社法309条4項 （株主総会の決議）

1～3　省略

4　前3項の規定にかかわらず、第109条第2項の規定による定款の定めについての定款の変更（当該定款の定めを廃止するものを除く。）を行う株主総会の決議は、総株主の半数以上（これを上回る割合を定款で定めた場合にあっては、その割合以上）であって、総株主の議決権の4分の3（これを上回る割合を定款で定めた場合にあっては、その割合）以上に当たる多数をもって行わなければならない。

（省略）

6

5 事業承継における MBOの使い方って？
～会社法を活用した対策④～

暖簾分けって感じかな？

暖簾分けどころか、全部あげることもあるね

MBOの活用場面

　MBOは、後継者問題に悩む中小企業・同族企業こそ、活用を検討して欲しい手法です。

　資金面が一番のポイントになりますが、現在は、企業自体の業績が好調であれば、安易に相続で株式が散逸して経営が不安定になるよりも、MBOで経営を安定化させることができるため、金融機関やベンチャーキャピタルも積極的な融資をしてくれるケースが少なくありません。

　とはいえ、早め早めの準備が大事になってきますから、オーナーとしては、早期の準備が肝要です。

　特に、取締役や経営幹部にMBOしたいとオーナー側が考える場合、三顧の礼を尽くして取締役や経営幹部を説得して納得してもらう必要があります。

　MBO成功の鍵は、事業を承継する側が今後自分が社長になって企業を成長させるという強い意志が重要であり、オーナー側から命令されて承継するものではないからです。

会社法のツボ

● 1. MBOとは

　MBO（Management Buy-Out）とは、事業を承継するオーナー会社の経営者である取締役や経営幹部が、オーナーから事業を引き継ぐ目的で、会社の株式を買い取ったり、あるいは事業譲渡を受けたりして、事業を承継することをいいます。

342

現経営陣である取締役等が、ベンチャーキャピタルと共同出資をして設立した株式会社が受皿会社となるケースなども最近は良く見受けられます。

　MBOというと大企業の非上場化などニュースになるようなケースのイメージが強いかもしれませんが、むしろ、後継者問題で悩む中小企業・同族企業こそ、活用場面はあるのではと考えます。

　MBOもM&Aの一手法と考えられてはいますし、手続面ではほぼ同じですが、外部の第三者が買収をするのではなく、既存の取締役や経営幹部が株式を取得して独立・承継をするというものであり、必ずしも全ての事業を承継する必要はなく、当該取締役が担当していた事業部門のみ承継するなど、いわゆる暖簾分けにも近いケースもあります。

　そういう意味では、日本になじみやすい手法かと思います。

● 2. 事業承継のパターンとMBOのメリット

　事業承継を検討する場合、一般的には以下の3つのパターンが考えられます。

①オーナーの親族内に事業承継者が存在する場合。
②オーナーの親族内に事業承継者が存在しないが、従業員・親族外の経営陣に事業承継者が存在する場合。
③オーナーの親族内・外も含め会社内に適当な事業承継者がいない場合。

6

　主にMBOを検討するのは②のケースかと考えますが、①でも親族内に相続させるのは相続人間で揉める可能性が高い場合には、②でMBOできないかと両面から検討することもあります。

　また、単に後継者問題が解決するだけでなく、オーナーにとっては株式売却による現金化に伴う相続税納税資金の確保や株式の分散防止などのメリットがあります。

　会社で働く従業員にとっても、縁もゆかりもない第三者に会社を売却されるよりは、自分の上司であった経営幹部等が引き続き会社のトップをしてくれる方が、モチベーションの維持などには役立つでしょう。

　他方でデメリットとしては、中小企業でMBOをしようとすると、新経営者が金融機関から個人保証を求められることが多いので、それに躊躇する候補者は少なくな

いと考えます。

●株式の保有割合に注意

MBOをする場合、スキームを考えるポイントとしては、株式の保有割合です。

100%を後継者に承継させられればそれに越したことはありませんが、既に分散している場合や、資金の問題からそれが困難なケースもあるでしょう。

その場合には、最低でも過半数、できれば3分の2以上の株式が欲しいところです。

資金としては、金融機関からの融資による調達が原則になるでしょうが、ベンチャーキャピタルが融資等をしてくれる場合もあります。

また、税理士と相談の上、相続時精算課税制度が活用できるのであれば、贈与も考えられます。税務リスクが無く、贈与で済むのであれば、資金が不要であるため、簡便です。

用語の解説

MBO：会社の取締役や経営幹部が、親会社又はオーナー株主から株式を買い取る又は事業承継を受けることです。
相続時精算課税制度：60歳以上の父母または祖父母から20歳以上の子・孫への生前贈与について、子・孫の選択により利用できる制度です。 贈与時には贈与財産に対する軽減された贈与税を支払い、その後相続時にその贈与財産とその他の相続財産を合計した価額を基に計算した相続税額から、既に支払った贈与税額を精算します。

6 会社の解散事由には どんなものがあるだろう?

やはり会社を閉めようと思うのだけど、何か制約ある?

借金が多いと自由に解散できないね

負債が多いとできない解散

事業承継やM&Aをせずに、会社を閉じるというのも一つの選択肢です。

但し、負債が多く債務超過となっている場合には、会社法上の解散・清算手続は できません。

中小企業の場合、顧問税理士に相談の上、解散という選択をされる方が多いかと 思います。

そうでない場合には、事前に一度必ず税理士に相談されることをお勧めします。

6

会社法のツボ

● 1. 解散とは

昨今の不況下では顕著になりましたが、会社の経営状況が悪化したため、これ以 上営業を継続すればますます負債が増加し、ひいては株主はもとより、取引先に大 きな影響を及ぼすこととなるような場合には、営業活動を停止し、今までの取引関 係を整理する必要があります。

このように、会社が営業活動を停止し、残債務及び資産の整理をすることを**解散** といいます。

株式会社の場合には、会社法で解散事由が以下のとおり定められています（会社 法471条）。

▼解散事由

①存続期間の満了等定款で定めた事由の発生

②株主総会の決議

③合併

④破産手続開始の決定

⑤解散命令

⑥解散判決

　この中で、通常起こりうるのは、②・③・④になるかと思われます。この内、②で解散した場合のみが解散後、会社法所定の清算手続を行うことになります。

　③の場合は、合併の効力発生と同時に消滅会社は解散し、権利義務が当然に存続会社に承継されるため、清算手続は行いません（詳細については、5-6節参照）。

　また、株式会社が資産の全てを処分しても現在の負債を完済できない状況を債務超過といい、このような場合には通常の清算手続を行うことができず、破産等の手続を裁判所に申立する必要があります。④の破産手続が開始された場合には、負債の整理は裁判所が選任した破産管財人が行うため、株式会社が任意に会社法に基づく清算手続を行うことはできません。

● 2. 休眠会社のみなし解散

　上記1. の解散事由以外に、法務大臣の職権で解散させられる場合があります。それを**休眠会社のみなし解散**といいます（6-11節参照、会社法472条）。

　具体的には、12年間役員変更等の登記を一切していない株式会社の場合、法務大臣がその旨を管轄登記所に公告し、公告してから2ヶ月以内に何らかの登記をしなかった場合には、当該株式会社は解散したものとみなされます。

　株式会社の場合、最低でも10年に1回は役員変更登記をする必要があるため（2-6節参照）、全く何らの変更登記をしない株式会社の場合には、事業活動を行っていないものと考えられるからです。

　同一人が役員を継続して行っている場合には、役員変更登記を失念しがちですので、みなし解散に該当することのないよう注意しましょう。

● 3. 将来効力が発生する解散決議は認められるか？

　株主総会の決議において、「●月●日付をもって解散する」との将来の日に効力が発生するような**解散決議**（以下「**期限付解散決議**」といいます）も原則として認められています。どの程度の期間まで認められるかについては、明確な根拠はありませんが、筆者としては当該決議に合理的な理由・期間があれば認められると考えます。

　但し、解散決議をしてから解散の効力発生日まで、登記事項証明書に何ら公示されないというのは、好ましくないと思います。また、期限付解散決議をすることについて否定的な考え方もあります。

　したがって、筆者としては、上記のような期限付解散決議をしたい株式会社が、ある程度期間を空けたいと考えている場合（数ヶ月以上先など）には、上記1. の解散事由①にある「存続期間満了日」を定める定款変更の決議を行い、その旨の変更登記をすることをお勧めします。

問題解決のコツ

●解散を考える場合には顧問税理士にも相談を

　株式会社を解散する場合、上記会社法上及び登記手続だけでなく、解散確定申告などの税務上の手続も必要になります。

　また、税制が改正され、平成22年10月1日以降に株式会社を解散する場合には、従来と異なり、残余財産が残らないケースであっても所得課税が発生する可能性が高くなりました。

　したがって、株式会社の解散を考える場合には、顧問税理士にも相談することをお勧めします。

6

用語の解説

解散：会社が営業活動を停止し、残債務及び資産の整理をすることです。
破産管財人：破産手続において、破産財団に属する財産の管理及び処分をする権利を有する者をいいます。通常は、裁判所から選任された弁護士がなります。
休眠会社のみなし解散：最後に登記をしてから12年を経過した休眠会社につき、法務大臣による官報への公告等所定の手続が実施され、解散されたものとみなされることです。
解散決議：解散する旨の株主総会の決議のことです。

7 清算人って何？
取締役はどうなるの？

清算人と取締役って何が違うの？

同じ人がなるケースも多いし、立場も似ているよ

取締役が清算人に

株式会社が解散をすると、取締役は当然にその地位を失います。

しかし、株式会社自体は消滅しないので、取締役に代わり、清算人という者が就任し、代わりに職務執行を行います。

その就任方法としては、株主総会の決議で取締役であった者を清算人に選任するケースが多いかと考えます。

会社法のツボ

● 1. 清算人とは？

清算人は、取締役に代わり、清算手続中の株式会社（以下「**清算会社**」といいます）の業務執行を行う者です（会社法481条）。

清算人の就任方法には大きく分けて以下の3つがあります。

①法定清算人

②・③の方法で定めた清算人がいない場合は、取締役が清算人となることです（会社法478条）。

②定款の定め

③株主総会の決議により選任

一般的には、解散決議をする株主総会時に清算人選任の決議も併せてすることが

多いので、③となるケースが多いかと考えます。

　清算人が就任した場合には、取締役はその地位を失い、当然に退任となります。

● 2. 清算人の職務と任期

　清算人は、主に以下の3つの職務を行うとされています（6-8節参照。会社法481条）。

①現務の結了

　現務の結了とは、解散時に残る在庫を売却したり、解散時に残る契約を履行するなど、解散時において未了となっていた残務を結了させることです。

　また、財産目録等の作成も清算人の職務の一つです。

②債権の取立及び債務の弁済

　債務の弁済の前提として会社財産の換価なども行います。

③残余財産の分配

　清算会社の資産を換価し、債権者に弁済をした後、残余財産がある場合には、株主に分配することが可能です。

　また、清算人は、株式会社の取締役と異なり、任期がありません。そのため、仮に清算手続が長期間に及ぶ場合であっても再任等の手続が不要です。

6

問題解決のコツ

● 清算人に報酬を支給することも可能

　あまり見ないケースですが、清算人に報酬を支給することも可能です。

　取締役と同様、株主総会の決議により支給することが可能です。

　清算人としての職務を行うことが前提とはなりますが、中小企業が解散する場合、元取締役が清算人としても就任するのであれば、突然収入が断たれるということがないよう、一定額を支給することもあり得るところです。

用語の解説

清算人：取締役に代わり、清算手続中の会社の業務執行を行う者のことです。
清算会社：清算手続中の会社のことです。

8 清算手続って何するの？

もう、ビジネスや事業はしちゃダメなの？

新規営業とかは、しちゃダメだよ

設立よりも時間のかかる清算手続

　株式会社が解散をしても、当然に法人格は消滅せず、原則として清算手続が必要です。

　この清算手続、債権者への公告等が必要となるため、最低でも３ヶ月程度は要します。

　そのため、税務上の理由などから、早期に清算手続を終えたくとも困難な場合が少なくありません。

　株式会社を設立するよりも大幅に時間がかかりますので、清算手続を行う場合、スケジューリングには注意しましょう。

会社法のツボ

●清算手続

　清算とは、株式会社の法人格の消滅前に、**会社の残存事務の完了**（以下「**現務の結了**」といいます）・**債権の取立て・債権者に対する債務の弁済・株主に対する残余財産の分配**を行う手続のことです（会社法481条）。

　6-7節記載のとおり、これらの手続は清算人が行います。

　株式会社においては、原則として会社資産だけが会社債権者への支払に充てられる財産となるため、設立の場合と比べ、清算は厳格な手続にて行う必要があるという趣旨から、清算事務の遂行については細部にわたって法定されています。

　そして、会社法上の一般的な清算手続のスケジュールは、以下のとおりです。

▼清算手続スケジュール

①株主総会による解散決議

⬇

②解散・清算人の登記申請
譲渡制限規定の変更登記が必要な場合もあります。

⬇

③債権者に対する官報公告（会社法499条）
（解散日・一定の期間内に債権を申し出るべき旨・
期間内に債権の申し出をしないと除斥される旨）
2ヶ月以上の届出期間を設ける必要があります。

⬇

④会社が把握している債権者に対する個別催告通知（公告と通知内容は同一）

⬇

⑤解散日における財産目録及び貸借対照表の作成、株主総会での承認
（会社法492条）

⬇

⑥現務の結了・債権の取立て・債務の弁済・残余財産の分配
④の債権申出期間中、原則として株式会社は
一部の債権者に対し弁済をすることができません。
少額の債権を弁済する場合であっても期間中は裁判所の許可を
得る必要があるので、注意しましょう（会社法500条）。

⬇

⑦清算事務決算報告書の作成、株主総会での承認

⬇

⑧清算結了の登記申請

6

上記のとおり、債権申出期間に2ヶ月以上必要なため、解散から清算結了までは
最低でも3ヶ月程度必要です。清算人の就任日から清算結了の登記申請日まで2ヶ
月以上の期間が空いていない場合、清算結了の登記申請が却下されるので、注意し
ましょう。

問題解決のコツ

● 解散公告の申込期限は、他の公告よりも早い

　解散公告は常に官報の別紙扱いとなるため、申込から掲載まで2週間（10営業日）を空ける必要があり、他の公告よりも時間がかかりますので、注意が必要です。

用語の解説

　清算手続：解散をした会社が、法人格の消滅の前に、現務の結了・債権の取立て・債権者に対する債務の弁済・株主に対する残余財産の分配を行う手続のことです。

　債権者への公告：会社が、会社債権者に対し、官報で解散をした旨等を周知するために行う公告です。

　会社の残務事務の完了：既存の取引先との取引解約・中止の対応など、解散までに行っていた事業活動の残務整理を終わらせることです。

　現務の結了：事業活動の残務整理など、解散時点で行っていた事業活動の停止・終了させることです。

　株主に対する残余財産の分配：債権者に対して全て弁済をしても、まだ会社に資産が残っていた場合（＝残余財産といいます）、株主が持株数に応じて分配を受ける権利を有しています。当該残余財産を分配することです。

条文

会社法481条　（清算人の職務）

　　清算人は、次に掲げる職務を行う。
　　1　現務の結了
　　2　債権の取立て及び債務の弁済
　　3　残余財産の分配

会社法499条　（債権者に対する公告等）

　1　清算株式会社は、第475条各号に掲げる場合に該当することとなった後、遅滞なく、当該清算株式会社の債権者に対し、一定の期間内にその債権を申し出るべき旨を官報に公告し、かつ、知れている債権者には、各別にこれを催告しなければならない。ただし、当該期間は、2箇月を下ることができない。

　2　前項の規定による公告には、当該債権者が当該期間内に申出をしないときは清算から除斥される旨を付記しなければならない。

会社法500条　（債務の弁済の制限）

　1　清算株式会社は、前条第1項の期間内は、債務の弁済をすることができない。この場合において、清算株式会社は、その債務の不履行によって生じた責任を免れることができない。

　2　前項の規定にかかわらず、清算株式会社は、前条第1項の期間内であっても、裁判所の許可を得て、少額の債権、清算株式会社の財産につき存する担保権によって担保される債権その他これを弁済しても他の債権者を害するおそれがない債権に係る債務について、その弁済をすることができる。この場合において、当該許可の申立ては、清算人が2人以上あるときは、その全員の同意によってしなければならない。

9 清算手続が終了したら何をする?

登記事項証明書もなくなるの?

閉鎖事項証明書として、しばらく残るよ

閉鎖事項証明書の取得は可能

残余財産の分配も無事終了となった場合、清算手続はほぼ終了となります。

後は、決算報告を株主総会で承認を得た上で、清算結了登記をすれば、法的には手続完了です(税務手続を除きます)。

但し、当該会社の登記情報は、**閉鎖事項証明書**という形で、20年間法務局で情報取得が可能です。

会社法のツボ

● 1. 清算結了の手続

残余財産の分配によって、清算事務の主要な部分は終了し、手続としては最終段階に入ります。

清算人は、残余財産の分配を終了したときは、遅滞なく決算報告を作成する必要があります(会社法507条、会社法施行規則150条)。

そして、当該決算報告につき、株主総会で承認を得る必要があります。

決算報告の主な内容は以下のとおりです。

以下の内容をふまえ、実際に行った手続等の内容を記載することになります。

①債権の取立、資産の処分その他の行為によって得た収入の額

②債務の弁済、清算に係る費用の支払その他の行為による費用の額

③残余財産の額(支払税額がある場合には、その税額及び当該税額を控除した後の

6

財産の額)
④1株当たりの分配額

2. 株主総会の承認の効果と清算結了登記

決算報告について、株主総会の承認を得たことにより、当該株式会社の清算は結了し、会社法上は、株式会社の法人格が消滅します。

そして、法務局へ清算結了登記の申請を行うことにより、当該株式会社の登記事項証明書が閉鎖されます。

しかし、閉鎖されてから20年間は、閉鎖事項証明書として、当該株式会社の情報が記載された登記事項証明書を取得することが可能です。

問題解決のコツ

会社法施行前に解散登記をしている場合は注意

解散登記がされているにもかかわらず、清算結了登記がされていない株式会社をたまに見受けます。

そして、大分期間が経過してから清算手続等の依頼を受けることがありますが、会社法施行前に解散登記をしている会社の場合、清算手続には旧商法の適用があり、手続内容が若干変わりますので、ご注意ください。

用語の解説

閉鎖事項証明書：登記事項証明書の一つであり、会社の登記事項で閉鎖した情報が記載された証明書のことです。

条文

会社法507条
1 清算株式会社は、清算事務が終了したときは、遅滞なく、法務省令で定めるところにより、決算報告を作成しなければならない。
2 清算人会設置会社においては、決算報告は、清算人会の承認を受けなければならない。
3 清算人は、決算報告(前項の規定の適用がある場合にあっては、同項の承認を受けたもの)を株主総会に提出し、又は提供し、その承認を受けなければならない。
4 前項の承認があったときは、任務を怠ったことによる清算人の損害賠償の責任は、免除されたものとみなす。ただし、清算人の職務の執行に関し不正の行為があったときは、この限りでない。

会社法511条 (特別清算開始の申立て)
1 債権者、清算人、監査役又は株主は、特別清算開始の申立てをすることができる。
2 清算株式会社に債務超過の疑いがあるときは、清算人は、特別清算開始の申立てをしなければならない。

やっぱり清算しないで、会社をもう一度復活することはできる？

清算結了するまでは可能だよ

清算手続からの離脱

　会社の財務状態によって、特別清算手続や破産手続となる場合、清算手続を結了せずに会社が事業継続を行うという選択肢もあります。

　なお、特別清算手続や破産手続は裁判所が絡む複雑な手続です。その必要性が見込まれる場合は、早期に弁護士に相談することをお勧めします。

会社法のツボ

6

1. 債務超過の疑いのある場合〜特別清算手続〜

　清算手続の過程で、会社に債務超過の疑いが生じた場合（債務超過が明らかな場合や支払不能の状態を含みます）には、**特別清算手続**に移行します。具体的には、清算人は、清算会社に債務超過の疑いがあるときは、特別清算開始の申し立てをする必要があります（会社法511条）。

　特別清算手続に移行した後は、裁判所の監督下で、清算人によって手続が進められます。そのため、通常の清算手続によりも、手続が厳格かつ時間を要することになります。

　なお、特別清算手続が完了するためには、最終的に「協定」を債権者集会の多数決で成立させることが必要になります。

　したがって、大口債権者の協力が見込めない場合には、特別清算手続が完了せず、後記2. 記載の破産手続に移行してしまうことになります。

● 2. 債務超過となった場合〜破産手続開始〜

　債権者との協定が成立せず特別清算手続が完了しない場合には、**破産手続**に移行します（会社法574条）。

　破産手続も特別清算手続同様、債務超過の会社の清算を目的とする法的手続ですが、債務超過又は支払不能が原因となっているため、特別清算手続よりも、いっそう財政破綻が鮮明となります。

　破産手続に移行すると、裁判所に選任された破産管財人が清算事務（破産管財業務）を遂行することになり、清算人は清算事務を行うことができなくなります。

● 3. 事業を継続する場合

　あまり多いケースではないと思いますが、一度会社を清算すると決めた後に、経済情勢の変動やスポンサー・後継者が急きょ決まった場合など、会社の清算を取りやめたいという場合も少なからずあります。

　この場合、清算結了をする前（6-9節参照）であれば、株主総会の特別決議により、会社の継続をすることができます（会社法473条）。

　但し、取締役なども自動的に復活するわけではないので、再度の選任手続などが必要になります。

⌒ 問題解決のコツ

● 清算手続前に債務免除交渉を行うケースは多い

　特別清算手続を回避するためには、清算手続開始前に債務超過が判明している際、超過分について予め債務免除を得たり、手続開始後に免除を得る合意交渉をするなどが行われています。

用語の解説

　特別清算手続：清算手続中の会社につき、清算の遂行に著しい支障をきたすべき事情又は債務超過の疑いがある場合に、裁判所の命令により開始され、かつその監督のもとに行われる特別の清算手続のことです。
　破産手続：支払不能等に陥った会社（破産者）の財産を換価処分し、それによって得た金銭を債権者に弁済又は配当するという倒産手続のことです。裁判所が選任した破産管財人が管財事務を行い、法律の規定に基づいて弁済または配当が行われます。

清算手続：解散をした会社が、法人格の消滅の前に、現務の結了・債権の取立て・債権者に対する債務の弁済・株主に対する残余財産の分配を行う手続のことです。

特別決議：株主総会の決議要件の一類型です。原則として、特別決議が必要な決議事項については、議決権を行使することができる株主の議決権の過半数を有する株主が株主総会に出席した上で、その3分の2以上の賛成が必要となります。

債務免除：債権者が無償で債権を消滅させることです。

6

11 休眠会社って何？ みなし解散って何？

ある日突然会社が解散させられちゃうことってあるの？

12年間登記をしていないと、法務大臣から解散させられるよ

登記を放置すると擬制解散に

　会社法の施行によって、株式会社の役員任期が最大で10年にまで伸びたことにより、中小企業・同族企業においては、登記をする回数が極端に減ったという印象です（2-6節参照）。

　また、役員任期が満了した際、同一人が役員を継続する場合であっても、再任手続が必要であるということを知らない経営者も少なくありません。

　そのため、みなし解散の要件を知らずに満たしてしまう中小企業・同族企業は意外と少なくないと思われます。

　今後、毎年法務省からみなし解散の手続を行うようですから、登記管理も企業にとって今まで以上に重要事項の一つになると考えます。

会社法のツボ

● 1. 休眠会社・みなし解散とは？

　会社法上、**休眠会社**とは、最後に登記（設立後、一切の登記をしていなければ設立後）をしてから12年を経過している株式会社をいいます（会社法472条）。

　一般的に休眠会社とは、長期間企業活動をしていない会社のことを指しますが、会社法では、登記の有無で休眠会社かどうかを形式的に判断します。

　これは、会社の役員の任期が最大で10年（会社法332条、336条）であるため、どのような規模の会社であっても、少なくとも10年に1回は役員再任の登記をする必要があることと平仄を合わせたものと考えます。

なお、この「登記」というのは、役員変更など登記簿の内容を変更する手続のみが該当します。

したがって、法務局で当該会社の登記事項証明書・印鑑証明書を取得しただけでは、「登記」をしたことにはなりませんので、ご注意ください。

そして、12年間登記をしなかった場合、休眠会社とみなされ、法務大臣による官報への公告等所定の手続（以下「**みなし解散手続**」といいます）が実施された場合には、当該会社は解散されたものとみなされます。これを「**みなし解散**」といいます。

● 2. みなし解散手続は具体的に何をする？

みなし解散手続は、12年を経過した会社ごとに個別には実施されず、法務省が一定のサイクルで実施をし、要件に該当する会社について、まとめて処理がなされます。

みなし解散手続は、平成14年12月3日に行われた後、会社法施行後から平成25年までは一度も実施されておりませんでした。

しかし、平成26年11月17日に、久々にみなし解散手続が実施されました。

そして、平成27年10月14日にも実施されました。

法務省の方針としては、今後毎年1年に1回、該当する会社を対象にみなし解散手続を行っていく予定とのことですから、長らく変更登記をしていない会社は、自社が該当していないかどうか、登記事項証明書・定款で確認するようにしましょう。

実際に、平成28年から令和2年まで、毎年実施されているようです。

みなし解散の要件を満たした会社に対しては、管轄法務局から通知書が届きます。

当該通知書が届いた場合で、事業を継続している場合には、事業を廃止していない旨の届出書を管轄法務局に提出し、役員変更等懈怠している登記の申請をする必要があります。

それを怠るとみなし解散の登記を法務局の職権で行われてしまいます。

手続の詳細は、法務省のホームページをご参照ください。

法務省ホームページ
https://www.moj.go.jp/MINJI/minji06_00082.html

問題解決のコツ

● 本店移転登記や商号変更登記をしないと通知書自体が届かない可能性が

本店移転登記や商号変更登記を怠っている場合、登記事項証明書上の本店所在地・商号で通知書が発送されるため、通知書自体が届かない可能性が高いので、ご注意ください。

● 設立ではなく休眠会社を買うのはお勧めできない

休眠会社を買うと設立するより楽では？　という相談が間々あります。

しかし、これはお勧めしません。簿外債務などを負っているなどのリスクがあるからです。

用語の解説

再任手続：任期が満了した役員につき、株主総会で再任する旨の決議をし、その旨の登記申請をすることです。

みなし解散：最後に登記をしてから12年を経過した休眠会社につき、法務大臣による官報への公告等所定の手続が実施され、解散されたものとみなされることです。

休眠会社のみなし解散：最後に登記をしてから12年を経過した休眠会社につき、法務大臣による官報への公告等所定の手続が実施され、解散されたものとみなされることです。

みなし解散手続：最後に登記をしてから12年を経過した休眠会社に対して行われる、法務大臣による官報への公告等所定の手続のことです。

条文

会社法336条　（監査役の任期）

1　監査役の任期は、選任後4年以内に終了する事業年度のうち最終のものに関する定時株主総会の終結の時までとする。

2　前項の規定は、公開会社でない株式会社において、定款によって、同項の任期を選任後10年以内に終了する事業年度のうち最終のものに関する定時株主総会の終結の時まで伸長することを妨げない。

3　第1項の規定は、定款によって、任期の満了前に退任した監査役の補欠として選任された監査役の任期を退任した監査役の任期の満了する時までとすることを妨げない。

4　前3項の規定にかかわらず、次に掲げる定款の変更をした場合には、監査役の任期は、当該定款の変更の効力が生じた時に満了する。

　1　監査役を置く旨の定款の定めを廃止する定款の変更

　2　監査等委員会又は指名委員会等を置く旨の定款の変更

　3　監査役の監査の範囲を会計に関するものに限定する旨の定款の定めを廃止する定款の変更

　4　その発行する全部の株式の内容として譲渡による当該株式の取得について当該株式会社の承認を要する旨の定款の定めを廃止する定款の変更

第7章
その他コレも
おさえておこう

1 特例有限会社って そのままでいいの？

特例有限会社ってなくなるの？

新しくは作れないけど、そのまま残すことはできるよ

有限会社の必要性

　会社法の施行に伴い、機関設計が柔軟化されたので、**有限会社**はその必要性を失い、制度として廃止されました。

　しかし、会社法施行前からある有限会社を突然全面的に廃止するわけにはいかないため、会社法の適用が一部ある**特例有限会社**という形で残すことになりました。

　会社法施行直後は、株式会社に変更する有限会社が相当数ありましたが、最近は少なくなっている印象です。

　これは、有限会社が無くなったのではなく、むしろ新規に設立できない有限会社に希少価値を感じ、あえて有限会社を残している経営者が少なくないためと思われます。

会社法のツボ

● 1. 特例有限会社のメリット・デメリット

　会社法の施行に伴い、有限会社法に基づく有限会社制度は廃止されました。

　しかし、従来の有限会社は、整備法上の経過措置が置かれ、特例有限会社として取り扱われることになりました（整備法2条～44条）。

　したがって、株式会社に変更することは必須ではなく、有限会社として事業を引き続き継続することが可能です。

　特例有限会社として残ることのメリットとしては、以下のとおりと考えます。

▼特例有限会社のメリット

①有限会社の文字の続用

　新規に有限会社を設立することができなくなりましたので、商号に「有限会
社」と入れらることは希少価値を生んだり、社歴が長いという印象をもっても
らえる可能性があります。

②役員任期の制限なし

　株式会社の場合、最長でも10年ですが、有限会社の場合、任期の制限がない
ため、再任手続が不要です。

③決算公告義務なし

　株式会社の場合と異なり、決算公告義務がありません。

他方で、デメリットとしては、以下のとおりと考えます。

▼特例有限会社のデメリット

①機関設計の限定

　特例有限会社では取締役会などの機関設置ができません。

　そのため、規模を大きくする会社には向きません。

　有限会社のままでは上場もできません。

②株主間の株式譲渡の自由

　特例有限会社の場合、譲渡制限規定の内容を変更することができません。

　そして、その内容は、株主間の譲渡を自由とするものです。

　一見すると問題無さそうですが、例えば、オーナー以外の少数株主が複数い
る場合、少数株主同士が結託し、オーナーにとって株式の保有割合を増やし
たくない株主の保有割合が増える可能性があります。

　少数株主が多い有限会社は、株式会社へ変更しておいた方が無難でしょう。

③組織再編行為の限定

　合併の存続会社など、事業を承継する側の組織再編手続はできません。

7

● 2. 株式会社に変更する方法

上記1. 記載のとおり、特例有限会社のままで事業を継続することは可能ですが、株式会社に変更することも可能です（整備法45条、46条）。メリット・デメリットを比較検討して実行するのがいいでしょう。

その方法は、株主総会（旧：社員総会）で株式会社に商号変更する旨決議し、登記申請をするだけです。

原則として、役員を再任したり、資本金の額を増加する必要はありません。

一般的な手続の流れは次のとおりです。

▼特例有限会社から株式会社に変更する手続き

①株式会社用定款の作成[*1]

↓

②株式会社への商号変更及び新定款承認のための株主総会決議[*2]

↓

③管轄登記所に株式会社設立及び有限会社解散登記申請[*3] [*4]

↓

④管轄登記所に法務局に株式会社代表印の届出[*3]

*1 通常の株式会社設立と異なり、公証役場での認証は不要です。
*2 外部株主が多い特例有限会社の場合には、招集手続も必要です。
*3 ③と④は同時に申請可能です。
*4 実体は単なる商号変更ですが、登記申請は設立登記と解散登記が必要です。

● 3. 株式会社に変更する際に併せて行えること

株式会社に変更する際に、まとめて他の事項も変更したいという希望は多いでしょう。

原則として、商号や目的など御社の自由にまとめて変更できますが、一定の制限もあるので、ご注意ください。

それは次のとおりです。

①増資

資本金の額を増加する必要がないとはいえ、折角株式会社にするのですから、資本金の額を1000万円以上にしたいという経営者の方も多いと思われます。

募集株式発行の効力発生日である払込期日が、設立登記の申請日（株主総会日ではないので、ご注意ください）と同一の場合に限って、同時に行うことが可能です。その場合には、募集株式発行所定の添付書類が必要です。

②本店移転・支店設置・支店廃止

これらについては、まとめて登記申請することが一切できません。

したがって、株式会社に変更する際に、本店所在地の変更を考えている場合には、株式会社変更後に登記申請するか、変更前に別途登記申請するしかありません。

なお、これらの取扱いについては、今後変更することも考えられますので、ご注意ください。

● 4. 株式会社に変更する際に役員（取締役）を選任する必要があるか？

原則として既存の役員構成で株式会社になる場合には、再任する必要がありません。

しかし、特例有限会社での役員就任期間が、株式会社変更時に、株式会社の任期期間以上だった場合には、当該役員は株式会社変更と同時に任期が満了します。

したがって、その場合には、商号変更の株主総会と併せて、役員再任の決議もする必要があります。

具体例を挙げますと、特例有限会社の取締役として10年間業務を行ってきた人が、株式会社の取締役にもなる場合、株式会社の取締役の任期を5年としたときには、株主総会で再任する必要があります。

7

問題解決のコツ

● 株式会社に変更しても決算申告上は同じ会社扱いになる

　事業年度の途中で、特例有限会社から株式会社に変更する場合、前述のとおり登記簿上は、特例有限会社を解散し、新たに株式会社を設立することになります。

　しかし、事業年度は継続したものとして取り扱われるため、決算を分ける必要はありません。

　したがって、決算申告も、解散時にする必要はなく、本来の申告時に申請すれば足ります。

用語の解説

有限会社：会社法施行前に認められていた会社形態の1つです。有限責任社員のみが出資をし、社員は原則として出資比率に応じた持分（株式会社で言うところの「株式」に近いイメージです）を有しています。
特例有限会社：会社法施行前からある有限会社のことです。

条文

会社法の施行に伴う関係法律の整備等に関する法律45条　（株式会社への商号変更）
1　特例有限会社は、第3条第1項の規定にかかわらず、定款を変更してその商号中に株式会社という文字を用いる商号の変更をすることができる。
2　前項の規定による定款の変更は、次条の登記（本店の所在地におけるものに限る。）をすることによって、その効力を生ずる。

会社法の施行に伴う関係法律の整備等に関する法律46条　（特例有限会社の通常の株式会社への移行の登記）
　特例有限会社が前条第1項の規定による定款の変更をする株主総会の決議をしたときは、その本店の所在地においては2週間以内に、その支店の所在地においては3週間以内に、当該特例有限会社については解散の登記をし、同項の商号の変更後の株式会社については設立の登記をしなければならない。この場合においては、会社法第915条第1項の規定は、適用しない。

2 外国会社が日本進出！ 支社 or 支店？

支社と支店で何が違うの？

日本の法人かどうかが違うね

外国会社の日本進出方法

発起人は、個人・法人と問われません。

したがって、日本人に限らず、外国人や外国会社でも発起人となることができます。

外国会社が日本進出を考える場合、日本における代表者・支店設置の登記をすることも可能ですが、より日本での活動がしやすくなるよう、日本法人を株式会社で設立するケースも少なくありません。

外国会社が出資をして日本法人を設立する場合、設立手続そのものは、国内会社が出資をする通常の場合と大きく変わりません。

但し、発起人の委任状が必要となる定款認証手続において、国内会社の登記事項証明書・印鑑証明書に相当する書面が必要となります。

当該外国会社が日本で支店登記をしていれば、法務局で取得できる登記事項証明書・印鑑証明書を添付すれば足りますが、そうでない場合には、宣誓供述書に代表者のサイン証明を取得する必要があります。

そのため、通常の場合に比べ、時間を要することとなりますので、スケジュールには注意が必要です。

また、外国会社が出資をすることにより、外為法の手続も必要になるので、ご注意ください。

7

会社法のツボ

● 1. 外国会社とは

外国会社とは、「外国の法令に準拠して設立された法人その他の外国の団体であっ て、会社と同種のもの又は会社に類似するもの」と定義されています（会社法2条2 号）。

三角合併の解禁（5-10節）など、外国会社が日本に進出しやすい法整備などが進ん でいますので、今後は、日本に進出する海外企業はますます増加するものと考えま す。

その場合に検討するのが、外国会社の日本支店として進出するのか、それとも外 国会社が出資をして日本支社を作るのか、という点です。

一見とすると同じように見えますが、手続が異なりますので、注意が必要です。

● 2. 日本支社を作る場合

日本支社を作る場合、合同会社・株式会社の選択がありますが、設立手続自体は、 日本の企業が出資をして子会社を作る場合と同じです。

但し、出資をする企業の登記事項証明書や印鑑証明書、役員となる者の印鑑証明 書や住民票が、外国企業や外国人の場合はありません。

したがって、その代わりとなるのが、外国の公証役場等で認証した宣誓供述書や サイン証明書などになってきます。

日本で印鑑証明書等を取得するよりも時間がかかるケースが多いので、スケ ジュールには、ご注意ください。

● 3. 日本支店を作る場合

日本支店を作る場合、日本における代表者を選任し、その旨登記が必要になりま す。

手続としては、日本支社の設立よりもシンプルで、必要書類を揃えて登記申請を するだけになります。

しかし、外国会社の定款など、海外関係の書類がほとんどになるため、準備に時間 がかかることは、日本支社の場合と同じですので、ご注意ください。

問題解決のコツ

● まずは日本人だけで会社設立をした方がいいケースもある

国によっては手続に時間がかかるので、宣誓供述書の取得が予定しているスケジュールに間に合わないケースも少なくありません。

その場合には、さしあたって、日本における代表者個人が出資をして会社を設立し、設立後に当該株式を譲渡したり、第三者割当増資をすることによって、事後的に100％子会社とする手法も併せて検討することが多いです。

株式譲渡や第三者割当増資であれば、株主の変更ですので、発起人のような宣誓供述書が不要になるからです。

● 支店よりも支社の方が便利になった

平成27年3月16日付で改正があり、代表取締役の全員が日本に住所を有しない株式会社の設立が可能になりました（平成27年3月16日付法務省民商第29号）。

したがって、日本に支店を設置するよりも、株式会社を支社として作る方が便利かもしれません。

用語の解説

発起人：会社の設立をするために定款の作成などを行う者のことです。会社設立時の株主にもなります。

宣誓供述書：宣誓供述を行う者が自発的に自分の知りえた事実を書き記し、大使館の係員や本国の公証人の面前でその記載内容が真実であることを宣誓したうえで署名し、宣誓を受ける権限を有する者が同一人であること、確かに本人の供述であることを確認の上、認証文や印章を添付したものです。

外国会社：外国の法律に準拠して設立された法人その他の外国の団体であって、会社と同種のもの又は会社に類似するものです。

登記事項証明書：管轄登記所で保管されている当該会社の記録を記載した証明書のことです。

印鑑証明書：個人であれば市区町村で印鑑登録をした証明書・法人であれば管轄登記所で印鑑登録をした証明書のことです。

7

3 登記事項証明書の見方って？

登記事項証明書ってどんなことが書いてあるの？

会社の商号や役員などの重要な情報が書いてあるよ

登記事項証明書は会社の戸籍

登記事項証明書は、会社の戸籍といっても過言ではありません。

会社ごとに登記事項証明書は存在し、自社の商号や事業目的、役員構成など、会社の情報が記載されています。

登記事項証明書は取引の開始時などに契約の相手方に提出を求められたり、契約の相手方の与信調査などのために取得したりします。

会社法のツボ

● 1. 登記事項証明書とは？

会社を設立した場合、管轄登記所に、設立登記申請を行う必要があります（1-3節参照）。但し、商業登記を取り扱う登記所が減っています（本節末コラム参照）。

そして、設立登記が完了すると、当該会社の記録が管轄登記所で保管され、登記所は当該会社の証明書を交付します。これの総称を登記事項証明書といいます。

登記事項証明書は、誰でも閲覧・取得することが可能です。

登記事項証明書には、商号・本店所在地・事業目的・株式数・役員等所定の事項が記載されます。

商号や役員などは、どの会社にも記載されていますが、新株予約権や種類株式、株券などは、発行している会社のみがその旨を登記します。したがって、これらの事項の記載が登記簿謄本に無い会社は、新株予約権等を発行していないということです（実際には、発行しているにもかかわらず、登記を怠っている会社もありますが。そ

の場合には、後述2. ④のとおり、コンプライアンスの観点から問題のある会社といえるでしょう）。

● 2. 与信調査において登記事項証明書を見るべきポイント

新規取引先の与信調査を行う場合、当該取引先の登記事項証明書を精査することは必須事項です。

会社にとって登記事項証明書とは、個人の戸籍謄本のようなものです。現在の記載だけでなく、これまでの変更経緯も全て登記簿に記載されるため、当該会社の役員の変遷・設立時期・資本金額などが登記簿を精査することによって判明します。

もちろん、登記事項証明書が取得できれば当該会社が形式的には存在していることの証明になるとはいえ、それだけをもって与信調査が完了するわけではありません。

登記事項証明書には、当該会社の具体的な資産や負債の明細、株主構成などは記載されませんので、それらの状況を把握するためには、別途貸借対照表・損益計算書・株主名簿・定款など（新規取引先が上場会社であれば有価証券報告書を精査すべきです）を会社から交付してもらう必要があります。

適切な与信調査・債権管理のためには、当該会社（必要に応じて経営者個人も含め）の様々な書類を精査して総合的に判断するとともに、必要に応じて会社自体に出向き、表面上の書類だけでは読み取れない実態を調査する必要があるでしょう。

他方で、登記事項証明書の記載からだけでも、当該会社が信用に足る会社とは言えなくなるケースがあります。そのような記載が読み取れる際には、担当者に問い合わせ、納得のできる回答が得られない場合や追加資料の交付が無い場合には、取引を中止することを検討すべきです。

具体的な懸念事項をいくつか以下に例示しますので、参考にしましょう。

7

▼登記事項証明書から読み取れる懸念材料

①本店移転を頻繁に行っているケース

事業規模の拡大に伴い本店移転を行っている等合理的な理由がある場合には問題はありませんが、特に理由もなく本店移転を繰り返している場合には、取り込み詐欺を行うために休眠会社を買い取った者が経営者である可能性があります。

また、本店移転先のビルが従前よりも極端に古くなったり、小さくなった場合には、経営難により事業規模を縮小していることも考えられます。

②設立年月日が古いだけでは信用できないケース

通常、設立年月日が古ければ、それだけ長く事業をしてきた会社のはずですので、突然の倒産の心配もなく、取引しても問題ない会社であることが多いです。

しかし、休眠会社を買い取った場合などには、休眠期間が長い会社であれば、それだけ設立年月日も登記簿上は古くなっています。

したがって、単に古いか否かだけで判断するのではなく、担当者にこれまでの沿革を確認するほうがいいでしょう。

③役員の解任や頻繁な変更があるケース

経営陣が一新されている場合などには、内部で紛争があった可能性があります（親会社から定期的に役員が出向している会社の場合は別ですが）。経営陣が交代すれば、それまでの実績があてにならないこともあります。このような場合には担当者に事情をよく確認すべきでしょう。

また、頻繁に平取締役が入れ替わっている場合には、オーナー社長のワンマン経営である可能性があります（自分の気分や子飼いの人間だけを役員に招聘しています）。このような場合には、他の取締役が代表取締役のワンマン経営に歯止めをかけられない会社の可能性がありますので、注意が必要です。

④役員変更登記を怠っている可能性があるケース

株式会社の場合、役員に任期があるため、同一人が継続して役員となっている場合でも、再任手続及びその旨の登記手続が必要であります。

通常、取締役の任期は2年であることが多いので、余りにも長期間登記をしていない会社の場合、登記を失念しているか、意図的に放置している可能性があります。

いずれにしろ、コンプライアンスの意識が低い会社である可能性があり、また登記費用すらカットするほど経営が厳しいとも考えられます。

但し、非公開会社であれば、定款に規定することによって任期を10年まで伸長できますので、その場合には、長期間登記が不要となることもありえます。定款も併せて確認すべきでしょう。

問題解決のコツ

● 登記事項証明書の種類は3種類

登記事項証明書には、いくつかの種類があります。

大きく分けると、コンピュータ化以降の当該会社の履歴が全て記載された「履歴事項証明書」、現在効力が生じている事項のみが記載された「現在事項証明書」、当該会社の登記事項で閉鎖した情報（履歴事項証明書にも記載が無い事項）が記載された「閉鎖事項証明書」です。

また、これ以外にも、設立当初の役員等、コンピュータ化前の情報を確認したい場合には、閉鎖登記簿謄本を取得する必要があります。

与信調査の場合には、まず履歴事項証明書を取得します。そして、それより古い情報を精査する必要がある場合には、閉鎖事項証明書や閉鎖登記簿謄本を取得することになろうかと思います。

特に、本店移転を繰り返している会社の場合には、管轄法務局ごとに証明書を取得する必要がありますので、ご注意ください。

● 登記簿謄本は昔の呼び方

昔は、登記事項証明書のことを登記簿謄本と呼んでいました。

したがって、取引先の会社担当者の方によっては「謄本を取得してください」と言うことがありますが、その場合にも登記事項証明書を取得すれば問題ありません。

7

用語の解説

登記事項証明書：管轄登記所で保管されている当該会社の記録を記載した証明書のことです。
商号：会社の名称のことです。
本店所在地：会社の本社のことです。
事業目的：会社の事業内容をあらわすものです。
株式数：会社が発行している株式の総数のことです。
役員：取締役・監査役・会計参与の総称です。
貸借対照表：計算書類の一つであり、資産・負債・純資産から構成される表です。
損益計算書：計算書類の一つであり、収益と費用から構成される表です。
株主名簿：会社が株主を把握するために会社法上所定事項を記載して作成する名簿のことです。
定款：会社の根本規則です。

履歴事項証明書：登記事項証明書の一つであり、登記所のコンピュータ化以降の当該会社の履歴が原則として全て記載された証明書のことです。

現在事項証明書：登記事項証明書の一つであり、会社の現在効力が生じている事項のみが記載された証明書のことです。

閉鎖事項証明書：登記事項証明書の一つであり、会社の登記事項で閉鎖した情報が記載された証明書のことです。

閉鎖登記簿謄本：登記所のコンピュータ化前の当該会社の閉鎖された事項が記載された書面のことです。

条文

商業登記法1条の3　（登記所）

　登記の事務は、当事者の営業所の所在地を管轄する法務局若しくは地方法務局若しくはこれらの支局又はこれらの出張所（以下単に「登記所」という。）がつかさどる。

商業登記を扱う登記所が減っている

　商業登記法1条の3において、商業登記を扱うのは「登記所」と記載されていますが、登記所という名前の役所はありません。

　実際には、同法にもあるとおり、法務局又は地方法務局若しくはこれらの支局・出張所（以下「登記所」といいます）のことを指します。

　商業登記の場合、会社の本店所在地を管轄する登記所に登記申請をする必要があります。

　他の登記所でも登記事項証明書や印鑑証明書を取得することは可能ですが、登記事項証明書の記載内容を変更する場合には、管轄登記所に申請する必要があります。

　現在、申請方法としては、管轄登記所の窓口に赴いて申請・郵送申請・オンラインによる申請の3種類があります。

　我々司法書士の場合は、オンラインによる申請を選択するケースが非常に多くなっていますが、会社自身でオンラインによる申請を行う場合には、電子署名などの設備が必要となるため、あまりお勧めしません。

　設立など、登記申請日が重要となる登記については窓口に赴いて申請をし、それ以外で日付にあまりこだわりが無い登記については郵送申請でも足りるかと考えます。

　このとき注意をしたいのが、商業登記を扱う登記所が年々減っているということです。

　法務省が平成23年3月31日を目途に、商業登記申請を取り扱う登記所を全国で80庁にするという政策方針を打ち出した以後、東京都以外の各道府県では、1庁ないしは2～3庁程度まで数が減っております。

　したがって、久々に役員変更登記をする場合、設立時とは管轄登記所が異なっている可能性があります。

　事前に法務省のホームページで、現在自社を管轄している登記所がどこであるか、確認をするといいでしょう。

　特に、不動産登記は現在も扱っているため、登記所自体は昔のまま残っているにもかかわらず、商業登記のみ扱わなくなって、管轄登記所が変わってしまった場合には、間違えやすいのでご注意ください。

7

おわりに

いかがでしたでしょうか。

本書をご覧いただき、会社法のツボとコツはおさえていただけましたでしょうか。

本書では、会社法の詳細な条文解説・判例解釈よりも、本書を読んだ方が、実際の会社に起こり得る相談事例と会社法がリンクできるようにすることを重点に置いてきました。

そのため、細部に関しては、説明を省いた部分が多々あり、また触れていない会社法の条文も多々ありますので、初学者ではない方には物足りなさを感じたかもしれません。

しかし、本書で物足りなさを感じた方でも、会社法の勉強はココで終わりではありません。むしろようやくスタートラインに立ったと思っていただいて構いません。

本書では会社法に関する判例にはほとんど触れていませんが、他の法律同様、会社法が問題となった判例というのも無数にあります。

今後、仕事で会社法を扱っていくという方は、是非次のステップとして、興味のある分野から、より難解な専門解説書・判例を読んでみることをお勧めします。

また、会社を経営している方にとって、日常の会社運営の中で、不動産会社であれば常に意識する必要がある宅地建物取引業法や建築基準法のような特別法と異なり、会社法が問題となるケースは意外と少ないと感じた方もいるのではと思います。

特に、中小企業・同族企業の経営者の方であれば、その感想は顕著かと思います。

ですが、筆者は会社法を会社にとって「空気」のようなものと考えています。

個人にとっての基本法は民法ですが、会社にとっての基本法は会社法です。

あることが当たり前になっており、また会社を通常どおり経営していれば法律問題に巻き込まれることも少ないので、直接会社の業務にかかわる特別法ならともかく、会社法まで日々意識するのは難しいことかもしれません。

しかし、会社法という法律がなければ会社が成立する根拠すらなくなりますし、なければ窒息してしまうかもしれません。

そのような会社法を軽視せず、せめて本書の該当箇所の部分程度は、さらっとで

も理解しておくことが、会社法を纏った正式な会社と言えるかと考えています。

　もし、本書をご覧いただき、疑問に思うことがありましたら、是非その疑問を大切にしていただき、そのままにせず、筆者等の専門家にご相談されることをお勧めします。

　我々専門家に相談することは敷居が高いと思われている方も少なくないかもしれませんが、意外と日常のちょっとした疑問がきっかけとなり、会社にとって重要な問題が浮き彫りとなることも少なくありません。

　会社法も含めた法律・税金の問題など、いつでも気軽に相談できる自社の専門家チームを構築しておくことが、優秀な経営者の資質の一つと筆者は考えております。

【第2版刊行にあたって】

　「はじめに」で述べたとおり、本書を刊行してから現在までの間に会社法が2回ほど、本格的な改正が実施されました。

　しかし、これで終わりではなく、まだ未施行の令和4年改正である株主総会資料の電子提供制度の創設や、今後は個人情報保護の観点を鑑み、代表取締役の住所が登記されているという不具合についても、いよいよ改正がなされるかもしれません。

　まだまだ目が離せない会社法について、今後も筆者は動向に注視し、大きな改正があった場合には、本書の改訂等により、最新の実務情報を皆様にお届けできればと考えております。

令和3年10月

司法書士　大越　一毅

索引

●著者略歴
司法書士・行政書士
大越 一毅（おおこし かずき）

司法書士・行政書士 士業・法務担当者のための登記パートナー
1981年千葉県生まれ埼玉県育ち 2002年司法書士試験合格
2003年法政大学法学部法律学科卒業
2006年司法書士登録 2011年行政書士登録
都内司法書士事務所に勤務後、弁護士法人内で司法書士登録をし、
2011年フォーサイト総合法律事務所の立ち上げに参画。法務事務の
アウトソーシングをウリに、多数の企業に対し、ストックオプション・
合併等の組織再編・会社設立などの各種商業登記、株主総会準備など
会社法関連の法的支援業務を行い、企業・法務担当者・他士業から高
い評価を得ている。また、濫用的会社分割等の会社法・民法（債権法）
改正などをテーマにした論稿の執筆・セミナー、研修講師も多数行っ
ている。著書に「司法書士の「お仕事」と「正体」がよ〜くわかる本［第
2版］」がある（当社刊）。

●所属事務所
フォーサイト総合法律事務所 https://www.foresight-law.gr.jp/
●メールアドレス
okoshi@foresight-law.gr.jp

カバーデザイン・イラスト mammoth.

会社法のツボとコツが
ゼッタイにわかる本［第2版］

発行日 2021年 12月 6日　　　第1版第1刷

著　者　大越 一毅

発行者　斉藤 和邦
発行所　株式会社 秀和システム
〒135-0016
東京都江東区東陽2-4-2　新宮ビル2F
Tel 03-6264-3105（販売）　Fax 03-6264-3094
印刷所　三松堂印刷株式会社　　Printed in Japan

ISBN978-4-7980-6551-9 C0032